吕友仁 著

# 訓詁識小錄

上海古籍出版社

本書爲河南師範大學、河南師範大學文學院

校院兩級學術專著出版基金資助項目

# 感谢那些關注我獎掖我成長的師友(代序)

　　1962年,我從開封師院(今河南大學)外語系畢業,被分配到新鄉市一所重點中學作外語教師。一開始是教俄語,教了兩年,中蘇交惡,俄語課不開了,就改教英語。"文革"當中,學校的教學秩序混亂。1973年,發生了震驚全國的河南唐河馬振扶公社中學事件,該校一位學生説:"我是中國人,何必學外文? 不會 ABC,也當接班人。"此後,英語課也停開了。百無聊賴,就想看點書。中學時,對歷史課頗有興趣。這時候就想,所謂前四史,即《史記》、《漢書》、《後漢書》、《三國志》,還有《資治通鑑》,已經過了而立之年,只聞其名,一頁也没有讀過,這算什麽讀書人! 於是就從教歷史的同事潘老師那裏借來了殿本前四史,從圖書館借來了中華書局版的《資治通鑑》。儘管很多地方讀不懂,例如《天官書》、《律曆志》等等,但讀得饒有趣味。緊接着是"批林批孔",評法批儒。西漢桓寬《鹽鐵論》中的御史大夫桑弘羊被説成是法家,其對立面賢良文學被説成是儒家。一時間掀起全國範圍的注釋《鹽鐵論》高潮。新鄉市也不例外,也成立了注釋《鹽鐵論》小組。市委宣傳部的領導不拘一格用人,把我這個外語專業背景的人也吸收了進來。這算是平生第一次接觸訓詁學。"文革"結束,我所在的注釋《鹽鐵論》小組本來也應該壽終正寢。不料省委宣傳部又下達了《辭源》修訂的任務,我們這個注釋《鹽鐵論》小組也就順勢改稱《辭源》修訂小組。修訂《辭源》,我們都是外行,且不說你能不能在條目釋義、書證溯源上有所突破,最起碼你要將原來的書證核查一遍吧。這就需要翻檢大量古書。這下好了,宣傳部的馮部長是個慈祥的長者,非常支持我們的工作。我們需要看什麼書,新鄉市圖書館有的,就在新鄉市圖書館解決;新鄉市圖書館沒有的,全國範圍內,需要去哪家圖書館就去哪家圖書館。於是乎我成了新鄉市圖書館古籍部的常客,徜徉其中,想看哪本書就看哪本書,乞兒一朝變富翁,那份身心愉快,真是難以言喻。就這樣,爲了修訂《辭源》的需要,我北上去過北京圖書館、中國科學院圖書館、商務印書館圖書館;南下去過南京市圖書館,上海圖書館。這些圖書館讓我大開眼界,很多古書過去是僅聞其名,現在可以面對,可以從容地摩挲欣賞,求知慾得到了極大的滿足,那種精神上的享受,真讓人有不知今夕何夕之感。注釋《鹽鐵論》,修訂《辭源》,前後三年多的時間,爲我的專業轉向打下了初步基礎。1978 年,國家恢復招收研究生考試,聞之心動。但考生年齡限於 35 周歲,聞之,又嗒然若失。過了數日,又傳來可靠消息,考生年齡放寬到 40 周歲,聞之,又點燃了内心的希望。於是報考了上海師範大學的古籍整理研究專業,經過初試、復試,承蒙老師不棄,三十九歲的我終於成了上海師範大學古籍整理研究專業的一名碩士研究生。在上海師範大學讀書這三年,是我一生中最美好、最值得回憶的一段時間。校領導、老師們、同學們,都是一門心思想着怎樣好好讀書,想着怎麼把失去的光陰補回來。爲我們制定的教學計劃,不像現在的很多學校,我有什麼樣的老師,就給你開什麼課;而是根據培養目標的要求,需要開什麼課就開什麼課,不管本校有沒有這樣的老師。本校沒有,就在上海市聘請;上海市也沒有,就在全國範圍内聘請。等到我們畢業了,才招下一届。我們這第一届研究生,真可謂時代的幸運兒!我寫過一篇《歷史文獻學是歷史系的不能承載之重》(載中國歷史文獻研究會、大連圖書館編《典籍文化研究》,萬卷出版公司 2007 年 11 月第 1 版),其中對我們開了哪些課,任教的老師都是誰,有詳細介紹,兹不贅。

1981年初,我讀研三,發表了我的第一篇訓詁學小論文《釋"移時"》(載《中國語文通訊》1981年第1期)。初試得售,好不快意。寄來7元稿酬,解決了我一個星期的伙食費。

畢業以後,感謝母校老師的厚愛,我本來可以去首都,也可以留母校。但由於我上有老,下有小,要照顧家庭,就回到河南,供職于新鄉師範學院(當時是一所理科院校,1986年改名河南師範大學)。我的這種孟浪行徑,牽動了眾多師友的心。1982年5月2日程師流金(諱應鏐)惠函:"友仁兄:一直挂記你的工作。住院之後,得魯陽來信,知道你已去新鄉。這也好,老人要照顧,家也不得不管。可議的是我們的人事制度,古籍整理需要人,但能勝任的人不得不去幹別的了。"我的研究生同窗李偉國供職于上海古籍出版社,爲我的前途考慮,他建議我爲上海古籍出版社整理錢大昕《潛研堂集》七十卷,我接受了他的美意。整理《潛研堂集》,前後三年,我做得很認真,也感覺很有收穫,它讓我感到自己站到了一個制高點上。我一不做二不休,又認真地讀了錢大昕的《廿二史考異》、《十駕齋養新録》、《恒言録》等書,均有收穫。這本小書中的《新版〈辭源〉溯源拾遺》、《錢大昕與〈説文〉兩大家》、《評章太炎對〈恒言録〉的批評》、《"岳州巴陵郡"辨》等文章,都是讀錢氏書的心得。前幾年在一次學術會議上,與幾位相知的朋友小飲。酒酣耳熱,我大言不慚地説:"我碩士畢業以後,又到錢大昕帳下讀了個博士。"現在回想起來,不禁臉紅,但我從錢大昕那裏確實學到很多東西是實。還有中華書局的傅璇琮先生,儘管謀面甚晚,但他卻一直關注着我。傅先生看到我1983年、1984年發表在《中華文史論叢》上的《新版〈辭源〉溯源拾遺》,就主動寫信給我,一則誇獎拙文有新義,二則關心我的學術發展環境。後來我在中華書局《文史》上發表的《申"覺"》、《釋"世業"》,在《學林漫録》上發表的《曾參之"參"讀音質疑》、《試説〈馬氏文通〉與〈文史通義〉的一段文字緣以及其中的訓詁問題》,都是傅先生獎掖的結果。還有年高德劭的吕叔湘先生。我寫了一篇《"學識何如觀點書"辨》,其中有批評吕叔湘先生的文字。本來是寄給傅先生的,傅先生把拙文轉給了吕叔湘先生。吕先生看了拙稿,不但不以爲

忤,而且立即給我這個小字輩寫信:

友仁先生:

最近在傅璇琮先生處看到大作《淺說"學識何如觀點書"》,甚佩博洽。擬推薦給《中國語文》發表,不知您能否同意。請便中賜復爲感。如有其他著作,亦盼賜示。專此。即頌教安!

呂叔湘啓,1989/1/15

我在回覆呂叔湘先生的信中除了表示感謝之外,同時寄上《〈爾雅〉二義同條例是王引之發現的嗎?》、《釋"官箴"》兩篇習作,請呂叔湘先生指教。呂叔湘先生把這兩篇習作也都推薦到相關刊物上發表。而在《中國語文》發表拙作時,呂叔湘先生還特地加了一則附記:

早些時在傅璇琮同志處看到這篇文稿,很高興有人指出我引書不加審核,因而誤解文義。當初我確是看見別人文章裏引用《資暇集》和《日知錄》,沒有去核對原書就引用了。這種粗疏的學風應該得到糾正。作者在這篇文章裏不但指出我和管、彭二位的失誤,也給讀者提供有關唐、宋以來的"點發""圈發"的知識。徵得作者同意,我把這篇文章推薦給《中國語文》發表,並對作者表示感謝。

1989 年 2 月 1 日　呂叔湘　附記

友仁按:呂叔湘先生的道德文章,久爲小子所敬仰。通過這次交往,呂叔湘先生的聞過則喜,獎掖後進,不遺餘力,更使我有切身體會。我暗暗發誓,今生今世,呂叔湘先生就是我學習的榜樣。

關注我獎掖我的師友甚多,限於篇幅,不能備舉。他們永遠銘刻在我的心裏。

歲月不居,倏忽年屆八旬。值此《訓詁識小錄》出版之際,懷舊之心,油然而生,因略述友仁之遭際如上,權以爲序。

呂友仁,2016 年 12 月 15 日星期四

# 目　録

1

# 釋"移時"

"移時"的釋義,大體上可以分作兩類。一類是"歷時,經時",另一類是"少頃"。我認爲,"移時"的常用義是指"過了一段較長的時間",略如書面語的"良久,許久"。例如:

《列子·説符》:"楊子戚然變容,不言者移時,不笑者竟日。"

《三國志·吳書·步騭傳》:"征羌方在内卧。駐之移時,旌欲委去。"

《後漢書·吳祐傳》:"祐越壇共小史雍丘黄真歡語移時,與結友而別。"

《杜工部詩史補遺·上牛頭寺》:"何處鶯啼切,移時獨未休。"

《白氏長慶集·春盡日宴罷感事獨吟》:"閑聽鶯語移時立,思逐楊花觸處飛。"

《聊齋志異·沅俗》:"李季霖……見貓犬盈堂,訝之。僚屬曰:'此鄉中百姓瞻仰風采也。'少間,人畜已半;移時,都復爲人。"

可以看出,上述句中的"移時",在具體的上下文中,都不可以用"少頃"一類的釋義來解釋。拿《列子》句來説,"移時"和"竟日"互文,顯然是言爲時之久。白居易詩,正惟其"閑",所以也不好把"移時"釋爲"少頃"。古代以日晷、漏刻計時。拿日晷來説,立針於盤,盤上詳記刻度,針影隨着時間的推移而移動,人們根據針影所在的位置來確定時間。根據這種計

1

時原理,我們知道,晷影由此一刻度到彼一刻度的移動,不管移動了多少,都叫做"移時",這可以說是"移時"的本義。在這個意義上,說是"時移"也行。拋開修辭手段不說,我們也可以不用"移時"一詞,而改用"移晷"、"移景"、"移日"、"移辰"、"移刻",因爲這些詞的本義和"移時"原本相通。試看下列句子:

《文選·序》:"未嘗不心遊目想,移晷忘倦。"

《北史·王肅傳》:"遂語及爲國之道,肅所陳說,深會旨,帝促席移景,不覺坐之疲也。"

《昌黎集·晚秋郾城夜會聯句》:"取歡移日飲,求勝通宵博。"

《西京雜記》卷一:"舊傳此鏡照見妖魅,得佩之者,爲天神所福,故宣帝從危獲濟。及即大位,每持此鏡,感咽移辰。"

《澠水燕談録》:"一日聖體康復,思見執政,坐便殿,促召二府。宰相呂許公聞命,移刻方赴召。……既見,上曰:'久疾方平,喜與公等相見,而遲遲其來何也?'"

很明顯,上述句子中的"移晷"、"移景"、"移日"、"移辰"、"移刻"也都是"良久"的意思。

綜上所述,我認爲,"過了一段較長的時間"是"移時"的常用義,"少頃"一類的釋義是不常用義,"歷時,經時"一類的釋義只是字面的解釋。

(原載《中國語文通訊》1981 年第 1 期)

　　呂按:拙文中《北史·王肅傳》之例證,晚于《魏書·王肅傳》,這是我在采用原始資料方面的一個缺陷。

# 釋“移時”（修訂稿）

“移時”一詞，在閱讀古籍時經常遇到。爲了弄清楚它的含義，我翻檢了一些詞書。下面是這些詞書對“移時”的釋義：

《辭海》（解放前版）：謂暫時也。

《辭海》（試行本）語詞分冊：歷時，隔了一時。

《辭海》（未定稿）：歷時，經時。

《辭海》（七七年版）語詞分冊和《辭海》（七九年版）的釋義均與《辭海》（未定稿）同。

《辭源》（解放前版）：少頃也。

《漢語詞典》（黎錦熙編）：謂少頃。

《王雲五大辭典》：很短的時間。

《中文大辭典》（臺灣七九年版）：謂時移也，喻少頃。

《大漢和辭典》（諸橋轍次著）：（譯爲：度過時間，經時）。

《當代漢英詞典》（Chinese-English Dictionary of Modern Usage）：after a while（少頃）；after lapse of time（片刻之後）。

《華俄詞典》（鄂山蔭主編）：вслед за этим（緊接着）；вскоре（很快）；через не которое время（過了一些時間）；Потом（然後）。

上述詞書的釋義儘管文字不一，但大體上似可分爲兩類。一類是“歷

3

時,經時",另一類是"少頃"。我認爲,就對詞書的釋義要求而言,這兩類釋義都難稱確切:或拘泥字面,雖釋而不見義;或以偏概全,致方枘而圓鑿。

"移時"一詞最早見於《左傳》昭公十七年:"日過分而未至,三辰有災。於是乎百官降物,君不舉,辟移時。"杜預注:"過日蝕時。"當然,我們不能把杜注照搬到詞書中去,因爲杜注是具體的、特定的,而詞書釋義的要求則是概括的。當然,"歷時,經時"一類的釋義和"少頃"一類的釋義也是概括的,但或者是形式的概括而不是本質的概括,或者是片面的概括而不是全面的概括,因而都不是完全科學的。下面我們就來討論這個問題。

我認爲,"移時"一詞有常用義和不常用義兩種。其常用義是"(過了)一段較長的時間",略如書面語的"良久,許久"。爲了證明其常用義,我們先看下面一組例句:

《列子·説符篇》:"楊子戚然變容,不言者移時,不笑者竟日。"

《晏子春秋》卷五:"客退,晏子直席而坐,廢朝移時。"

《三國志·吳書·步騭傳》:"會稽焦征羌,郡之豪族,人客放縱。騭與旟求食其地,懼爲所侵,乃共修刺奉瓜,以獻征羌。征羌方在內臥,駐之移時,旟欲委去,騭止之曰:'本所以來,畏其强也,而今舍去,欲以爲高,祗結怨耳。'"

《後漢書·吳祐傳》:"祐越壇共小史雍丘黃真歡語移時,與結友而別。"

《杜工部詩史補遺》卷四《上牛頭寺》:"何處鶯啼切,移時獨未休。"

白居易《長慶集》卷六八《春盡日宴罷感事獨吟》:"閑聽鶯語移時立,思逐楊花觸處飛。"

白行簡《三夢記》:"予與仲兄樂天、隴西李杓直同遊曲江,詣慈恩佛塔,遍歷僧院,淹留移時。"

韓偓《開河記》:"(煬)帝瞪目視之,移時不能舉步。時蕭后在側,謂帝曰:'知他是甚圖畫,何消皇帝如此挂意?'"

陳均《皇朝編年綱目備要》卷二五元符元年：“夏四月，邢恕罷。”目云：“自中丞出知汝州。恕每登對必移時，章惇疑其傾己，排而出之。”

《聊齋志異·沅俗》：“李季霖攝篆沅江，初蒞任，見貓犬盈堂，訝之。僚屬曰：‘此鄉中百姓瞻仰風采也。’少間，人畜已半；移時，都復爲人。”

可以看出，上述句中的“移時”，在具體的上下文中都不能用“少頃”一類的釋義來解釋；相反，都是“良久，許久”的意思。拿《列子》句來説，“移時”與“竟日”互文，顯言爲時之久。白居易詩，正惟其“閑”，所以“移時”也不能釋爲“少頃”；而且從對仗來看，下句的“觸處”，到處也，隨處也，言處之廣，所以上句中的“移時”，也只能是言時之久。《三夢記》句逕言“淹留移時”。按《爾雅·釋詁》：“淹、留，久也。”《廣韻·監韻》：“淹，久留也。”然則此“移時”之“良久”義豁然。至於陳均書言“恕每登對必移時”，此“移時”究爲何義，讓我們再看一下李燾《續資治通鑑長編》是怎樣説的，便可分曉。《長編》卷四九六元符元年三月戊辰條的記載是：“上曰：‘（邢恕）每來此論事，重疊反復，未嘗不移數刻，所言者只是居常所論，但每事須更從頭説一遍，極可厭。’（曾）布曰：‘外間亦常疑其奏對太久。’上曰：‘甚久。’”按陳書大抵蜕自李書，不過删繁撮要而已。明白了這一點，陳書“移時”的含義是什麼，自然也就一清二楚了。

上述句中的“移時”，如果用“歷時，經時”一類的釋義來解釋又怎樣呢？我認爲也不恰當。“時”是一個多義詞，而那種釋義的一個弊病，就可能使人把“時”誤解爲古代的計時單位“時辰”，因爲對“時”的其他解釋在這裏更難行通。實際上，“移時”的“時”，指的是一段時間，這一段時間，不一定等於一個時辰，也可能遠遠不足一個時辰，也可能大大超過一個時辰。質言之，它代表的是時間量而不是計時單位。古代以日晷、漏刻計時，拿日晷來説，立針於盤，盤上詳記刻度，針影隨着時間的推移而移動，人們可以根據針影所在的位置來確定時間。我們從這種計時的原理可以知道，晷影由此一刻度到彼一刻度的移動，不管移動了多少，都可以叫作“移時”。這可以説是“移時”的本義。在這個意義上，如果抛開修辭手段不説，在詩詞中，如果抛開格律、對仗不説，單就詞義而講，我們盡可以不限於使用"移時"一詞,而改用"移晷"、"移日"、"移景"、"移辰"、"移刻"之類,因爲這些詞的本義原來就和"移時"相通。例如:

《文選·序》:"余監撫餘閑,居多暇日,歷觀文囿,泛覽辭林,未嘗不心遊目想,移晷忘倦。"

《樂府詩集》卷六七張華《遊獵篇》:"馳騁未及倦,曜靈俄移晷。"

《宋史》卷三〇六《戚綸傳》:"每便殿請對,語必移晷,或夜中召見,多所敷啓。"

《公羊傳》成公二年:"二大夫出,相與踦閭而語移日,然後相去。"

《漢書·田蚡傳》:"蚡入奏事,語移日,所言皆聽。"

韓愈《昌黎集》卷八《晚秋郾城夜會聯句》:"取歡移日飲,求勝通宵博。"

《北史》卷四二四《王肅傳》:"遂語及爲國之道,肅所陳説,深會旨,帝促席,移景,不覺坐之疲也。"

《西京雜記》卷一:"宣帝被收,繫郡邸獄,臂上猶帶史良娣合采婉轉絲繩,繫身毒國寶鏡一枚,大如八銖錢。舊傳此鏡見妖魅,得佩之者爲天神所福,故宣帝從危獲濟。及即大位,每持此鏡,感咽移辰。"

《宋文鑑》卷五四蘇軾《上皇帝書》:"顧此買燈毫髮之失,豈能上累日月之明,而陛下翻然改命,曾不移刻。"

《澠水燕談録》卷二:"慶曆中,仁宗服藥,久不視朝。一日聖體康復,思見執政,坐便殿,促召二府。宰相吕許公聞命,移刻方赴召。比至,中使數促公,同列亦贊公速行,公愈緩步。既見,上曰:'久疾方平,喜與公等相見,而遲遲其來何也?'"

很明顯,上面句子中的"移晷"、"移日"、"移景"、"移辰"、"移刻"等也都是"良久"的意思。換言之,他們是"移時"的等值同義詞。這樣,也就從另外一個方面證明了"移時"的常用義。如果按照釋"移時"爲"歷時,經時"的格式來辦,"移日"豈不要釋爲"歷日,經日"?還有"移刻"、"移辰"等等,都要照此辦理的話,怎麼得了!《資治通鑑》卷二二:"太子嘗謁皇后,移日乃出。"胡三省注:"移日,言日影移也。"胡注是很有道理的，因爲他没有拘泥字面而講出了"移日"的本義。相形之下，釋"移時"爲"歷時，經時"的釋義，就顯得是拘泥字面，雖釋而不見義。

實際上，"移時"一類的詞，人們往往用其引申義而舍其本義，我在前面所説的常用義，實際上就是引申義。"歷時，經時"一類的釋義，不但没有釋出"移時"的引申義，就連它的本義也没有説得明白，所以釋義雖然有了，但是人們還是不得要領。當我們試用"歷時，經時"一類的釋義去理解第一組句子的時候，總難免有一種模糊、似是而非的感覺，原因就在於此。

爲了進一步説明"移時"的常用義，讓我們再來觀察一下"移時"的否定用法：

《三國志·吳書·吕蒙傳》"問以計策"注引《吳書》："今觀此城，不能甚固，以三軍鋭氣，四面並攻，不移時可拔。"

韓偓《海山記》："（楊）素驚呼入室，召子弟二人而語曰：'吾死必矣。'出見文帝，語不移時，素死。"

《水滸傳》七三回："李逵道：'快舀桶湯來與我們洗手洗腳。'無移時，洗了手腳。"

這一組句子中的"移時"，其前都有一個"不"或"無"字，這種情況下的"移時"，尤其不能以"少頃"爲釋，否則的話，就與原來的句意方枘圓鑿，格格不入。因爲實際上和"少頃"等值的不是"移時"，而是"不（無）移時"。至於用"歷時，經時"一類的釋義來解釋，還是前面説過的毛病，語焉不詳，使人不得要領。

下面，我們再從"移時"和句中其他副詞的搭配上來證明它的常用義。試看下列句子：

《周書》卷七《宣帝紀》："戊申，雨雪。雪止，又雨細黄土，移時乃息。"

盧仝《玉泉子·温庭筠》："温氏遂出廳事前，執（姚）勖袖大哭。勖殊驚異，且持袖牢固不可脱，不知所爲。移時，温氏方曰：'我弟年少宴游，人之常情，奈何笞之？'"

王惲《玉堂嘉話》卷四："復有二黄蝶飛出，其露華移時方晞。"

《李師師外傳》：“姥侍旁，款語移時，而師師終未出見。”

《宋史·王向傳》：“公議先生强舌不語，下視任意，目不轉。移時，卒問任意。”

《聊齋志異》卷五《彭海秋》：“娟娘更駭，目注移時，始度舊曲。”

以上六例，“移時”後都有“乃”、“方”、“卒”、“終”、“始”一類字。這類字的一個語法作用，就是表示時間關係，即前一動作或狀態持續相當久之後，後一動作或狀態才開始。這類字的這種作用可以在下面的句子中得到證明：

《禮記·文王世子》：“文王九十七乃終。”

元稹《鶯鶯傳》：“良久乃至。”

《上清傳》：“命僕，使偵其絕蹤且久，方敢歸寢。”

《聊齋志異·任秀》：“任家年餘方得確耗。”

《史記·項羽本紀》：“吾起兵至今八歲矣。……然今卒困於此。”

洪皓《松漠紀聞·大寶林牙》：“大寶深入沙子……沙子者，蓋不毛之地。……大寶之走，凡三晝夜，始得度。”

因此，我們可以說，從“移時”和句中時間副詞的搭配來看，它的常用義也只能是“良久”。

最後，還有一點可資證明的：

韓愈《昌黎集》卷三七《故金紫光禄大夫…… 贈太傅董公行狀》：“爲禮部四年，拜兵部尚書，入謝，上語問日晏。”朱熹《韓文考異》：“‘問日晏’三字或作‘移時’。”這樣，“移時”的“良久”義就在不同版本的異文中也得到了證明。

至此，我們完成了對“移時”的常用義的證明。下邊就要說到它的不常用義。“少頃”一類的釋義，就是它的不常用義。例如：

《後漢書·盧植傳》：“《春秋傳》曰：‘天子避位移時。’言其相掩不過移時，而間者日食自已過午。”

《聊齋志異·偷桃》：“術人驚曰：‘殆矣，上有人斷吾繩，兒將焉托？’移時，一物墜，視之，其子首也。……又移時，一足落。無何，肢體紛墜，無

8

復存者。”

　　從上下文看，上面兩句中的“移時”，很難釋爲“良久”，作“歷時，經時”解也不合適，惟獨於“少頃”一類的釋義比較恰當。即如《聊齋》句，“肢體紛墜”的時間尚是“無何”，那麼，首墜、一足落的時間自然不會很久。由於作“少頃”解是一種比較少見的情況，所以，我在這篇文字的開頭，曾批評“少頃”一類的釋義是“以偏概全”。但少見儘管少見，究竟還是事實上存在着的一種情況，也不能因爲比較少見就抹殺它，或是視若不見，那也不是科學的態度。科學的態度只能是實事求是地進行深入的研究。漢語中有些單音詞具有相反的兩個意思，例如“亂”，既可訓爲“不治”，又可訓爲“治”。從“移時”的具有常用義和不常用義這點來看，我們可以説，有的複音詞也具有這種特點。至於“移時”的同義詞中也間有類似現象，這裏就不再舉例了。

　　綜上所述，我認爲“良久，許久”是“移時”的常用義，“少頃”的釋義是其不常用義，“歷時，經時”一類的釋義，充其量也只能説是字面義。有的詞書在凡例中説，“釋義主要收列現代通用義和古籍中比較通用的古義”。以此爲准，我認爲就“移時”一詞來講，前列中外詞書都沒有收列“移時”在“古籍中比較通用的古義”。

（原載《上海師範學院學報》1983 年第 1 期）

# 新版《辭源》溯源拾遺

## 桑　林

地名。古代傳説，湯之時，七年旱，以五事自責，身禱于桑林之際。見《淮南子·主術》、王充《論衡·明雩》。

按：《吕氏春秋·順民》：“昔者湯克夏而正天下，天大旱，五年不收，湯乃以身自禱于桑林曰：‘余一人有罪，無及萬夫；萬夫有罪，在余一人。’”《尸子·君治》：“湯之救旱也，乘素車白馬，着布衣，身嬰白茅，以身爲牲，禱于桑林之野。”可知商湯禱于桑林之説並非自《淮南子》始。《尸子》、《吕氏春秋》與《淮南子》，《漢書·藝文志》均列諸雜家，其中《尸子》成書最早，《吕氏春秋》次之，可知三者之間，當有某種源流關係，沿流溯源，固當溯而求之。

## 唱　道　情

明田汝成《西湖遊覽志餘》三：“（冷泉）堂前假山、修竹、古松，不見日色，並無暑氣。後苑小厮兒三十人，打息氣，唱道情。太上云：‘此是張掄所撰《鼓子詞》。’”

按：宋末周密《武林舊事》卷七《乾淳奉親》亦有此節文字，二者無一字之差。田書此節蓋即出自周書。《四庫全書總目提要》著録《西湖遊覽志餘》云：“惟所徵故實，悉不列其書名，遂使出典無徵，莫能考其真僞。是則明人之通弊，汝成亦不能免俗者矣。”這説明四庫館臣在考證其著作源流上也遇到了一定的麻煩。但《提要》畢竟還是指出了：“吳自牧作《夢粱録》，周密作《武林舊事》，于歲時風俗特詳，而山川古迹又在所略，唯汝成此書，因名勝而附以事迹，鴻纖鉅細，一一兼該。”我們如果以意求之，還是不難悟出一點來龍去脈的。又，據周密書，知文中“太上”乃指宋高宗趙構，今用明人書證，則“太上”一語，將云孰指？須知有明一代，從無内禪之説。所以致此乖舛者，非他，失源故耳。

# 淩　遲

封建時代最殘酷的死刑，又叫剮刑。唐代最重的刑只是斬首，到五代才開始在刑法外設立淩遲一條。宋代大獄，凡犯所謂口語狂悖罪的，多用淩遲處死。元代正式列入刑法之内，直到清末始廢。參閲清錢大昕《潛研堂文集》三一《跋渭南文集》、《十駕齋養新録》七《淩遲》。

按：“元代正式列入刑法之内”之説不實。清沈家本《寄簃文存》卷一《删除律例内重法摺》：“查淩遲之刑，唐以前無此名目，始見於《遼史·刑法志》。遼時刑多殘毒，其重刑有車轘、砲擲諸名，而淩遲列于正刑之内。”檢《遼史·刑法志》：“其制刑之凡有四：曰死，曰流，曰徒，曰杖。死刑有絞、斬、淩遲之屬。”然則遼時已列入正刑矣。又，南宋時淩遲是否列入正刑，如僅據《宋刑統》、《宋史》等書爲説，答案是否定的。但《慶元條法事類》卷七三“斷獄式”：“今具本路州軍某年斷過大辟數目下項：奏斷若干，淩遲若干，處斬若干，處死若干，貸命若干。”《慶元條法事類》是一部法書，南宋寧宗時由官方修成。根據宋代刑制的特點，《慶元條法事類》是完全具有法律約束力的。因此，我們還有理由説，南宋時淩遲也已列入正刑。明丘濬《大學衍義補》卷一〇四：“臣按：自隋唐以來，除去前代慘刻之刑,死罪唯有絞、斬二者,至元人又加之以淩遲處死之法焉。所謂淩遲處死,即前代所謂凸也。前代雖于法外有用之者,然不著于刑書,著于刑書,始於元焉。"此即《辭源》立說之所本,顧丘氏考史未審耳。《辭海》此條亦據丘氏爲説,故所失與《辭源》同。

# 三　　司

唐、宋置鹽鐵使、度支使、户部使爲管理財賦之官。五代後唐長興元年以張延朗行工部尚書充三司使,始著三司之名。參閱《五代史·張延朗傳》、宋葉夢得《石林燕語》六。

按:《舊唐書》卷四十八《食貨志》元和七年:"户部王紹、度支盧坦、鹽鐵王播等奏:'……臣等今商量,伏請許令商人于三司任便換見錢,一切依舊禁約。'"《新唐書》卷五四亦見。然則"始著三司之名"者,並非五代後唐長興元年而是唐憲宗元和七年。同一"三司",在唐爲各自獨立的機構,鹽鐵、户部、度支各有一人判事;五代以後則合三爲一,由大臣一人總其事。其不同如此。要之,"三司"之名,唐已有之。

# 大　　赦

對已判罪犯免刑或減刑。《星經》上《貫索》:"貫索九星……牢口一星爲門,門欲開,開則有赦,若赦,主人憂。……有大星出牢,大赦。"

按:此處釋義不確,切於今而不合于古,姑置之。下引《星經》爲證,殊失當。《星經》一書,舊題漢甘公、石申撰,《四庫全書總目》謂"是書卷數雖與《隋志》合,而多舉隋、唐州名,必非秦、漢間書也。所載星象,今亦殘闕不全,不足以備考驗。"錢大昕《潛研堂文集》卷三十《跋星經》亦云"世所傳《星經》,乃後人僞託,采晉、隋二志之文成之,詞意淺近,非先秦書也。"可知其成書甚晚,不足以取證當源。今按先秦典籍中言赦者頗多,如《睡虎地秦墓竹簡·法律答問》:"或以赦前盜千錢,赦後盡用之而得,論何也？毋論。"此赦即大赦，惟不著"大"字。"大赦"一詞，始見於《史記·秦本紀》："莊襄王元年，大赦罪人。"此爲戰國時期大赦例。《史記·六國年表》："二世元年，十月戊寅，大赦罪人。"明丘濬論此赦云："赦而加之以大，始見於史，後世遂以爲故事。"（見《大學衍義補》卷一〇九）可知此赦爲統一國家大赦之始（始皇在位，始終無一赦）。今取證於僞託之《星經》，一失於晚近，二失於不類，究其故，殆亦忽視目錄之學所致。

# 唾　餘

唾液之餘。比喻別人言論的餘緒點滴。清江藩《漢學師承記·江永》："帖括之士，竊其唾餘，取高第掇巍科者數百人。"

按：《辭源》所舉書證較晚。宋周煇《清波雜志》卷三："蔡卞之妻七夫人，頗知書，能詩詞。蔡每有國事，先謀之於床笫，然後宣之於廟堂。時執政相語曰'吾輩每日奉行者，皆其咳唾之餘也。'""唾餘"之出典，殆見於此。

# 煙　草

植物名。原產南美洲，明代中葉由呂宋傳入我國。譯名作淡巴菰。又名金絲醺。參閱清顧張思《土風錄》三《煙草》、俞正燮《癸巳存稿》十一《吃煙事述》。

按：清王士禎《香祖筆記》卷三引姚旅《露書》云："呂宋國有草名淡巴菰，一名金絲醺，……初，漳州人自海外攜來，莆田亦種之。"按《四庫全書總目》存目著錄《露書》云："明姚旅撰。旅號園客，莆田人。"姚爲明人，是爲煙草傳入之時；家莆田，又恰值引進之地；耳聞目見，宜乎有以愈於清人書者。

# 府　君

漢、魏時太守自辟僚屬如公府，因尊稱太守爲府君。……自唐以後，

13

不論爵秩,碑版通稱死者爲府君。……參閲清王芭孫《碑版文廣例》七《通稱府君例》。

按:晉宣帝司馬懿之高祖鈞爲征西將軍,曾祖量爲豫章太守,祖儁爲潁川太守,父防爲京兆尹。依《辭源》説,四人之中,征西不得稱府君。今按:《晉書‧禮志上》,永和二年有司奏:"京兆府君當遷桃室。昔征西、豫章、潁川三府君毀主,中興之初權居天府。"又,領司徒蔡謨議:"四府君宜改築別室。"據此,是征西將軍亦得稱府君。又《宋書‧禮志三》:"初祠高祖開封府君,曾祖武原府君、皇祖東安府君、皇考處士府君。……既即尊位,乃增祠七世右北平府君、六世相國掾府君。"其中開封、武原皆縣令,而相國掾、處士亦皆冒府君之稱。詳見錢大昕《廿二史考異》卷二十。綜上所述,可知"不論爵秩,碑版通稱死者爲府君"不是始於"自唐以後",宜云"自東晉以後"。《辭源》蓋據王芭孫書爲説,而王氏於此考之未審也。

# 九　隆

山名,即牢山。在雲南保山縣西南。山勢起伏凡九,分爲九嶺,一名九坡嶺。山麓有九龍池。見《讀史方輿紀要》一一八《永昌軍民府》。

按:緣何以"九隆"名山,讀《辭源》此條,似因"山勢起伏凡九"而得名。查《方輿紀要》,其書本有"相傳蠻婦沙壹浣絮池中,感沉木而生九隆,種類遂繁,散居山下"云云。可知此山乃以人名。明顧祖禹《方輿紀要》載此傳説未標所出,編者遂亦不復深尋。今按《後漢書‧西南夷傳》:"哀牢夷者,其先有婦人名沙壹,居於牢山,嘗捕魚水中,觸沉木若有感,因懷姙,十月産子男十人。後沉木化爲龍,出水上。沙壹忽聞龍語曰:'若爲我生子,今悉何在?'九子見龍驚走,獨小子不能去,背龍而坐,龍因舐之。其母鳥語,謂背爲九,謂坐爲隆,因名子曰九隆。及後長大,諸兄以九隆能爲父所舐而黠,遂共推以爲王。"今但云見《讀史方輿紀要》,不考出典,馴至失源。又,據章懷太子注,知范史此節又出自東漢應劭《風俗通》,然今世所行《風俗通》非足本,不見此節。

# 倞

清朱駿聲引錢大昕説,以倞爲“亮”本字。隸書移人旁於京下,又省京中丨,遂成亮字。見《説文通訓定聲》。

按:既知朱引錢説,何不逕引錢説以爲證?設若錢氏著作散佚,其説僅見于朱氏稱引,抑或朱氏于錢説更有所發明,則稱“見《説文通訓定聲》”,固其宜也。今按:此説見於錢大昕《潛研堂文集》卷五《答問》。錢書本不難求,而錢説之詳備又過於朱。《清史稿》卷四一八《朱駿聲傳》:“從錢大昕遊,錢一見奇之,曰‘衣鉢之傳,將在子矣!’”可知錢與朱蓋有師生之誼。有此諸項,舍錢氏書而取朱氏書,失其源矣。

# 平　水　韻

宋以前韻書,依據《切韻》分韻爲二百零六部,爲了便於作詩叶韻,在二百零六部中或注獨用、同用等字。宋淳祐間,江北平水劉淵《增修壬子新刊禮部韻略》,始盡并同用之韻爲一百零七部。其書今已不存,但元初黃公紹《韻會舉要》即據此分韻。同時金人王文郁有《新刊平水禮部韻略》,并上聲“迥”、“拯”爲一百零六部,爲元以來作近體詩者押韻的依據,沿用至今。舊稱平水韻。……參閱清江永《古韻標準例言》、錢大昕《潛研堂文集》二七《跋平水新刊韻略》。

按:考之《潛研堂文集》,知王文郁《平水新刊韻略》初刻于金正大六年己丑(1229),故錢氏云:“考正大己丑在淳祐壬子(1252)前廿有四年,而其時已并上下平聲各爲十五,上聲廿九,去聲三十,入聲十七,則不得云并韻始于劉淵。豈淵竊見文郁書而翻刻之耶?”錢氏在其所著《十駕齋養新録》卷五“平水韻”條,更明確指出:“王氏平水韻,并上下平聲各爲十五,上聲廿九,去聲三十,入聲十七,皆與今韻同。文郁在劉淵之前,則謂并韻始于劉淵者,非也。”今人趙誠在其《中國古代韻書》一書中,雖然説了"平水韻之名因何而得,分韻之始創于何人,仍然是一個謎",但也認爲王文郁的書"比劉淵要早二十三年,由此可知一百零六韻之分,並非初具規模于劉書"(見該書第七章《平水韻和詩韻》)。綜上諸説,可知《辭源》并韻始于劉淵之説爲不實。

# 曲　赦

因特殊情況而赦免。《宋書·孝武帝紀》大明五年:"庚午,曲赦雍州。"

按:何謂曲赦?《資治通鑑》卷八三晉惠帝永康元年"曲赦洛陽"。胡注:"不普赦天下而獨赦洛陽,故曰曲赦。"馬端臨《文獻通考》卷一七三:"其恩霈之及,有止於京城、兩京、兩路、一路、數州、一州之地者,則謂之曲赦。"《禮記·中庸》篇"其次致曲",鄭注:"曲猶小小之事也。"朱注:"一偏也。""曲赦"之"曲",正取其"小"與"一偏"之義,蓋小對大而言,一偏對普遍、全面而言。綜以上諸家説,可知曲赦者,不普赦天下而獨赦一地、兩地、數地之謂。凡赦必有故,非獨曲赦然,故《辭源》所下定義,難稱確切。曲赦之實,可以上溯西漢,如《史記·高祖本紀》之赦櫟陽囚、赦代吏民、赦燕吏民均是,惟尚無曲赦之名,故《西漢會要》列之於別赦。曲赦之名,始於晉代,如《晉書·惠帝紀》之曲赦洛陽,《懷帝紀》永嘉三年之曲赦河南郡,《海西公紀》太和元年之曲赦梁、益二州,皆其例。《晉書》雖然晚于《宋書》成書,但如考慮到《晉書》修纂時的取材,而且,"典章制度,相因者也",所以,在此引用《晉書》,意者無傷。《晉書·武帝紀》泰始五年:"曲赦交趾、九真、日南五歲刑。"沈家本《歷代刑法考·赦考》卷六就説:"曲赦之名,始見於此。"

# 會　朝

早晨之始。借指一朝、一旦。《詩·大雅·大明》:"肆伐大商,會朝清明。"傳:"會,甲也,不崇朝而天下清明。"清陳奐謂會,古外切,甲朝猶云一朝。甲者十之首,一者數之始。見《詩毛氏傳疏》。

按:訓甲朝爲一朝,不自陳奐始。段玉裁已有以發之,見《毛詩故訓傳》。段之前,惠棟實開其端,見《九經古義·毛詩》下卷。按:陳奐之學,一源于段玉裁,一源于江沅。陳奐《詩毛氏傳疏·凡例》:"此疏之作,始于嘉慶壬申,從學段氏若膺先生于蘇郡白蓮橋枝園,親炙函丈,取益難數。"此陳氏自道,書在可按。陳奐又嘗學于江沅,而江沅之學亦不自一途,既爲段玉裁之門人,又承其祖江聲之家學。而江聲者,惠棟之高足也。推本求源,發明此義者,當屬惠棟。陳奐《詩毛氏傳疏》在説《詩》諸書中固爲上乘,然學術源流,不可不辨。

# 木　耳

植物名。形如耳,色褐,附生朽木上。供食用,可入藥。白色者稱白木耳,亦稱銀耳。宋陳澔《禮記集説·内則》注:"芝如今木耳之類。"則宋時已有此稱。

按:東漢許慎《説文解字》艸部:"䓴,木耳也。"段玉裁注:"《内則》記燕食所加庶羞有芝栭。《正義》曰:'盧植云:芝,木耳也。王肅云:無華而實者名栭。'栭即䓴字。"《正義》與陳説不同姑不論,要之,木耳之稱,漢已有之,何待宋時!

# 斷　屠　月

禁屠宰、持齋素的月份。宋陸遊《老學庵筆記》八引《唐高祖實録》武德三年詔:"至今每年正月、五月、九月十直日,並不得行刑,所在公私,宜斷屠殺。"

按:此書證有三失。以"斷屠殺"證"斷屠月",書證與詞目文不相照,此其一。如以"斷屠"字爲可證"斷屠月",則宋初王溥《唐會要》卷四一《斷屠釣》一節，此類字不只一處，包括《老學庵筆記》所引詔書在內，然則引王書豈不勝似引陸書。此其二。《老學庵筆記》所引詔蓋據誤本，今以《唐會要》、高承《事物記原》卷十《斷屠》參校，詔書"九月"二字下當補"及每月"三字，否則正月、五月、九月就不成其爲斷屠月了。此其三。書證尚有更早於以上諸書者。《唐律疏議》卷三〇："其所犯雖不待時，若于斷屠月，謂正月、五月、九月；及禁殺日，謂每月十直日：月一日、八日、十四日、十五日、十八日、二十三日、二十四日、二十八日、二十九日、三十日，雖不待時，於此月、日，亦不得決死刑。"《新唐書》刑法志亦有"斷屠月"字，然晚於《律疏》。如果此證成立，釋義亦當稍加修改，蓋斷屠月以不得決死刑爲第一要事。屠宰動物，猶在其次。錢大昕《十駕齋養新録》卷六《斷屠月、禁殺日》條，係考證之作，頗有發明，不妨列於參閱。

## 撝　　謙

《易·謙》："無不利撝謙。"注："指撝皆謙，不違則也。"後來因稱舉止謙遜爲撝謙。《聊齋志異·蟇鬼》："公禮之，乃坐，亦殊撝謙。"

按：此以《聊齋》爲後來義之證，恨晚。《三國志》卷二《文帝紀》裴松之注引《獻帝傳》載禪代事，相國華歆等上言："伏請陛下割撝謙之志，修受禪之禮，副人神之意，慰外内之願。"雖不敢必其爲後來義之源，要較《聊齋》差早。

## 整　　暇

形容從容不迫。……明葉盛《水東日記》三："（郭登）自登城視師，酣戰間，馬溺於前，左右急呼用草裹去，公笑曰：'草菓好喫，雞生也。'此亦能示整暇，以安人心。"

按：《資治通鑑》卷二八一晉高祖天福二年："從官在大梁者無不恟

懼,獨桑維翰從容指畫軍事,神色自若,接待賓客,不改常態,衆心差安。"
胡三省注:"史言桑維翰能以整暇鎮物。"胡三省,宋末元初人;葉盛,明中
葉人,故胡注較優。

# 孺　子

古代貴族妾的稱號。《韓非子·八奸》:"貴夫人,愛孺子。"

按:《左傳》哀三年:"季孫有疾,命正常曰:'無死。南孺子之子,男
也,則告而立之;女也,則肥也可。'"杜注:"南孺子,季桓子之妻。"二者相
較,宜以《左傳》當其源。

# 本　命　星

與人生干支相值的星。《新唐書》一三九《李泌傳》:"代宗將葬,帝
(德宗)號送承天門,而輼車行不中道。問其故。曰:'陛下本命在午,故
避之。'帝曰:'安有相靈駕以謀身利!'命直午而行。"

按:"安有相"之"相"當爲"枉"之訛。《晉書》卷九五《戴洋傳》:"王
導遇病,召洋問之。洋曰:'君侯本命在申,金爲土之主,而于申上石頭立
冶,火光照天,此爲金火相爍,水火相煎,以故受害耳。'導即移居東府,病
遂差。"比較《辭源》所引書證爲早。

# 娥　眉

女子的秀眉。引申爲美女的代稱。《楚辭》屈原(或言景差)《大招》:
"嫭目宜笑,蛾眉曼只。"……一作蛾眉。

按:《詩·衛風·碩人》:"膚如凝脂,領如蝤蠐,齒如瓠犀,螓首娥
眉。"《楚辭》屈原《離騷》:"衆女嫉余之蛾眉兮,謠諑謂余以善淫。"以上二
例,一早於《辭源》所引,一可確定爲屈原所作,宜有以代之。

# 唱　言

揚言。宋沈括《夢溪筆談》十三《權智》："世衡乃唱言野利已爲白姥
譖死。"

按：《三國志》卷九《曹爽傳》，裴松之注引《魏末傳》曰："爽兄弟歸
家，敕洛陽縣發民八百人，使尉部圍爽第四角，角作高樓，令人在上望視爽
兄弟舉動。爽計窮愁悶，持彈到後園中，樓上人便唱言：故大將軍東南
行！"是曹魏時已有此語。

# 秦　椒

即花椒。以産于秦地，故名。見宋寇宗奭《本草衍義》十四《秦椒》。

按：《山海經》卷三《北山經·景山》："其上多草、藷藇，其草多秦
椒。"苟以秦椒始見於宋人書，則此秦椒當何所置？

# 木　棉

草本或灌木。通稱棉花。……《明詩紀事》九孫蕡《平原田家行》：
"春絲夏絹輪稅錢，木綿紡布寒暑穿。"

按：《南史》卷七《梁本紀》中："（武帝）身衣布衣，木綿皂帳，一冠三
載，一被二年。"又《資治通鑑》卷二八三晉高祖天福七年："楚王希範作天
策府，極棟宇之盛，戶牖欄檻皆飾以金玉，塗壁用丹砂數十萬斤；地衣，春
夏用角簟，秋冬用木棉。"元胡三省注："木棉，今南方多有焉。……土人取
而紡之，織以爲布，細密厚暖，宜於禦冬。"《南史》是以唐人紀南朝事，《資
治通鑑》是以宋人紀五代事，而《明詩紀事》編者陳田是清人，可知《辭源》
此條之取證失之稍後。

# 移 孝 作 忠

移孝父母之心以事君。《孝經·廣揚名》:"君子之事親孝,故忠可移於君。"唐李商隱《李義山文集》一《爲濮陽公陳許謝上表》:"貴忠孝之兩全,則忠因移孝;正文武之二道,則武可輔文。"

按:此條所引《孝經》書證是對的,其中雖無"移孝作忠"一詞,但不妨礙其爲語意之源。接下引《李義山文集》,則殊無謂,其文雖承《孝經》語意,但根本没有"移孝作忠"一詞。今試補一證。唐陳子昂《陳伯玉集》卷一《爲義興公陳請終喪第二表》:"伏讀報詔,不勝悲懼。陛下爲臣累有政能,特見任用,使臣移孝爲忠,即斷來表。臣內愧不孝,外慚無能,污辱聖聰,措身無地。"較之《李義山文集》不惟稍早,且亦庶幾近之。

# 暒

雨止。晴空無雲。通"晴"。見《玉篇》。清龔自珍《定盫集續集》三《阮尚書年譜第一敍》:"天暒地壊,日穆月燿。"

按:《漢書》卷二六《天文志》:"天暒而見景星。"《史記·天官書》作"精",索隱云:"《漢書》作'晵',亦作'暒'。郭璞注《三蒼》云:雨止無雲也。"此爲漢人、唐人之證。《辭源》所引書恨晚。

# 散 宜 生

周初人。……散宜生之名,唐孔穎達《書·君奭》疏以散爲氏,《大戴禮·帝系》、《漢書·古今人表》都以散宜爲複姓。自散氏盤出土,似以散作姓爲是。

按:以散爲氏,不始于孔穎達疏,僞孔傳先已指散爲氏,孔疏不過是上承其説而已。疏不破注,其來有自,何得遺源而取流。

## 文　學

指文獻經典。《漢書·武帝紀》元朔元年十一月詔:"選豪俊,講文學。"

按:《韓非子·五蠹》:"然則爲匹夫計者,莫如修仁義而習文學。仁義修則見信,見信則受事;文學習則爲明師,爲明師則顯榮。"此見於先秦典籍者。又《史記·李斯列傳》:"臣請諸有文學《詩》、《書》、百家語者,蠲除去之。"此見於史遷書者。二者均早于班固《漢書》。

## 史　漢

《史記》和《漢書》的合稱。《世説新語·言語》:"張茂先論《史》《漢》,靡靡可聽。"

按:魏文帝《典論》自序:"五經四部,《史》《漢》諸子,百家之言,靡不畢覽。"《世説新語》,南朝宋劉義慶撰,以早晚論,《典論》差勝。

## 故　宮

舊時宮殿。《花間集》九宋孫光憲《後庭花詞》之二:"石城依舊空江國,故宮春色。"

按:《史記·平準書》:"既得寶鼎,立后土、太一祠,公卿議封禪事,而天下郡國皆豫治道橋,繕故宮……而望以待幸。"比較《花間集》早多矣。

## 窅　娘

五代南唐李後主官嬪,纖麗善舞,後主作六尺金蓮,命窅娘以帛纏足,舞蓮花中。見清錢載《十國詞箋略》。

　　按：元陶宗儀《輟耕録》卷十"纏足"條已具載窅娘事，文多不録。且稱其見於《道山新聞》一書。此乃云見清人錢載之《箋略》，何其晚也。

　　（原載《中華文史論叢》1983 年第 4 期和 1984 年第 1 期。此次收録，略有删削）

# 《辭源》釋義失誤的原因舉例

本文所説的《辭源》,是指從 1979 年到 1983 年間由商務印書館陸續出版的修訂本《辭源》。《辭源》是文史工作者常用的工具書。對於我來説,它是我的良師益友。因爲接觸得多了,就不免看到它的某些不足之處。現在把這些不足之處寫出來,無非是愛之愈深而責之愈備的意思。

《辭源》釋義失誤的原因,我歸納了八條,即:一、缺乏歷史觀點。二、沒有充分采用已有的研究成果。三、對古注科學分析不夠。四、對古代典章制度未加詳考。五、望文生義。六、混二義爲一義。七、增字爲釋,畫蛇添足。八、因失源而釋義不當。每條舉例説明如下:

## 一、缺乏歷史觀點

所謂缺乏歷史觀點,就是王力先生所説的:"把古代的意義和現代的意義混同起來,雜糅在一起。"(見《談談學習古代漢語·字典問題雜談》)其通常的表現是以今釋古。例如:

【賊】(四)泛稱盜竊之人。《墨子·非樂上》:"寇亂盜賊並興。"《後漢書·百官志》:"賊曹主盜賊事。"亦用爲罵人之詞。《三國志·周瑜傳》:"老賊欲廢漢自立久矣,徒忌二袁、吕布、劉表與孤耳。"老賊,指曹操。

按：釋義誤。《辭源》所舉三書證，都屬上古期，而在上古期，"賊"字還没有"泛稱盜竊之人"的意思。王力主編的《古代漢語》辨析説："盜、賊。用作動詞時，上古'盜'字只指偷東西，'賊'字指毁害。用作名詞時，'盜'字一般指偷竊東西的人，而'賊'字指亂臣。'盜'、'賊'二字的上古意義；跟現代意義差不多正好相反。現在普通話所謂'賊'（偷東西的人），上古叫'盜'；現在所謂强盜，上古叫'賊'。"文獻證明，這番話是正確的。《辭源》所舉三書證中的"賊"字，都是用作名詞，是"亂臣"義，指違法亂紀、犯上作亂的人、並不是"泛稱盜竊之人"。上引《古代漢語》正確地指出了"賊"字古今詞義的變化，但是還有一個問題没有解決，即這種變化始於何時。弄清楚這一點對於辭書的編寫是必要的。關於"賊"字什麽時候開始有了"泛稱盜竊的人"的意思，筆者將用專文論述，這裏只簡單地説一下我考察的結果。根據我的考察，我認爲，"賊"有"泛稱盜竊之人"的意思，從法律的角度上講，始於元代。此類例證，《元史·刑法志》中就有不少，兹不贅。這裏只舉一個元人書中的例子。陶宗儀《輟耕録》卷二三《盜有道》："後至元間，盜入浙省丞相府。……時一侍姬亦見之，大呼'有賊'。相急止之，曰：'此相府，何賊敢來！'蓋虞其有所傷犯也。"句中的"賊"字，已是"泛稱盜竊之人"之意。"賊"字字義在法律上的這種變化，"只是表明和記載經濟關係的要求而已"（馬克思語，《馬克思恩格斯全集》第四卷121頁~122頁）。而經濟關係的要求，是早於法律條文的。所以，"賊"字有"泛稱盜竊之人"之意，從日常生活來講，必然要在元代以前。具體的時間，據考察，大約始於宋代。從宋人書中我們可以找到一些例證。這裏只舉一例。蘇軾《東坡志林》卷三《梁上君子》："近日頗多賊，兩夜皆來入吾室。吾近護魏王葬，得數千緡，略已散去，此梁上君子當是不知耳。"句中的"賊"字，就是"泛稱盜賊之人"之意。

如果我的考察不誤，《辭源》此條似可作如下修正。一、把"泛稱盜竊之人"的釋義改爲"亂臣"。二、在原有三書證下加上一句："後亦泛稱盜竊之人"。接下再引一二適當的書證。三、"亦用爲駡人之詞"句可删去。

【歲幣】每年交納的錢幣。《宋史·食貨志一》:"季世金人乍和乍戰,戰則軍需浩繁,和則歲幣重大,國用常恐不足。"

按:釋義不確。問題出在以"幣"字的今義釋古義。《說文》:"幣,帛也。"這是幣的本義。古人以束帛爲祭祀和聘享的禮物,因此"幣"就有了禮物的意思。這是"幣"的引申義。作爲禮物講的幣,後來就不限於束帛這一類東西。《周禮·大宰》:"四曰幣貢。"注:"幣貢,玉、馬、皮、帛也。"這裏就包括了四樣東西,而其中沒有一樣是錢幣。《呂氏春秋·權勳》記載晉獻公假途滅虢事說:"夫垂棘之璧,吾先君之寶也;屈產之乘,寡人之駿也。若受吾幣而不吾假道,將奈何?"句中的"幣",就是指璧和駿馬這兩樣禮物。到了漢代,"幣"字雖然有了"錢幣"義,但"幣"字的"禮物"義並未死亡,而是一直爲後世所沿用。禮物之中可以包括錢幣,但錢幣不足以概括禮物。"歲幣"的"幣"正是"禮物"義。歷史上有名的宋遼澶淵之盟,歲幣是三十萬。這三十萬的具體內容是:"歲輸銀十萬兩,絹二十萬匹。"(見《遼史·聖宗紀》)這裏的"幣"就包括了銀和絹兩樣東西。

【成昏】結婚。《左傳》桓三年:"會于嬴,成昏于齊也。"昏,通"婚"。

按:釋義誤。這是以今義釋古義。上古所說的"成昏",等於今天所說的訂婚,不等於今天所說的結婚。《左傳》昭公三年記載齊晉締結婚姻時說:"既成昏。"杜注:"許昏成。"可知"成昏"就是把婚事定下來的意思。就《左傳》桓公三年的例子來說,這是記載魯桓公和齊女文姜的婚事的,其中的"成昏"二字,孔穎達解釋說:"此成昏,謂聘文姜也。"聘者,聘定也。就是今天所說的訂婚。古人的婚禮分爲六個步驟,即納采、問名、納吉、納徵、請期、親迎,這叫做六禮。"成昏"屬於六禮中的第四步納徵之禮。《儀禮·士昏禮》:"納徵,玄纁束帛、儷皮。"注:"徵,成也。使使者納幣以成昏禮。"所謂"幣",就是"玄纁束帛、儷皮"這類財禮。另外,我們就是僅從《左傳》桓公三年經傳的原文來看,這個"成昏"也只可能是訂婚,而不可能是結婚。據經文傳文,魯桓公"會于嬴,成昏于齊"的時間是在當年的正月,而且,"會於嬴",是魯桓公"會齊侯於嬴",並不是和新娘文姜"會於嬴"。到了這年七月,魯桓公才派"公子翬如齊逆女"。所謂"逆女",也就是迎新娘。到了九月,齊侯才"送姜氏於讙(按讙,魯地名),公會齊侯于讙,夫人姜氏至自齊"。也就是説,到了九月,齊國才把新娘姜氏送到魯國。試想,在這種情況下,魯桓公怎麼可能在當年正月就和文姜結婚呢?

## 二、没有充分采用已有的研究成果

這次《辭源》的修訂,總的説來,是大量地吸收了前人、今人研究成果的。這是必需肯定的。不過,在這方面要做到萬無一失也是比較困難的,但爲了保證辭書的科學性和先進性,做出進一步的努力還是必要的。這裏舉兩個例子來説明這個問題。

【調】(五)遷轉。《史記・張釋之列傳》:"以貲爲騎郎,事文帝,十歲不得調,無所知名。"

按: 釋義誤,錢大昕《潛研堂文集》卷三三《與一統志館同事書》有一段文字專論此"調"字,今摘録如下:

> 又執事於"韋安石舉明經,調乾封尉"一條,疑有脱訛,委令檢照元文。蓋以初任之官,不當言更調,意其曾歷它官故爾。愚考《漢書》,張釋之事文帝,十年不得調;匡衡射策甲科,調補平原文學,小顔注並訓"調"爲"選"。《廣韻》"調"讀去聲者訓"選",《集韻》又訓爲"試",乃知古人所云"調"者,只是試選之義。略舉唐史數事證之。蘇弁擢進士,調奉天主簿;杜正倫秀才高第,調武騎尉;劉從一擢進士宏詞第,調渭南尉;徐彦伯對策高第,調永壽尉;狄仁傑舉明經,調汴州參軍;宋務光舉進士及第,調洛陽尉;張柬之中進士第,始調清源丞……皆初任而云"調",與《韋安石傳》文不異。……稽之字書,"調"亦無"更换"之意。改調、降調之名,《明史》始有之,唐以前未之有也。

按: 這是錢大昕回答一統志館總纂官的一封信。看來這位總纂官當時對"調"的字義已不甚了了。通過周密的論證,錢大昕指出了"調"的確切含義。這樣使用的"調"字,是"選"義,"試"義。説得更明白一點,是除、授、任命之義。不是"更調"義,即不是《辭源》所説的"遷轉"義。錢大昕的結論是令人信服的。試想,這些人始得功名,尚未居官,"遷轉"何從説起?錢大昕在二百年前已經解決了的問題,今天又不得不重新提起,這是令人感到遺憾的。

這裏補充一點,即"調"字的這種用法,不但唐代以前如此,宋代也是這樣。下面是摘自《宋史》的幾個例子:

《黄庭堅傳》:"舉進士,調葉縣尉。"

《王應麟傳》:"淳祐元年舉進士,調西安主簿。"

《蘇軾傳》:"嘉祐二年,試禮部。丁母憂。五年,調福昌主簿。"

《馬默傳》:"登進士第,調臨濮尉。"

《趙瞻傳》:"瞻舉進士第,調孟州司户參軍。"

上述五例中的"調"字,都是"選"義,即除授、任命之意。如果理解成"遷轉",那就錯了。

【眼】(一)目,眼睛。《莊子·盗跖》:"比干剖心,子胥抉眼,忠之禍也。"

按:"眼"的初義是"眼球",不是"目","目"是後起義。"子胥抉眼"的"眼",也正是"眼球"義。關於這一點,王力《漢語史稿》曾專門論及:"'眼'在最初的時候,只是指眼球。例如:'聶政大呼,所擊殺者數十人,因自皮面,抉眼,屠腸,遂以死。'(《戰國策》)'子胥抉眼'(《莊子·盗跖》)……這樣,它是和'目'有分别的。後來由於詞義的轉移,'眼'就在口語裏代替了'目'。"(科學出版社,1957年,499頁)分析得很明白,可惜《辭源》此條失於參考。

【腳】(一)人和動物的行走器官。《墨子·明鬼下》:"羊起而觸之,折其腳。"

按:"人和動物的行走器官",换言之,就是"足"。其實,"腳"的本意是脛,即小腿。《墨子》書證中正是用的本義。"足"是"腳"的後起義,關於這一點,王力《漢語史稿》也有專文論及:"《説文》:'腳,脛也'。可見'腳'的本意是小腿。"例如:

　　羊起而觸之,折其腳。(《墨子·明鬼下》)

　　乳間股腳。(《莊子·徐無鬼》)

　　孫子臏腳,兵法修列。(司馬遷《報任安書》)

　　但是,到了中古,"腳"在基本詞彙中已經代替了"足"。這裏有一個典型的例子:"潛無履,弘顧左右爲之造履。左右請履度,潛便於坐申腳令度焉。"(《晉書·陶潛傳》,中華書局校點本,500頁)說得也很明白,可惜沒有參考。

# 三、對古注科學分析不夠

　　我們閱讀古書,離不了參考古注,否則就可能理解錯誤。黃侃先生是近代國學大師,尚說:"予如脫離注疏,對周誥句讀幾無以下筆。"(《黃侃手批白文十三經》前言)對於一般人來說更是如此。同樣道理,我們編寫字典、詞典也離不了參考古注,否則就可能釋義錯誤。應該說,古注是古人在訓詁學方面給我們留下來的一份寶貴遺產,我們應該很好地繼承下來。爲此我們就要重視古注。這個重視,不是盲從,而是科學分析,區別對待。古注是正確的,就肯定它;古注是錯誤的,就否定它;古注是不足的,就補充它;古注是隱晦的,就顯豁它。一般說來,《辭源》是重視古注的,但也有疏漏之處。這表現在:第一,沒有吃透古注,因而導致釋義錯誤;第二,對古注未能擇善而從;第三,沿用古注致誤。下面舉幾個例子。

　　【委禽】致送聘定的禮物。《左傳》昭元年:"鄭徐吾犯之妹美,公孫楚聘之矣,公孫黑又使強委禽焉。"注:"禽,雁也。納采用雁。"

　　按:釋義誤。古代的婚姻,從通媒到成親,共有六個步驟,即納采、問名、納吉、納徵、請期、親迎,這叫做六禮,詳見《儀禮·士昏禮》。《左傳》所說的"委禽",杜預注本來說得很清楚,是"納采"。即六禮中的第一步。實行這一步時,所納之雁,其性質是"采擇之禮"(《儀禮·士昏禮》"納采用雁"注),而不是《辭源》所說的"聘定的禮物"。所謂"采擇之禮",其作用就像今天的介紹人傳話而已,離"聘定"還差得很遠。"致送聘定的禮物”,那是第四步驟“納徵”時的事。《儀禮・士昏禮》:“納徵,玄纁束帛、儷皮。”注:“徵,成也,使使者納幣以成昏禮。”古人所說的“成昏”,就是今天所說的訂婚。納徵,又叫納幣。幣就是禮物,具體地說,就是“玄纁束帛、儷皮”,即紅黑色與淺紅色的帛五匹,鹿皮兩張。這和納采時只送一隻象徵性的雁爲禮大不相同。總而言之,到了婚禮的第四步驟,所納之禮才是“聘定的禮物”。《辭源》此條的釋義,是把第一步的事誤解爲第四步的事了。究其原因,當是没有吃透杜注。

【故府】舊府。《左傳》定公元年:“子姑受功歸,吾視諸故府。”

按:釋義誤。問題出在没有吃透舊注而率然釋義。杜預對“吾視諸故府”的注解是:“求故事。”這是對對這一整個句子的解釋。不是對“故府”一詞的解釋。但深入地想一想,也會受到啓發。“求故事”是什麼意思?就是查對一下從前的有關典章制度。如果想到這一步,“故府”的含義也就到了呼之欲出的地步了。楊伯峻《春秋左傳注》說:“故府,蓋藏檔案之所。”說得很對。宋謝枋得《疊山集》卷一《上丞相留忠齋書》:“某自丙子(1276)以後,一解兵權,棄官遠遁,即不曾降附。先生出入中書省,問之故府,宋朝文臣降附表即無某姓名。……如有一字降附,天地神祇必殛之。”句中的“故府”,也是“藏檔案之所”的意思。

【假】(六)堅固。《詩・大雅・文王》:“假哉天命,有商孫子。”傳:“假,固也。”

按:“假”字的意思,毛傳訓爲“固”,鄭箋謂“堅固”,説與毛傳同。朱熹《詩集傳》訓“假”爲“大”,説與毛、鄭異。此兩説孰是孰非,我們自當擇善而從。今按朱説是。乾嘉學者錢大昕早已指出:“‘假’與‘固’聲雖相近,然‘假’之訓‘大’,則《釋詁》正文。《漢書・劉向傳》言孔子論《詩》,至於‘殷士膚敏,裸將於京’(按:亦《文王》篇中語),喟然嘆曰:‘大哉天命!善不可不傳於子孫,是以富貴無常。不如是,則王公何以戒慎,民萌何以勸勉?’其云‘大哉天命’,即《詩》‘假哉天命’也;云‘富貴無常’,即《詩》‘天命靡常’(按:亦《文王》篇中語)也。然則宣尼説《詩》,已訓‘假’爲‘大’矣。”這話説得很有道理,可知錢大昕是同意朱説,不同意毛、鄭的。

自錢氏以後,説《詩》者亦多訓"假"爲"大",例如陳奐《毛詩傳疏》,王先謙《詩三家義集疏》等就是。《辭源》據毛、鄭説,是未能擇善而從。

【同居】漢代稱大家族中没有分住的兄弟及兄弟之子爲同居。《漢書·惠帝紀》:"今吏六百石以上,父母妻子與同居……家惟給軍賦,他無有所與。"

按:釋義不確。《辭源》釋義的根據是《漢書·惠帝紀》顏師古的注。顏注説:"同居,謂父母妻子之外若兄弟及兄弟之子等見與同居業者,若今言同籍及同財也。"但顏注是錯誤的。關鍵在於没有認識到雖然分住也仍是同居。《唐律疏議》卷六:"諸同居,有罪相爲隱。"《疏議》曰:"同居,爲同財共居,不限籍之異同,雖無服者亦是。"所謂"不限籍之異同",就是不管分住没有。又,同書卷一七:"諸謀反及大逆者皆斬,……伯叔父兄弟之子,皆流三千里,不限籍之異同。"《疏議》曰:"雖與反逆人别籍,得罪皆同。"可知法律上的"同居"是不管分住不分住的。《唐律》上承《漢律》,《唐律》對"同居"的解釋,顯然也適應於《漢律》。

# 四、對古代典章制度未加詳考

《辭源》中有些語詞條目,是和古代典章制度有關的。對於這類條目,如果未加詳考而遽然落筆,就往往會失之武斷。例如:

【耐】(二)古代一種剃去頰須的刑罰。二歲刑。通"耏"。《漢書·高帝紀》七年:"春,令郎中有罪耐以上,請之。"又舉《功臣表》書證云:終陵齊候華毋害"耐爲司寇"。

按:説耐是"二歲刑",欠考。《漢書·文帝紀》"有罪耐以上,不用此令。"注引蘇林曰:"一歲爲罰作,二歲刑以上爲耐。"又《後漢書·光武紀》七年"耐罪亡命"注引《前書音義》曰:"一歲刑爲罰作,二歲刑以上爲耐。"又《隋書·刑法志》梁制:"刑二歲已上爲耐罪。"可知耐罪是二年以上的罰作之刑。如果説得更具體點,就是二歲到四歲的罰作之刑,猶如今之二至四年的徒刑。《辭源》第二書證"耐爲司寇",這個司寇罪就是兩歲罰作之刑,因爲衞宏《漢舊儀》説:"司寇,皆作兩歲。"又《漢書·惠帝紀》:"皆耐爲鬼薪、白粲。"注引應劭曰:"鬼薪、白粲,皆三歲刑也。"還有城旦舂,是四歲罰作之刑,也見於《漢書·惠帝紀》注。至於五歲以上的刑罰,就另有名目了。

【停刑】停止執行刑罰。《晉書·劉聰妻劉氏傳》:"娥時在後堂,私救左右停刑。"明、清兩代,每於慶典節禮日及其他一定時間,有停刑的規定。

按:"停刑"一詞,可能始見於《晉書》,但停刑的規定,卻是肇自上古,歷代沿用,不得只言"明、清兩代"。《左傳》襄公二十六年"賞以春夏,刑以秋冬。"《禮記·月令》:"仲夏之月,去桎梏,毋肆掠。"注:"肆,謂死刑暴尸也。掠,謂捶治人。"《後漢書·章帝紀》元和二年:"律,十二月立春,不以報囚。《月令》冬至之後,有順陽助生之文,而無鞠獄斷刑之政。朕咨訪儒雅,稽之典籍,以爲王者生殺,宜順時氣。其定律,無以十一月、十二月報囚(按:即處決犯人)。"《唐律疏議》卷二九:"依《獄官令》,從立春至秋分,不得奏決死刑,違者徒一年。"並且還規定:"若于斷屠月,謂正月、五月、九月,及禁殺日,謂每月十直日(月一日、八日、十四日、十五日、十八日、二十三日、二十四日、二十八日、二十九日、三十日),於此月日,亦不得決死刑。"宋代除了沿用唐代的規定外,還規定:每逢皇帝生日也要停刑,見《宋史·刑法志》。以上事實説明,停刑的規定,絶非限於"明、清兩代"。實際上,明、清的規定,倒是承襲了前代的做法。

【私鑄】私人鑄鐵或鑄錢。歷代鐵、錢皆由官府鑄造,私鑄有罪。(書證略)

按:説"歷代鐵、錢皆由官府鑄造,私鑄有罪",這話説過了頭,與歷史事實不盡合。拿秦代來説,研究者認爲:"始皇的統一幣制,只是貨幣單位的統一,而不是貨幣鑄造發行權的統一。半兩錢並不由國家統一鑄造,甚至政府是否鑄造錢幣,也無從知道。"(彭信威《中國貨幣史》第一章第二節)至於漢初,據《史記·平準書》記載,"更令民鑄錢",文帝時,"令民縱得自鑄錢。故吳,諸侯也,以即山鑄錢,富埒天子;鄧通,大夫也,以鑄錢財過王者。"上述事實表明,在秦代和漢初,私鑄是國家明令允許的,並不犯罪。

# 五、望 文 生 義

望文生義的問題,自古就有。"馬頭人爲長,人持十爲斗,虫者屈中也",這些受到許慎批評的漢人解字,就是望文生義的一種表現。可是被譽爲"五經無雙"的許慎自己又如何呢?《説文解字》一書中,不是也有同樣的現象嗎?推而廣之,古往今來的許多注釋名家,也往往有這樣的毛病。所以説,要做到完全避免望文生義的毛病,也難,因爲無論是治學多麽嚴謹,知識多麽淹貫的學者,總有其不知之處,總有其失手之處。但是深思熟慮,多方參證,總是有助於減少這種毛病的。

【地望】地位與名望。唐段成式《酉陽雜俎》續集《支諾皋》下:"韋斌雖生於貴門,而性頗厚質,然其地望素高,冠冕特盛。"

按:釋義誤。地,不是地位,而是當地,某地。望,不是名望,而是名門大族,顯貴氏姓。地望,猶言當地的名門大族。名門大族爲什麼稱望?顧頡剛先生説:"古代命國中的大山川爲望,也名山川之祭爲望。"(見《秦漢的方士與儒生》第二章。顧説的根據,見《左傳》哀公六年傳注)一國之中的大山大川叫望,這些山川還可以得到人們的祭祀。同理,一地的名門大族也可以叫望,這些望族自然也要享受某種特權。從漢魏到隋唐,人們非常重視地望,在政治上形成了長期的士族統治的局面。就以書證中提到的韋斌來説,《新唐書·柳沖傳》説:"山東則爲郡姓,王、崔、盧、李、鄭爲大;關中亦號郡姓,韋、裴、柳、薛、楊首之。"表明韋氏是關中的望族。韋斌本人,新、舊《唐書》均有傳。據《新唐書》本傳和《宰相世系表》,韋斌的父親是宰相,相武后、中宗、睿宗。祖父是成州刺史,曾祖父隋末爲民部侍郎,高祖是北周的大司空。這就是所謂的"地望素高,冠冕特盛"。附帶説一下,《辭源》"望地"條的釋義是"郡望及地位",也不妥當。實際上,"望地"就是"地望",意思一樣。

【詔獄】奉詔令關押犯人的牢獄。《史記·杜周傳》:"廷尉及中都官詔獄逮至六七萬人,吏所增加十萬餘人。"

按:釋義誤。什麼是詔獄?《宋史·刑法志》有段話;"詔獄,本以糾大奸慝,故其事不常見。……神宗以來,凡一時承詔置推者,謂之制勘院;事出中書,則曰推勘院。獄已乃罷。"這裏雖然説的是宋制,但典章制度是相因的,所以也可以用來説明問題。從上面的引文可知,詔獄乃是"一時承詔置推者"。説得更明白點,就是臨時稟承皇帝詔令而進行審理的案件。《明史·刑法志》説:"錦衣衛獄者,世所稱詔獄也。"而錦衣衛是直接聽命于皇帝的特務機構。"詔獄"的"獄",是案件之意,不是牢獄之意。"獄"字常作案件義解,毋須多加證明。例如人們常説的文字獄、冤獄,就是此意。自古以來,獄訟是由有關職能部門如秋官、大理、廷尉、刑部等按照當時的法律程式審理的,皇帝不直接插手。詔獄是漢武帝的創造,它表明君權的加强。杜周是漢武帝時的酷吏,書證中所説的"詔獄",正是皇帝下令所立的專案。

# 六、混二義爲一義

一詞多義,這是辭彙中的普遍現象。在古漢語中,一個詞通常有本義、引申義和假借義。其中,本義只有一個,引申義和假借義可以不止一個。這裏所説的混二義爲一義,不是指把不同的兩個引申義或者不同的兩個假借義混而爲一(雖然這種失誤也是存在的),而是指没有正確地區分詞的本義、引申義和假借義,因而或者把本義和引申義混二爲一,或者把引申義和假借義混而爲一。這樣做出的釋義,自然是欠妥的。例如:

【才】(三) 方始,僅只。通"纔"。《晉書·夏侯湛傳·昆弟誥》:"惟正月才生魄。"《晉書·謝安傳》附謝琨:"才小富貴,便像人家事。"

按:釋義不妥。"才"的"方始"義,是"才"字本義的引申:"才"的"僅只"義,是"纔"字的假借,二者來源不同,《辭源》混而爲一。《説文》:

"才,草木之初生也。"段玉裁注:"引申爲凡始之稱。"這説明"方始"義是
"才"的引申義。《説文》:"纔,帛雀頭色也。一曰黑色如纔,淺也。"朱駿
聲《説文通訓定聲・謙部第四》説:"假借爲'才'。'纔'、'才'亦一聲之
轉(朱書所舉書證從略)。《漢書・鼂錯傳》:'遠縣纔至。'注:'淺也,猶言
僅至也。'"這説明"僅只"義是"才"的假借義。一個是引申義,一個是假
借義,混二爲一地進行釋義,這種做法是不妥的。

【令典】國家的憲章法令。《左傳》宣十二年:"蔿敖爲宰。擇楚國之
令典。"《三國志・魏文帝紀》黃初五年:"自今其敢設非祀之祭,巫祝之
言,皆以執左道論,著於令典。"

按:《左傳》書證中的"令典"和《三國志》書證中"令典"不是一個意
思。關鍵在"令"字上。《左傳》中的"令典"是偏正結構,其中的"令"字,
是"善"的意思。這一點,不但從有的注家的注文中可以知道,而且,就是
從上下文也可推知。《三國志》書中的"令典"是並列結構,其中的"令"
字,是"法令"的意思。《説文》:"令,發號也。"段玉裁注:"發號者,發其號
呼以使人也。引申爲律令。《詩》箋曰:'令,善也。'凡'令'訓'善'者,
'靈'之假借字也。"朱駿聲的看法基本與段氏同,見《説文通訓定聲》"令"
字下及《説文通訓定聲自序》)。這就是説,從詞義上講,《左傳》用的是
"令"的假借義,《三國志》用的是"令"的引申義。《辭源》把這兩個意義
完全不同的"令"字硬扯到一塊解釋,那怎麼行得通呢?

# 七、增字爲釋,畫蛇添足

釋義中的畫蛇添足現象,指的是釋義所用的詞和被釋的詞沒有保持
概念的相等,釋義所用的詞所表示的概念大於被釋的詞所表示的概念。
這和清人王引之所説的"增字解經"(《經義述聞》卷三一)有相似之處。
王引之説:"經典之文,自有本訓。得其本訓,則文義適相符合,不煩言而
已解;失其本訓而强爲之説,則阢隉不安。乃於文字之間增字以足之,多
方遷就而後得申其説,此强經以就我,而究非經之本義也。"釋義中的畫蛇

添足現象,可以叫做"增字爲釋"。"增字爲釋"和"增字解經"的相同表現是"增字"。但也有不同處。"增字解經"所要解的經文通常是難於理解的,問題主要出在"失其本訓"上;"增字爲釋"所要釋的詞一般是明白易曉的,問題主要出在用詞隨便上,"失其本訓"的情況倒是次要的。例如:

【校理】校勘和整理書籍。《漢書·楚元王傳》附劉歆:"乃陳發秘臧,校理舊文。"

按:就釋義來説,本來只需"校勘和整理"五字已足,這裏加上"書籍"二字實在是畫蛇添足。被釋詞"校理"是聯合型的,而釋義所用的"校勘和整理書籍"卻是一個動賓結構,這顯然是不妥當的。再説,書證中的"舊文",就是"過去的典籍"的意思,它的前面如果再出現"書籍"二字,自然難免重複拖遝。

【校綴】將散佚的書校對整理,排列先後。《晉書·束晳傳》:"得竹書數十車。……文既殘缺,不復詮次。武帝以其書付秘書校綴次第,尋考指歸。"

按:釋義似乎只保留"校對整理"四字即可。"綴"有"連接"義,這裏釋爲"整理"也説得過去。"將散佚的書"和"排列先後",都是多餘的。"將散佚的書"已經隱含了書證中"文既殘缺,不復詮次"的意思,而"排列先後"應是書證中"次第"二字的釋義。一個"校綴"的釋義,如此地前拉後扯,就難説是簡明確切了。

【怠隙】因懈怠而使敵人有隙可乘。《三國志·霍峻傳》:"(劉璋帥萬餘人)攻圍峻,且一年,不能下。峻城中兵才數百人,伺其怠隙,選精鋭出擊,大破之。"

按:釋義中的"使敵人"三字是多餘的。因爲"怠隙"並不含有這樣的概念。再説,幸好《三國志》書證中講的事屬於敵對關係,如果換個書證講的是別的關係,譬如主僕關係,將如何措辭呢?

【傳宣】傳達命令。《後漢書·公孫瓚傳》:"令婦人習爲大言聲,使聞數百步,以傳宣教令。"

按:釋義只保留"傳達"二字即可,"命令"二字是多餘的。就書證來説，這是涉下文誤增。

【知言】（一）有遠見之言。《左傳》襄公十四年："秦伯問于士鞅曰'晉大夫其誰先亡？'對曰：'其欒氏乎？'……秦伯以爲知言。"

按："知"有"見解、見識、見地"義，但無"遠"義，所以釋義當改爲"有見地之言"。《左傳》書證講的是預言未來的事，用"遠見"爲釋似乎可通，但遇到講已成事實的書證，就扞格難通了。例如，《宋史·歐陽修傳》："蘇軾敍其文曰：'論大道似韓愈，論事似陸贄，記事似司馬遷，詩賦似李白。'識者以爲知言。"這是歐陽修去世後蘇軾對他的品評。又如，《宋史·朱熹傳》："道之正統待人而後傳……由孔子而後，曾子、子思繼其微，至孟子而始著。由孟子而後，周、程、張子繼其絶，至熹而始著。識者以爲知言。"這是朱熹去世後其弟子黃榦對他的品評。又，歐陽修《歸田録》卷二："晏元獻公（殊）喜評詩，嘗曰：'老覺腰金重，慵便枕玉涼'，未是富貴語，不如'笙歌歸院落，燈火下樓臺'，此善言富貴者也。人皆以爲知言。"以上三例中的"知言"，也都是"有見地之言"的意思。《辭源》此條釋義不確的原因在於"失其本訓"。

# 八、因失源而釋義不當

所謂失源，指的是溯源不到家，誤以流爲源。一個詞的釋義，如果沒有找到這個詞的始見書，其釋義就不一定可靠。這也就是説，釋義的準確與否和溯源的正確與否是有密切關係的。例如：

【南人】金、元稱漢人爲南人。《金史·輿服志下》："初，女真人不得改爲漢姓及學南人裝束。"

按：釋義不確。釋義之所以不確，是因爲溯源不確。"南人"一詞，大約始見於《宋史·王旦傳》："帝（按：指真宗）欲相王欽若，旦曰：'臣見祖宗朝未嘗有南人當國者，雖古稱立賢無方，然須賢士乃可。'"王欽若，宋臨江軍新喻（今江西新餘）人，故王旦目之爲"南人"。由此可知，南人者，江南之漢人也，王旦説的是實情，下面舉兩個例子來證實王説。晏殊，宋撫州臨川(今江西撫州)人，"七歲能屬文"，被目爲神童，真宗召試詩賦，殊援筆立成，"帝嘉賞，賜同進士出身"。可是宰相寇準不贊成，理由是："殊，江外人。"事見《宋史·晏殊傳》。這裏所説的"江外人"，就是"江南人"的意思。又，宋江鄰幾《鄰幾雜誌》："萊公(按：即寇準)……惡南人輕巧，蕭貫當作狀元，萊公進曰：'南方下國，不宜冠多士。'遂用蔡齊。出院顧同列曰：'又與中原奪得一狀元。'"按：蕭貫，今江西撫州人；蔡齊，洛陽人，《宋史》均有傳。由此可見，宋初已經有了南人、北人(中原人)之分。爲什麽宋人有此地域畛畦之見？我想主要是政治上的原因。宋繼後周立國，而梁、唐、晉、漢、周五代，都在中原建國，他們自視爲正統，視江南割據諸國爲支裔。這種長期的南北對峙局面，反映到語言中來，就有了南人、北人之分。南宋初年，秦檜向高宗建議："南人歸南，北人歸北。"(見《宋史·秦檜傳》)這裏的"南人"，也是"江南漢人"的意思。由此可見，"南人"的稱呼，是漢族人率先使用的。其後，金人、元人也沿用此稱，當是從漢人那裏學來的，並不是他們的發明。説到這裏，我想釋義似乎應該改作"宋代以來對江南漢人的稱呼"。原來的釋義没有"江南"二字，欠妥。因爲只有江南漢人才是南人，中原的漢人則不是，這從下面的書證裏可以得到證明：《元史·選舉志》："蒙古、色目人作一榜，漢人、南人作一榜。"

(原載《河南師範大學學報》1986 年 2~3 期合刊)

# "伴食中書"淺説

　　"伴食中書",語見胡銓《戊午上高宗封事》一文。其出典見於《舊唐書·盧懷慎傳》:"懷慎與紫微令姚崇對掌樞密。懷慎自以爲吏道不及崇,每事皆推讓之,時人謂之'伴食宰相'。"注家在注胡文時都能夠指出出典,這無疑是正確的。問題在於"伴食"應如何理解?"中書"又指的什麽? 先看諸家對"伴食"的解釋:

　　(1) 吃白飯。(郭錫良等編《古代漢語》)

　　(2) 用來諷刺尸位素餐的高官。(《辭海》)

　　(3) 對不稱職、無所作爲的人的諷刺語。(《辭源》)

　　(4) 譏官之無能也。(《中文大辭典》)

　　竊以爲,《古代漢語》的解釋是就字生訓,《辭海》等書的解釋則主要是指出該詞的使用場合。統而觀之,均有窒礙處,均未達箇中真諦。訓詁不明則義理不出,這是訓詁學的基本原則。我認爲,把"食"字解做"吃飯"或"餐"是毫無問題的,而把"伴"字解做"白"、"素"就没有根據了。注家也許會説,盧懷慎做宰相,遇事總是推讓給另一宰相處理,"彼君子兮,不素餐兮",這自然也就成了"伴食宰相"。作宰相如此,非"素餐"而何? 這種推論很難説毫無道理,但是,我還是不以爲然。關鍵在於"伴食"之中還有典故在。

39

“伴食”所含的典故，涉及宰相工作用餐制度。唐、五代、宋時期，凡是宰相都可以在他們的辦公處享用公膳。因爲宰相的辦公處叫政事堂，所以這項公膳又叫堂饌、堂食。這項公膳是出於皇帝的優禮宰相，資費由内廷供給，不用宰相的私人俸禄。《唐會要》卷五三《崇獎》、《資治通鑑》卷二二五唐代宗大曆十二年八月均曾提到宰相工作用餐的故事。

至於宋代，《宋史·寇準傳》：“初，丁謂出準（寇準）門至参政，事準甚謹。嘗會食中書，羮污準須，謂起，徐拂之。”寇準是宰相，丁謂是副宰相，所以他們才有資格“會食中書”，即在政事堂共進工作餐。這説明宋代仍有此項制度。

就“伴食宰相”這一典故來説，唐盧懷慎和姚崇同爲宰相，當然也同進工作用餐。伴食而不伴事，於此可見譏諷之意。“吃白飯”之類的解釋是牽强的，究其原因，就是掩蓋了“伴食”中含有的故事。

現在説到第二個問題，“中書”指的什麽？ 郭錫良等先生認爲：“中書，中書省，宋代中央的決策機構。”人民教育出版社《古代散文選》也認爲中書是指中書省。我認爲這種看法是錯誤的。不幸的是這種看法幾乎得到了所有出版物的支持，這一點，只要看一下他們對“二府”的解釋就清楚了。這裏僅列示幾種有代表性的解釋：

（1）二府，北宋掌管軍事的樞密院和掌管政務的中書省並稱二府。（陰法魯主編《古文觀止譯注》中的歐陽修《瀧岡阡表》注）

（2）宋代爲加强對内控制，以掌管軍事的樞密院和掌管政務的中書省共同行使領導權，因此並稱二府。爲當時的最高國務機關。（《辭海》）

（3）宋代中書省和樞密院稱二府。（《辭源》）

（4）宋時以中書省主文事，樞密院主武事，時稱二府。（《中文大辭典》）

（5）蔡美彪等合著的《中國通史》第五册有《宋初中央官制表》，也把中書省作爲最高國務機構與樞密院並列，以表示人們所説的二府。

可以看出，他們都是把中書省當作宋代的最高國務機構。其實不然。“伴食中書”的中書，不是指中書省，而中書省也不是宋代最高國務機構。二府的概念，應是中書和樞密院，而絶非中書省和樞密院。中書，又叫政事堂,是宰相的辦公處,掌管全國的文事;樞密院,又叫樞府、密院,是樞密使的官署,掌管全國的武事。二者構成了宋代的兩個最高國務機構。如,《宋史》卷一六二《樞密院》:“宋初,循唐、五代之制,置樞密院,與中書對持二柄,號爲二府。”王闢之《澠水燕談録》卷五《官制》:“唐以中官爲樞密使,晉廢,國初復置,與中書爲二府。”例子很多,不備舉。這表明,宋代的最高國務機構是中書,不是中書省。

那麽,宋代有沒有中書省呢? 有的。不過宋代的中書省早已不是最高國務機關,而僅僅是個“但掌册文、覆奏、考帳”(《宋史》卷一六一《職官志》)的冷清衙門。大體上來説,魏晉南北朝是中書省的鼎盛期。在這一時期,中書省是最高國務機關。自唐以後,中書省的地位就日趨式微,以至於名存實亡,不再是最高國務機關。産生這種變化的原因在於相權的轉移,君權的加强。《宋史·職官志》説:“宋承唐制,以同平章事爲真相之任。”既然以同平章事爲真正的宰相,那麽三省(中書省、門下省、尚書省)的長官只要不帶同平章事的頭銜,就不再是宰相;不是宰相,自然也就無權參議國政。

中書既是中書省的簡稱,又是中書門下的簡稱,怎樣區別呢? 大體上説,在談到三省分職這一意義時,中書是中書省的簡稱。例如《宋史·蔡確傳》:“中書取旨,門下審覆,尚書受而行之。”這裏的中書就是中書省的簡稱。在談到政事堂這一意義時,中書就是中書門下的簡稱。胡銓文中的“伴食中書”是其例。他説秦檜是宰相,孫近只顧“取容充位”,事事附和秦檜,所以斥爲“伴食中書”。

我們對“中書”進行論證的目的,不僅在於希望能對“伴食中書”一語作出正確的解釋,而且也希望能夠澄清學術界對二府所作解釋的是非,換個説法就是,宋代的最高國家機關究竟是什麽? 不弄清這個問題,我們的研究工作勢必受到影響。作爲中書省解的中書固然屢見不鮮,而作爲中書門下解的中書也是觸處可見。如果我們不把中書的具體含義搞明白,勢必誤會叢生,造成混亂。

(原載《光明日報》1985 年 3 月 6 日史學版)

# 申 "覺"

　　《世説新語·捷悟》:"魏武嘗過曹娥碑下,楊修從。碑背上見題作
'黃絹幼婦,外孫齏臼'八字,魏武謂修曰:'解不?'答曰:'解。'魏武曰:
'卿未可言,待我思之。'行三十里,魏武乃曰:'吾已得。'令修別記所知。
修曰:'黃絹',色絲也,於字爲'絶';'幼婦',少女也,於字爲'妙';'外
孫',女子也,於字爲'好';'齏臼',受辛也,於字爲'辤(辭)'。所謂'絶
妙好辤'也。魏武亦記之,與修同,乃嘆曰:'我才不及卿,乃覺三十里。'"
　　這段膾炙人口的文字,被小説家羅貫中采入《三國演義》,見該書第七
十一回。由於《三國演義》流傳極廣,這個"絶妙好辭"的故事,更是突破
文人清談的藩籬,不脛而走。不過,《世説》"乃覺三十里"句,在羅貫中的
筆下,變成了"上馬行三里,忽省悟"。變"三十里"爲"三里",這是小説家
的慣技,不足爲病。問題在於把"覺"字對譯爲"省悟",這就説不通了。
自羅貫中以後,説《世説》者亦多未深察,望文生訓;時至今日,尚有學者篤
信不疑。如陳邇東先生近作《曹娥碑·曹操·楊修》一文(見《光明日報》
一九八三年三月十九日第四版),就把"乃覺三十里"釋爲"行三十里後才
覺悟"。"省悟"、"覺悟",其實不異,殆均非作者劉義慶之原意。
　　此"覺"字當作何解? 錢歌川先生編著的《翻譯的技巧》(一九七三年
初版)第三編有"絶妙好辭"一節,"我才不及卿,乃覺三十里"句,錢先生

的譯文是：

> I am far behind you in talent. There is, I find, a difference of 30 li between us.

其中 difference 一詞是"覺"字的對譯，漢語是"差別"的意思。錢先生的譯文是正確的。這句話的意思是：我的聰明不如你，在我們之間有三十里的差別。因曹操是在楊修回答已解之後又走了三十里路才明白過來，故有此語。細讀《世說》此節全文，此意固不難求。所以，此"覺"字，是"差別"義，非"覺悟"義。

單詞不能定讞，讓我們再摘數例旁證，以申錢説。《三國志》卷九《夏侯玄傳》："車輿服章，皆從質樸，禁除末俗華麗之事……自上以下，至於樸素之差，示有等級而已，勿使過一二之覺。"此"覺"字即上文"差"字之變文。《晉書》卷四七《傅玄傳》："古以步百爲畝，今以二百四十步爲一畝，所覺過倍。""所覺過倍"，即所差過倍。《晉書》卷七七《蔡謨傳》："又是時兗州、洛陽、關中皆舉兵擊季龍，今此三處反爲其用，方之於前，倍半之覺也。"《世説・捷悟》："王東亭做宣武主簿，嘗春月與石頭兄弟乘馬出郊。時彥同遊者，連鑣俱進，唯東亭一人常在前覺數十步。"《世説・假譎》："（王）敦臥，心動，曰：'此必黄須鮮卑奴來。'命騎追之，已覺多許里。"

可以看出，上述幾例中的"覺"字，如以"覺悟"爲釋，皆扞格不入；如解爲"差別"，則文通理順。還可以看出，這樣使用的"覺"字往往和數詞連在一起，而"覺數十步"、"覺多許里"的短語，在語序上，更是和"覺三十里"毫無二致。由此得出結論：覺，差也，爲魏、晉時常語。

如果這個結論無誤，我們再說一下"覺"字在此的讀音。作"差別"解的"覺"，不讀 jué，應讀 jiào，因爲這裏用的不是它的本義，而是它的假借義。《孟子・離婁上》"如中也棄不中"章趙岐注："賢不肖相覺，何能分寸。"阮元校勘記："丁云：義當作'校'。蓋'覺'即'校'之假借字，古書往往用'覺'字。"又《盡心下》"春秋無義戰"章趙岐注："彼此相覺，有善惡耳。"朱駿聲《説文通訓定聲》孚部第六，亦認"覺"爲"校"之假借字，所舉例證，即上引趙注。"校"有"比較"義，"差別"義即"比較"義之引申。

　　歸總來説，釋義錯了，是因爲讀音錯了，王引之説得好：“學者改本字讀之，則怡然理順；依借字解之，則以文害辭。”（《經義述聞》卷三二“經文假借”）鑑於此“覺”字音訓俱失，失且久，因撮所見，作《申“覺”》。

（原載《文史》第二十二輯）

# "岳州巴陵郡"辨

## ——讀《岳陽樓記》札記

"慶曆四年春,滕子京謫守巴陵郡",這是古文名篇《岳陽樓記》的開頭兩句。句中的"巴陵郡"應當怎樣理解?竊以爲自來説者均未得其解。例如朱東潤先生主編的《中國歷代文學作品選》,這是大學中文系普遍采用的一種教材,其書注曰:"巴陵郡:即岳州。宋時稱爲岳州巴陵郡。"

類似的注釋尚多,此不一一列舉。照此注來看,意味着宋時州郡並置,二名並稱。拿岳州來説,稱岳州可以,稱巴陵郡也可以,似乎可以隨人之便。實則大謬不然。宋代的岳州,壓根兒就没有叫過巴陵郡,一天也没有。自來注家都犯了坐實的毛病,而没有意識到這是古文中常見的一種修辭格,即以古地名稱代今地名。

或曰:《宋史·地理志》上不是明明白白地寫着"岳州·巴陵郡"的字樣,你怎能説注家不得其解呢?我的回答是:不錯,不但《宋史·地理志》有此明文,而且早于《宋史》的《文獻通考》、《元豐九域志》和《太平寰宇記》等書也都有此明文,但是這並不意味着在宋代是州、郡並置,二名並稱,而是各有其用。錢大昕《十駕齋養新録》卷九《元史不諳地理》條説:"《宋志》每州之下又有郡名,此沿《九域志》之文,不過爲王公等封爵之用,大約襲唐之舊。而五代以後增設者,舊未有郡名,政和修《九域志》又

45

復加之。此有司文具，尤無當於地理沿革之數者也。"把郡名的來歷及用途説得相當清楚。據《宋史・職官志》，宋代的封爵凡二十級，其中有郡王、郡公二級。"宗室近親承襲，特旨者封郡王，餘宗室近親並封郡公"。我們知道，宗室繁衍，日趨衆多。而且每個宗室一生之中也不是只得一次封爵。如神宗次子顥，初封安樂郡公，繼封東陽郡王。在這種情況下，如果每州之下不附郡名，衆多的郡王、郡公的封號就無從可加。所以，宋代的郡名，與其説是地理問題，毋寧説是官制問題。

《新唐書・地理志》也有"岳州，巴陵郡"的字樣，或據此而推論曰：唐時"岳州巴陵郡"已經二名並稱，宋人不過是沿唐人之舊而已。其實，這也是由於没有細考唐、宋地理沿革而產生的誤解。在這一點上，與其看《新唐書・地理志》，還不如看《舊唐書・地理志》，因爲後者把問題説得比較清楚："岳州，隋巴陵郡。武德四年，平蕭銑，置巴州。六年，改爲岳州。天寶元年，改爲巴陵郡。乾元元年，復爲岳州。"歐陽修的《新唐書》號稱"其事則增於前，其文則省于舊"，其實，文字省到了讓人容易誤會的地步，就未必值得肯定了。後人產生州、郡二名並稱的誤會，應該説歐陽公也難辭其咎。錢大昕大約就是深深有慨於《新唐書》的行文過省，所以在《廿二史考異》卷四四特地加上按語説："案自武德至開元，有州無郡。天寶元年，改州爲郡。乾元元年，復改郡爲州。綜唐二百九十年間，稱郡者僅十有六載耳。志(按謂《新唐書・地理志》)凡稱'某州某郡'者，謂本是某州，中間曾改爲某郡耳，非州、郡之名同時並立也。"至於宋代，錢大昕接着又説："宋承唐制，以州領縣，而仍留郡名，以備王公封號之用，故《地理志》每州亦有郡名。然有名無實，較之唐制，似同而實異。"這就是説，唐代究竟還有十六年的時間稱郡不稱州，而宋代連一天稱郡的日子都没有，但卻襲《新唐書》之舊文，每州下也附郡名，所以叫做"似同而實異"。無獨有偶，當代歷史地理名家，復旦大學教授譚其驤也説："唐朝有十六年叫過郡，但兩宋三百二十年，從來都叫州，没有叫過郡。可是宋朝的文獻卻往往出現郡，請千萬不要上當。宋朝郡名不是正式名稱，不能講'某地宋時稱某郡'，那樣説是錯誤的。"(載《古籍整理研究通訊》)

說起來，誤會宋代是州、郡二名並稱者並非自今人始，就連清初以治歷史地理名家的顧祖禹也莫能外。他在《讀史方輿記要》中就說："宋仍爲岳州，亦曰巴陵郡。"顧氏尚且誤解，則他人之誤解也就不足爲怪。筆者今拈出錢氏、譚氏之說，希望能引起學者的注意。

既然宋代一天也不曾稱岳州爲巴陵郡，范仲淹又何以用"滕子京謫守巴陵郡"來行文呢？本文開始已經說了，這是一種修辭格，以古地名稱代今地名。對於此種修辭格，前人持論不一。反對者有之，贊成者亦有之。顧炎武說："以今日之地爲不古而借古地名，以今日之官爲不古而借古官名，皆文人所以自蓋其俚淺也。"（《日知錄》卷一九《文人求古之病》）這是反對的。方苞說："近人言地名、官號不得從古，觀此文（按：指韓愈《新修滕王閣記》）於潮陽稱揭陽（按：唐之潮陽，漢稱揭陽），可徵其妄。蓋制誥奏章，史傳志狀，自應從時，記序雜文，則唯便耳。"這是贊成的，但又主張不可一例對待，要區分文體，因文制宜。比較而言，筆者以爲方說通達不拘。以古地名稱今地，以古官名稱今官（韓愈做刑部侍郎，嘗自稱少秋官），雄踞唐宋八大家之首的韓文公已開風氣之先，范仲淹不過是紹其流緒而已。考諸范仲淹《范文正公集》，可知作者使用此種修辭格，確乎是區別文體，因文制宜的。同樣是有關滕宗諒（字子京）的文字，在寄詩和祭文中，是"優遊滕太守，郡枕洞庭邊"，"遷於巴陵，巴陵政修。往臨姑蘇，人喜其升"，地名官名從古。而在墓誌銘中則稱"移知岳州，遷知蘇州"云云，皆用當時之稱。實在是行文嚴密而有致，無懈可擊。另外，宋代傳世的幾種有名的方志，如范成大《吳郡志》之志蘇州，梁克家《三山志》之志福州，陳耆卿《赤城志》之志台州，以及陸游父子參預其事的《嘉泰會稽志》之志越州等，也無一不是以古地名稱代今地名，我們怎好把這些人都說成是"俚淺"之輩呢！亭林所論，失之偏頗。

另外，范文此句的字詞搭配也頗講究。"守巴陵郡"四字渾然一體，一字不可妄易。《新唐書·地理志》："唐興，高祖改郡爲州，太守爲刺史。"玄宗時又曾"改州爲郡、刺史爲太守"。可知地名與官名之間有着嚴格的對應關係。此處既用"守"字在前，接下就必須用郡名與之搭配。如果行文爲“守岳州”，那就不僅昧于文法，而且也昧于史法了。由此可見，作者落筆下字，極有分寸。

《岳陽樓記》是千古傳誦的佳作，全篇的風格，典雅凝重，古樸深沉。就是那成爲千古絶唱的古句，“先天下之憂而憂，後天下之樂而樂”，也是托古人之口道出。開頭一句，不用今地名而代之以古地名，就成爲導夫此種風格的先聲。這實在是作者的匠心獨運。如果有誰將此句的地名改用今名，就會使人感到與全篇風格極不協調，打個不恭的比喻，就好像大觀園裏闖入了劉姥姥似的。

（原載《河南師範大學學報》1986 年第 1 期）

# 《報任安書》注商

## ——與郭錫良等同志商榷

司馬遷《報任安書》一文,不僅是我國古代散文中的傑作,而且也是我們研究司馬遷其人的重要資料。但是,人們對它的理解並不是處處一致。在衆多的注本當中,郭錫良等同志對此文的注釋(見所編《古代漢語》中册,北京出版社,1983 年),較爲新出,也較有影響。我們拜讀之後,有幾點不同的看法。爲了求其是,草爲此稿,以求教於郭錫良等同志及廣大讀者。

## 太史公牛馬走司馬遷再拜言

《古代漢語》注: 太史公牛馬走: 等於説太史公的僕人。太史公: 指司馬遷的父親司馬談。(390 頁)

按:“太史公”三字究竟指誰,或者説指什麼,這個問題,自漢末迄今,有過各種不同的説法。歸納起來,大體上可分爲兩派。一派認爲太史公是指司馬遷的父親司馬談,“公”是司馬遷對其父的尊稱。持此看法的人,主要是唐人,如李善注《文選》,顏師古注《漢書》,司馬貞注《史記》,無不如此。《古代漢語》的注解,大約就是由此而來。不過,這種看法實在是有它的悖理悖情之處,因而就頗遭後人非議。清代學者對這一問題的看法雖然不無小異,但在大的方面基本相同。同就同在大都認爲"太史公"三字與司馬談無涉,在這裏是司馬遷的自稱。例如錢大昕説:"《史記》百三十篇,唯《自序》前半篇稱太史公者謂其父談,其他皆自稱之詞。尊父可也,尊己不可也。未爲太史公以前稱名,既爲太史公則稱官,此史家之常例。史者所以傳信後世也,何私尊之有!"(《潛研堂文集》卷三三《與友人書》。另《廿二史考異》卷五、《十駕齋養新録》卷一九亦均論及)王鳴盛《十七史商榷》卷六、梁玉繩《史記志疑》卷一也均有説,大要與錢氏同,不具引。這主要是從史學角度駁正小顏、小司馬的。這個駁正,我們認爲有理。例如,《自序》中"太史公遭李陵之禍"一句的"太史公",就無論如何也和司馬談扯不上。俞正燮説:"太史公者,署官;牛馬走司馬遷者,如秦刻石云'丞相'又云'臣斯'也。李善注云:'太史公,遷父談也。走猶僕也。言己爲太史公掌牛馬之僕,自謙之詞也。'如此,則'丞相臣'爲'丞相之臣',史陪臣矣。且與任書,何涉于父?稱父則當曰'太史公子',乃謙爲父僕,此將救敝之不給也。"(《癸巳類稿》卷一一《太史公釋名》)這主要是從選學的角度駁正李善的。比較一下上述的兩種不同看法,我們自應擇善而從。看來,清人的看法是有道理的,今人也多從之,如王力先生主編的《古代漢語》,陰法魯先生主編的《古文觀止譯注》就是。所以,對於這段歷史公案,編者至今猶承用李善舊説,就叫人迷惑不解。

## 僕賴先人緒業,得待罪輦轂下,<br>二十餘年矣

《古代漢語》注:緒業:事業。這裏指繼承司馬談任太史令。待罪:謙詞,指做官。(394頁)

按:此條注釋有幾點不妥處,請次第説之。首先,釋"緒業"爲"事業",意思不夠準確。"事業"的注文,很容易使人產生誤會,以爲司馬遷的入仕,是由於先人的功業所致。其實不然。據《西漢會要》卷四五《任子》引《漢儀注》,"吏兩千石以上,視事滿三歲,得任同產若子一人",而司

馬談只是一名秩比六百石的太史,是没有資格任子的。這句的"緒",我們認爲應從李善注引司馬彪《莊子》注;"緒,餘也。"引申爲"遺留、遺傳"之意。"業"不是事業的業,而是請業、受業的業,"術業有專攻"的業,即學業、知識。這就是説,司馬遷依賴他父親傳授的知識才得以入仕。這是因爲,太史之職,是需要專門學問的。司馬遷繼承了家學,這才被皇帝選中入仕。《自序》中所説的"司馬氏世主天官","太史公仍父子相續纂其職",也可以幫助説明這一點。《新唐書·杜甫傳》載杜甫上言:"先臣恕、預以來,承儒守官十一世,迨審言,以文章顯中宗時。臣賴緒業,自七歲屬辭,且四十年……若令執先臣故事……揚雄、枚皋可企及也。"杜甫所説的"緒業",和司馬遷所説的"緒業"意思完全一樣,都是先人傳授的知識。因此,我們可以説,司馬遷的入仕,憑的是真才實學,和那些權貴子弟的憑着門蔭等等不可同日而語。其次,"這裏指繼承司馬談任太史令"的注文,想必是放錯了位置,它似乎應是"待罪"的注文。這且不説。還有一個問題。"待罪"指做官。做什麼官? 是"繼承司馬談任太史令"嗎? 竊以爲不然。據王國維《太史公行年考》,司馬遷任太史令在元封三年(前108),而《報任安書》作於太始四年(前93),這樣算起來,作書之年距任太史令之年僅十六年,與"二十餘年矣"的説法不合。《古代漢語》的編者把作書時間定爲征和二年(前91),那也不過十八年,仍然不合。這説明注文有問題。問題在於這裏"待罪",不是指任太史令,而是指入仕爲郎中。司馬遷何時出任爲郎中,其絕對年代不可考,據王國維的推斷,大約在元鼎元年(前116)。這樣算來,正合"二十餘年"之數。郎官的職務,據《漢書·百官公卿表》,"掌守門户,出充車騎,"本來就是皇帝的侍從,而實際上司馬遷也確是不止一次地以郎中身份跟隨武帝巡行,這些自然應被看作是"待罪輦轂下"。

## 當此之時,見獄吏則頭槍地,
## 視徒隸則心惕息

《古代漢語》注:徒隸:獄卒。(401頁)

　　按：以"獄卒"釋"徒隸"，於古無徵。竊以爲當釋爲"服勞役之罪犯"。《史記‧景帝本紀》七年春："免徒隸作陽陵者。"此謂赦免在陽陵服役之罪人也，猶如二世元年赦免驪山之作徒也，非謂赦免在陽陵服勞役之獄卒也。獄卒之職雖卑，要非罪人，何得罰其勞作，更何得以赦免之語加之？西漢諸帝多有赦徒之舉，《西漢會要》刑法有《赦徒》一目，其所謂徒，亦即徒隸。如《史記‧景帝本紀》中四年："赦徒作陽陵者。"先稱"徒隸"，後獨言"徒"，其實一也。又，《漢書‧惠帝紀》三年："發諸侯王、列侯徒隸二萬人城長安。"此"徒隸"字，亦不得以"獄卒"爲解。《唐律疏議》卷一："徒者，奴也，蓋奴辱之。《周禮》云：其奴男子入於罪隸，又任之以事，實以圜土（按：即監獄）而收教之。上罪三年而舍，中罪二年而舍，下罪一年而舍。此並徒刑也。"《周禮‧秋官序‧司隸》注："隸，給勞辱之役者。"疏："以隸是罪人，爲奴僕，故知給勞辱之役也。"益證"隸"即"徒"，"徒"即"隸"，均爲服勞役之罪犯。無怪乎韋昭云："隸，今之徒也。"（《國語‧晉語一》"其猶隸農也"注）把徒隸解釋爲服勞役之罪犯，並非我們自出新意，辭書亦多有言之者。編者既無視成説，故不憚煩而申説之。

# 所以隱忍苟活，幽於糞土之中而不辭者，<br>恨私心有所不盡，鄙陋没世，<br>而文采不表於後世也

　　《古代漢語》注：鄙陋：卑賤無知。（403頁）

　　按：王先謙《漢書補注》云："'鄙'下《文選》有'陋'字。王念孫《志餘》云：鄙，恥也（《楚辭‧九章》"君子所鄙"王注："鄙，恥也。"《廣雅》同）。恥没世而文不著也。此句'鄙'字與上句'恨'字相對爲文，後人于'鄙'下加'陋'字，謬矣。"我們同意王先謙的説法，認爲'陋'是衍文，此處亦從《漢書》。再説，司馬遷此時任中書令，《漢書》本傳説他是"尊寵任職。"中書令是皇帝近臣，所掌皆機密之事，何"卑賤"之有？説到"陋"或

"無知",尤其令人不解。其父司馬談"學天官於唐都,受《易》於楊何,習道論於黃子",從遊者均爲當世名流,自己乃成爲具有多種專門學問的大學者,由此可知司馬遷的家學淵源極深。此外,司馬遷本人還曾從學於古文學大師孔安國,今文學大師董仲舒。有如此的家學和師承,再加上他出遊、奉使所獲得的豐富社會知識,他的學問,可以説是當世無匹,所以班固稱他"博物洽聞",這哪裏談得上"陋"或"無知"呢?《論語·衛靈公》:"子曰:'君子疾没世而名不稱焉。'""鄙没世而文采不表於後世也"一句,完全是脱胎於孔子的這句話。司馬遷十分景仰於孔子,他在《孔子世家》中説:"《詩》有之:'高山仰止,景行行止。'雖不能至,然心嚮往之。余讀孔氏書,想見其爲人。"司馬遷既"讀孔氏書"(實即《論語》),又是那樣的嚮往孔子的學行,再聯繫他效法孔子發憤撰寫《史記》的事實,我們究竟應該如何來理解這句話?換句話説,這句話應該從《漢書》還是從《文選》,不是很清楚的嗎!

## 身直爲閨閣之臣,寧得自引深藏於巖穴邪? 姑且從俗浮沉,與時俯仰,以通其狂惑。今少卿乃教以推賢進士,無乃與僕私心剌謬乎?

《古代漢語》注:自引:指自己引身而退。深藏於巖穴:指過山居穴處的隱士生活。(406頁)

按:這條注解,我們實難苟同。我們認爲,"引",援引,這裏指舉薦;"自引深藏於巖穴",即篇中的"顯巖穴之士",也就是躬自"推賢進士"之意,而並非司馬遷自己要隱身而退去當隱士。我們注意到,王力先生主編的《古代漢語》、陰法魯先生主編的《古文觀止譯注》、朱東潤先生主編的《中國歷代文學作品選》等書,先此也都采取了退隱的説法,按常情,可以作爲定論了。但是,我們讀之再三,斟酌再三,還是難於苟同。我們認爲,這已不單純是一個訓詁的問題,而且也是一個如何正確認識司馬遷其人的問題。注文的正確與否將直接關係到人們對司馬遷的認識。所以,我們認爲還有再研究的必要。

首先，《報任安書》的大旨是什麽？《古文觀止》的編者説：“此書大旨，總是卻少卿‘推賢進士’之教，故四字爲一篇綱領，始終亦自照應。”這個話是不錯的。大旨如此，如何‘卻’法？理由雖然只有一個，但卻是一篇之中三復其意的，那就是由於“身殘處穢”，“大質已虧缺”，“刑餘之人，無所比數”。一言以蔽之，就是受了宮刑之辱。因受宮刑之辱而不可推賢進士，這是全篇大旨的完整表述。肯定了這一點，我們就可以説，凡是違背大旨的理解都是錯誤的。在此，我們不妨把“身直爲閨閣之臣，寧得自引深藏於巖穴邪”一句和上文的“刑餘之人，無所比數……今朝廷雖乏人，奈何令刀鋸之餘見天下豪俊哉。”對照來讀，可知二者只是行文不同，意思是一樣的。它們的前半部分都是説的受宮刑之辱的事，按照邏輯的推論，它們的後半部分，“寧得自引深藏於巖穴邪”的意思必然也同於“奈何令刀鋸之餘見天下豪俊哉”，換言之，也就是都是不可推賢進士之意，而不會是別的。再説，“始終亦自相應”，雖然是文章評點家的話，但卻也有道理在。我們認爲，篇末的“身直爲閨閣之臣”云云，就是與篇首的教以“推賢進士爲務”云云相應的。如果篇首講的是推賢進士，而篇末講的卻是另外一套，還叫什麽“相應”？再説，《報任安書》是回答任安責問的，任按責問的是何以不推賢進士，並沒有責問司馬遷何以戀棧固位而不銷聲匿迹。如今忽以退隱答之，豈不答非所問？

其次，讓我們探討一下司馬遷受刑後的精神狀態是什麽。是發憤欲有所爲呢，還是消沉而欲隱退？答案本不難求。“人固有一死，或重於泰山，或輕於鴻毛，用之所趨異也”，這就是司馬遷的人生觀。因此，很難設想，此刻的司馬遷會有消沉退隱的想法。不錯，腐刑之辱，使他多次痛不欲生。但是，思想激烈鬥爭的結果，追求人生價值的積極一面戰勝了。這是因爲他擺脱了個人一己的悲怨，而從大的方面來看待宮刑之辱。所謂大的方面，就是《史記》尚未完成。《史記》的寫作，是時代的要求，是父親的遺志，也是自己的理想。他的身軀，他的精神寄托，都是屬於《史記》的。只要《史記》能夠完成並傳諸後世，其他都在所不計，所謂“雖萬被戮，其有悔哉"！這不正表明了他發憤欲有所爲的精神狀態嗎！這種精神狀態，不僅在《報任安書》、《自序》中有充分的反映，就是在《史記》的其他篇章中，他也多次借人喻事，道出他自己百折不撓、發憤有所爲的精神。《伍子胥列傳贊》："怨毒之於人甚矣哉！……向令伍子胥從奢俱死，何異螻蟻？棄小義，雪大恥，名垂於後世。悲夫！方子胥窘於江上，道乞食，志豈嘗須臾忘郢邪？故隱忍就功名，非烈丈夫孰能致此哉！"《季布欒布列傳贊》："然至被刑戮，爲人奴而不死，何其下也！彼必自負其材，故受辱而不羞，欲有所用其未足也，故終爲漢名將。"這些話，他是在論人，也是在自論。從這些話中，我們不難看出一個志向堅毅，時刻不忘有所建樹的烈丈夫的形象。這就是司馬遷。現在我們倘把一頂隱士的高冠給他戴上，合適嗎？宮刑之辱，對司馬遷個人來說是一個悲劇，但是，"退而自惟"，很可以效法那些"倜儻非常之人"。肉體是殘廢了，精神卻升華到一個更高的境界，這就形成了完成《史記》的新的、更强大的動力。這是加害于司馬遷的統治者始料所不及的。

再次，完成《史記》所需要的客觀條件也不允許司馬遷有退隱之想。從《報任安書》可知，征和二年(一説爲太始四年，此處姑從《古代漢語》編者之説)，《史記》的大體規模已具，但"草創未就"，"惜其未成"，還需要繼續修訂。要修訂這樣一部體大思精的煌煌巨作，首先就要解決圖書的問題。兩千年後的今天，當學者們在從事著述時，動輒還要跑圖書館。由此不難推想，當時的司馬遷，會想到在"山居穴處"與世隔絶的條件下從事修訂嗎？據《漢書·藝文志》記載，"迄孝武世，書缺簡脱"。作爲朝廷，猶深感藏書不足；司馬遷個人的庋藏，更是可想而知。這就必須依靠國家的藏書，即所謂"紬史記石室金匱之書"。這些書，他作爲太史令，完全可以利用；作爲中書令，也未嘗不可利用。如果作了"山居穴處"的隱士，他將完全無法利用。恐怕他也難以做到像司馬光後來修《資治通鑑》那樣，設局自隨，可以從朝廷得到人力物力的支持。以完成《史記》爲天職的司馬遷，一定會考慮到這一層的，所以說他必無退隱之念，勢使然也。再説，《史記》所載，不僅僅是"厥協《六經》異傳，整齊百家雜語"，而且是有述有作，也較多地注意當代之事。爲此目的,中書令一職,掌"領贊尚書出入奏事",自然會給他帶來許多修史的方便。《匈奴列傳》記載李廣利降匈奴事,時在征和三年,猶在作《報任安書》之後。如果不是身在京師何由得知且書之于史? 故曰太史公必無退隱之念,勢使然也。

在這裏,也有必要説一下我們對於"姑且從俗浮沉,與時俯仰,以通其狂惑"的理解,因爲這和上面的問題是有聯繫的,不容避開。《古代漢語》的編者解釋此句前十字爲"指隨着一般人行事,自己無所作爲";解釋"以通其狂惑"爲"指用以抒發自己的悲憤。"對此解釋,我們也不敢苟同。我們認爲,司馬遷怎樣"抒發自己的悲憤"的問題,在《報任安書》中本來是有明確答案的,即效法"倜儻非常之人",發憤作爲《史記》。這裏怎麼忽然又來了個用"無所作爲"云云來"抒發自己的悲憤"呢? 一篇之中,難道司馬遷就是這樣的前言不照後語嗎? 不是。這只是表明了編者的注釋值得研究。我們認爲,"姑且從俗浮沉"等十五字,是對任安責備司馬遷"用流俗人之言"一語的答復。"姑且從俗浮沉,與時俯仰"的字面意思不必説了,它的含義是説宦豎不可以舉士,傳統的看法如此,世俗的議論也是如此,我司馬遷不能不俯從這一點。"以通其狂惑"的意思是"用來表達自己難於從命的反常之態"。措詞是謙卑的,而自己的意思卻毫不爲屈。李善注引《鷁子》曰:"知善不行者謂之狂,知惡不改者謂之惑。"狂也罷,惑也罷,歸結起來,都是個知而不能行的問題。在推賢進士這個問題上,司馬遷完全知道何者爲善何者爲惡,換句話説,他完全知道怎樣做才不致陷於"狂惑"。問題在於以受刑爲分界線,司馬遷對推賢進士有着截然不同的兩種認識。受刑之前,作爲士大夫,正像任安所希望的那樣,他知道應該推賢進士,而且也曾經實地去做了。受刑之後,作爲閨閣之臣,他深知推賢進士之事與己無緣了。不得不忍痛改變初衷。知而能行是受刑前的常態,知而不能行是受刑後的變態。這種變態,也就是狂惑。這種狂惑是無可奈何的,勢不由己的,其中包含着多少"可爲智者道,難爲俗人言"的苦衷呀! 所以,我們甚至不妨説,"以通其狂惑",就是用來表達自己無法從命的苦衷。我們認爲,這樣去理解不惟上下文可通,全篇首尾照應,而且也庶幾得太史公之實。

　　以上的粗淺分析,説的都是大家熟知的話,毫不新奇。爲了論證我們的看法,只好囉嗦一通,懇請大家賜教。


　　　　　　　（原載中國歷史文獻研究會《中國歷史文獻研究》,1986 年）

# “賊”有“盜”義始於何時

　　“賊”、“盜”二字,本來是兩個不同的概念。《説文·戈部》:“賊,敗也。從戈,則聲。”徐鍇説:“敗猶害也。”《説文·次部》:“盜,私利物也。從次皿。次,欲也。次皿爲盜。”古代文獻證明,許慎的説解是正確的。例如:

　　《左傳》文公十八年:“(周公)作《誓命》曰:‘毀則爲賊,竊賄爲盜。’”杜注:“毀則,壞法也。賄,財也。”①

　　《荀子·修身》:“害良曰賊,竊貨曰盜。”②

　　《周禮·秋官·士師》:“二曰邦賊……六曰邦盜。”鄭玄注解“邦賊”爲“爲逆亂者”,注解“邦盜”爲“竊取國之寶藏者”。③

　　這説明,“賊”的古義,用作動詞時,意爲毀害;用作名詞時,意爲亂臣。在上古,“賊”無“盜”義,換句話説,不當“偷東西的人”講。這和現代漢語不同。

　　王力先生在所著《漢語史稿》中説:“‘偷東西的人’的概念,先秦用‘盜’字來表示。在現代普通話口語裏,先秦‘盜’所表示的概念,則用‘小

---

① 《春秋左傳正義》,北京大學出版社,2000年,662頁。
② 王先謙《荀子集解》,中華書局,1988年,24頁。
③ 《周禮注疏》,北京大學出版社,2000年,1082~1083頁。

偷'或'賊'來表示了。"①這就是說,現代漢語裏"賊"有了"盜"義。在這裏,王力先生正確地指出了古今詞義的變化。剩下的問題是,這種變化始於何時? 這是漢語史應該研究的問題。

據我的觀察,我認爲,"賊"有"盜"義的時間,從法律的角度上講,始於元代;從日常生活的角度上講,則大約始于宋代。下面我就來證明這種看法。

先從法律的角度上講。法律是階級社會的産物。先秦文獻中雖然有"夏有亂政,而作《禹刑》"的記載,②但還很難説是成文法。退一步説,即令是成文法,因其不傳,也無從考查。衆所周知,我國最早的成文法是戰國時期魏國李悝編制的《法經》。這是一部對後世極有影響的法典。它是歷代封建王朝成文法的鼻祖。可以説,上起《法經》,下訖《大清律》,所有封建王朝的成文法是一脈相承的。關於這一點,古今學者多有論及,毋庸煩言。因此,我認爲,通過對古代封建社會成文法的考查,是可以看出"賊"義變化的消息的。

《法經》六篇,"一盜法,二賊法,三囚法,四捕法,五雜法,六具法"。③《法經》不傳,無從細知其内容,但盜、賊各爲一法,其不同可知。晉人張斐注律云:"無變斬擊謂之賊,取非其物謂之盜。"這個説法與《説文》的説解和其他先秦文獻一致。晉人之説解"賊""盜"尚猶如此,則《法經》之"賊""盜"可知。唐以前諸律不傳,今世所傳,《唐律》爲最古。在中國法律史上,《唐律》承上啓下,地位非常重要。所謂"足以沿波而討源者,要唯《唐律》爲最善",就是這個意思。我們不妨對《唐律》略加剖析。

《唐律》凡十二篇,曰《名例》,曰《衛禁》,曰《職制》,曰《户婚》,曰《厩律》,曰《擅興》,曰《賊盜》,曰《鬥訟》,曰《詐僞》,曰《雜律》,曰《捕亡》,曰《斷獄》。《賊盜》居其一。關於《賊盜律》的來由,《唐律疏議》卷一七説:"《賊盜律》者,魏文侯時,李悝首制《法經》,有《盜法》、《賊法》,以爲法之

---

① 王力《漢語史稿》,中華書局,1980 年,577~578 頁。
② 《左傳》昭公六年,見《春秋左傳正義》,北京大學出版社,2000 年,1413 頁。
③ 《唐律疏議》卷一,中華書局,1983 年,2 頁。

篇目。自秦漢逮至後魏,皆名《賊律》、《盜律》。北齊合爲《賊盜律》,後周爲《劫盜律》。復有《賊叛律》。隋開皇合爲《賊盜律》,至今不改。"自秦漢至後魏,改《盜法》、《賊法》爲《盜律》、《賊律》,這關係不大,不過是改"法"爲"律",名稱略變,實質無異。值得注意的是,後來把《賊律》、《盜律》二律合爲一律,這種合二爲一的作法是否意味着"賊"字有了"盜"義呢? 研究的結果,我們認爲不是。《唐律》凡三十卷,其《賊盜律》一篇有四卷,我們從這四卷的條目上不難看出《賊盜律》的内容,從而也不難看出"賊"是否有了"盜"義。今據《唐律疏議》開列此四卷條目如下:

第十七卷　賊盜　凡一十三條

| | |
|---|---|
| 謀反大逆 | 緣坐非同居 |
| 口陳欲反之言 | 謀叛 |
| 謀殺府主等官 | 謀殺期親尊長 |
| 部曲奴婢殺主 | 謀殺故夫父母 |
| 謀殺人 | 劫囚 |
| 規避執人 | 殺一家三人 |
| 祖父母夫爲人殺 | |

第十八卷　賊盜　凡九條

| | |
|---|---|
| 以物置人耳鼻 | 造畜蠱毒 |
| 以毒藥藥人 | 憎惡造厭魅 |
| 殺人移鄉 | 殘害死尸 |
| 穿地得死人 | 造妖書妖言 |
| 夜無故入人家 | |

第十九卷　賊盜　凡一十七條

| | |
|---|---|
| 盜大祀神御物 | 盜御寶 |
| 盜官文印書 | 盜制書 |
| 盜官殿門符 | 盜禁兵器 |
| 盜毀天尊佛像 | 發冢 |
| 盜園陵内草木 | 盜官私馬牛而殺 |

| | |
|---|---|
| 盜不計贓立罪名 | 強盜 |
| 竊盜 | 監臨主守自盜 |
| 故燒人舍屋而盜 | 恐喝取人財物 |
| 本以他故毆人奪物 | |
| 第二十卷　賊盜　凡一十五條 | |
| 盜緦麻小功財物 | 卑幼將人盜 |
| 因盜過失殺人 | 私財奴婢貿易官物 |
| 山野物已加功力 | 略人略賣人 |
| 略和誘奴婢 | 略賣期親以下卑幼 |
| 知略和誘和同相賣 | 知略和誘強竊盜受分 |
| 盜經斷後三犯 | 公取竊取皆爲盜 |
| 部内人爲盜及容止盜① | |

不難看出,《賊盜律》的前二卷,講的是“叛逆殺傷”之類,實際上是
《賊律》;《賊盜律》的後二卷,講的是“盜竊劫略”之類,實際上是《盜律》。
這正如清末法律修訂大臣沈家本所説:“唐合《賊》、《盜》爲一,而前二卷
仍屬賊事,甚分明也。”“叛逆殺傷”,就是《説文》所説的“敗也”,就是前引
《左傳》所説的“毀則”。毀則即爲叛逆,毀人即爲殺傷。“盜竊劫略”,即
《説文》所説的“私利物也”。由此可見,賊、盜二字的上古義在《唐律》中
並没有發生任何變化。換句話説,直到唐代,“賊”尚無“盜”義。

　　唐以前如此,宋代如何? 衆所周知,宋代的法典是《刑統》,而《刑統》
一書,基本上是《唐律》的翻版。因此,宋不異唐,似可斷言。

　　那麽,《元律》又如何呢? 據正史記載,元律有《盜賊律》一篇。請注
意,改以前歷代的《賊盜律》爲《盜賊律》,這種字序上的變動並不是無心
之失,實在是字義變化的反映。反映了什麽? 朱駿聲説:“論字體,則盜小
而賊大,盜輕而賊重。今律反是。”②他的意思是説,從字的結構上看,爲
盜者罪小罪輕,爲賊者罪大罪重。而“今律”,也就是《大清律》,則顛倒過

---

① 以上四卷目録,見《唐律疏義》,321～379頁。
② 朱駿聲《説文通訓定聲·頤部》第五,中華書局,1984年,222頁。

來了,變成了爲盜者罪大罪重,爲賊者罪小罪輕。朱駿聲説得對,只不過有一點要修正,即這種顛倒,從法律上講,不是始於"今律",而是元律就已如此。

爲什麼會發生這種顛倒? 據《元史》記載,元律不僅有《盜賊律》一律,而且另有《大惡律》和《殺傷律》二律。這就是説,前代的《賊律》,到了元代就一分爲三了。大惡、殺傷都已不包括在《賊律》之內了。《大惡律》的條款,主要是叛逆之類。號稱《賊律》而不包括"叛逆殺傷"之類,這就意味着"賊"的字義發生了變化,這就是沈家本所説的,"是名同而義不同矣"。① 同叫《賊律》而含義如此不同,這就提醒我們,"賊"開始有了"盜"義了。究竟有沒有,請試看《元史·刑法志》中的這些例子:

(1) 諸盜賊共盜者,並贓論。

(2) 諸盜賊應徵正贓及燒埋銀,貧無以備,令其折庸。

(3) 諸盜賊分贓不均,從賊自首,爲首賊所殺者,仍以謀殺故殺人論。

(4) 諸盜賊得財,用於酒肆倡優之家,不知情,止於本盜追徵。

(5) 諸盜賊正贓已徵給主,倍贓無可追理者,免徵。

(6) 諸退荒盜賊,盜駝馬牛驢羊,倍贓無可徵者,就發配役出軍。

(7) 諸盜賊聞赦,故殺捕盜之人者,不赦。②

可以看出,以上諸例中的"賊"字,既無叛逆義,也無殺傷義,已經不是《説文》所説的"敗也",而只是"盜"的同義詞。有趣的是,凡《唐律》中稱"盜"的地方,元律多稱"盜賊"。例如例(1),《唐律》的原文是"諸共盜者,並贓論"。法律用語,其準確性的要求很高,在概念上容不得絲毫的含混。"賊"字在《元律》中這樣地被使用,當然不是隨便如此,而只能字義變化的反映。

下面我們再來看幾個"盜""賊"互文的例子:

---

① 沈家本《律目考》附《明律目源流》,見沈家本《歷代刑法考》,《續修四庫全書》本,877 册,上海古籍出版社,2002 年,569 頁。

② 以上 7 例,見《元史·刑法志》,中華書局,1976 年,2656~2660 頁。

（1）《元史·兵志四》："若有失盜,勒令當該弓手,定立三限捕捉,每限一月。如限内不獲,其捕盜官,停俸兩月。如限内獲賊,數及一半者,全免正罪。"①

（2）《元史·刑法志二》："諸捕盜官,其限内獲賊及半者,免罪;若諸人獲盜者應賞者,賞之。"②

（3）元陶宗儀《輟耕録》卷二三《盜有道》："後至元間,盜入浙省丞相府。是夕,月色微明,相於紗帷中窺見之,美髭鬚,身長七尺餘。時一侍姬亦見之,大呼有賊。相急止之,曰:'此相府,何賊敢來。'蓋虞其有所傷犯也。"③

顯然,上述例句中的"賊"字都有"盜"義。至此,我們可以説,從法律的角度上講,"賊"有"盜"義始於元代。

法律屬於上層建築,它是由經濟基礎決定又爲經濟基礎服務的。馬克思説:"無論是政治的立法或市民的立法,都只是表明和記載經濟關係的要求而已。"④"賊"字在法律上有了"盜"義,當然也"只是表明和記載經濟關係的要求而已"。經濟關係的要求,是早於法律條文的。所以,"賊"有"盜"義,從日常生活來講,必然要在元代之前,事實上我們也可以找到一些例子來説明這一點。下面是從宋人書中摘出的例子:

（1）蘇軾《東坡志林》卷三《梁上君子》："近日頗多賊,兩夜皆來入吾室。吾近護魏王葬,得數千緡,略已散去,此梁上君子當是不知耳。"⑤

（2）李元弼《作邑自箴》卷六《勸諭庶民榜》："犯放火殺人,作賊賭錢,侮慢尊長,欺壓良善,必定嚴行禁勘。"⑥

（3）朱熹《朱文公集》卷四〇《答何叔京書》之四："夫孔明之出祁山,三郡回應……撥棄而歸,蓋所以全之,非賊人諱空手之謂也。"⑦

---

① 《元史》,2595 頁。
② 同上書,2631 頁。
③ 陶宗儀《輟耕録》,中華書局,1958 年,282 頁。
④ 《馬克思恩格斯全集》第四卷,121~122 頁。
⑤ 蘇軾《東坡志林》,劉文忠評注,中華書局,2007 年,143 頁。
⑥ 李元弼《作邑自箴》,《四部叢刊續編》本,30 頁 B 面。
⑦ 朱熹《朱文公集》,《朱子全書》本,22 册,1806 頁。

這三例中的"賊",都是"盜"義,都是"偷東西的人"。例(1)尤其能說明問題。梁上君子的典故,源出《後漢書·陳寔傳》:"時歲荒民儉,有盜夜入其室,止于梁上。寔陰見,乃起自整拂,呼命子孫,正色訓之曰:'夫人不可不自勉,不善之人未必本惡,習以性成,遂至於此,梁上君子者是矣。'盜大驚,自投於地。"《後漢書》中的"盜",在《東坡志林》中變成了"賊",由此足見字義之變化。因此,我們說,從日常生活來講,"賊"有"盜"義大約始于宋代。

以上,我們完成了"賊"何時有"盜"之義的全部證明。這個證明是否成立,我們期待着大家的批評。末了,我們覺得還有兩點需要指出。

第一點,"賊"在宋元時期雖然已經有了"盜"義,但這只是詞義的擴大而不是詞義的轉移。爲什麼?因爲"賊"的本義並沒有因爲有了"盜"義而消失,"賊"的本義即作爲名詞用時的"亂臣"義仍然存在。例如,宋代的李順、方臘都是農民起義領袖,但《夢溪筆談》卻說"蜀中劇賊李順",[1]《宋史》也多次稱方臘爲賊,就是明證。

第二點,明白了"賊"何時有"盜"義,有助於避免對古書的誤解。現在說兩個誤解的例子,一個是古人的,一個是今人的。《唐律疏議》卷一《名例》:"《法經》六篇,一《盜法》,今《賊盜律》是也;二《賊法》,今《詐偽律》是也。"沈家本批評說:"《疏議》謂《盜法》今《賊盜律》,《賊律》今《詐偽律》,俱未得當。"[2]爲什麼?因爲"唐之《賊盜》兼《盜法》、《賊法》在内,《詐偽律》魏由《賊律》分出,而《賊律》固不止詐偽一事也"。[3] 沈家本批評得對,前引《唐律》《賊盜律》條目可爲佐證。究其原因,和"賊"的原始意義有關。

新版《辭源》"賊"字的義項(四):稱盜竊之人。《墨子·非樂上》:"冠亂盜賊並興。"《後漢書·百官志一》:"賊曹主盜賊事。"亦用爲罵人之詞。《三國志·周瑜傳》:"權曰:'老賊欲廢漢自立久矣,徒忌二袁、呂布、

---

[1] 沈括著、胡道靜校注《夢溪筆談》卷二五,中華書局,1957年,256頁。
[2] 沈家本《歷代刑法考·律目考》,《續修四庫全書》本,877册,564頁。
[3] 同上。

劉表與孤耳。’”

　　按：《辭源》這個釋義是錯誤的，因爲下面三個書證中的“賊”字都不是“泛稱盜竊之人”的意思，而是“亂臣”之義。這毋須多加證明，因爲在范曄（《後漢書》作者，南朝宋人）生活的哪個時代以前，“賊”字尚無“盜”義。古人也好，今人也罷，其所以產生誤解的原因，就是對詞義的理解缺乏歷史的觀點。

　　（原載《河南師範大學學報》1987 年第 1 期，又轉載於人大報刊複印資料（語言文字）1987 年第 9 期。此次發表，有所改動）

# 標點、注釋、今譯雜識

一、《歷代詩話·臨漢隱居詩話》:"王旐遊金陵升元寺僧房,見壁間繪一金紫丈夫,上題一絶云:'陣前金琕生無愧(金琕,一作仙琕),鼓下蠻奴死合羞。三尺吳縑暗塵土,凜然蒼鶻欲橫秋。'王安國平甫曰:'此劉仁贍像,袁陟詩也。'"(中華書局標點本,324頁)

按:詩中之"金琕"當作"仙琕",異文是。又,仙琕、蠻奴皆人名,非一般語詞,依例當標專名號。仙琕者,馬仙琕也;蠻奴者,任蠻奴也。蠻奴是小名,大名一個"忠"字。六朝人喜以"奴"爲小名,如劉裕小名寄奴,陳叔寶小名黃奴,皆其例。馬仙琕,《梁書》、《南史》並有傳;任忠,《陳書》有傳。詩云"陣前仙琕生無愧"者,是説五代劉仁贍之爲將,活着的時候,無愧於梁代的馬仙琕。因爲據史書載,"仙琕每戰,恒冠三軍。能與士卒同勞逸。攻戰多克捷,士卒亦甘心爲用"。"鼓下蠻奴死合羞"者,是説劉仁贍在國危時刻能盡忠所事,抗節無虧,較之任蠻奴在隋軍大舉渡江滅陳的緊急關頭背主迎降,能使其羞死。標點本《苕溪漁隱叢話》引袁陟此詩亦未標專名,所誤與《歷代詩話》同。

二、《歧路燈》第七十九回:"總緣'以准皆各其及即若'的學問,與'之乎者也耳矣焉哉'的學問是兩不相能的。"注:"'以准皆各其及即若',舊日官場文牘中的習慣用語;'之乎者也耳矣焉哉',八股文中慣用的虛

66

詞,意謂吏胥之學與士子之學是兩途。"(中州書畫社版,769頁)

按:此注有未安處。"以准皆各"等八字,並非舊日官場文牘中的習慣用語,好像"等因奉此"一樣,而是古代的法律常用語。其常用的程度,猶如儒生爲文之常用"之乎者也"一樣,所以作者拿來作比。王應麟《困學紀聞》卷一三:"律之例有八:以、准、皆、各、其、及、即、若。"翁元圻注:"《律疏》'以'者,與真犯同;'准'者,與真犯有間;'皆'者,不分首從,一等科罪;'各'者,彼此各同科此罪;'其'者,變於先意;'及'者,事情連結;'即'者,意盡而複明;'若'者,文雖殊而會上意。"翁注所謂《律疏》,是指《唐律疏議》一書。該書中此等字眼兒極多,可覆按也。因爲此八字在律文中常見,而且意關緊要,所以沈曾植《海日樓札叢》卷三引《護德瓶齋涉筆》説:"以、准、皆、各、其、及、即、若八字,相傳謂之律母。"至此可以明瞭,小説作者的原意,不過是以前八個字表示法家,後八個字表示儒家,從而説明儒法異趣罷了。

三、《初刻拍案驚奇》第二十五卷:"卻有一件,名妓要落籍,最是一件難事。官府恐怕缺了會應承的人,上司過往嗔怪,許多不便,十個倒有九個不肯。所以有的批從良牒上道:'慕周南之化,此意良可矜;空冀北之群,所請宜不允。'"注:"空冀北之群",引自"伯樂一過,冀北之馬群遂空"句,意思説:"她如從良,就沒有好妓女了。"(青海人民出版社版,478頁)

按:這個注解有不夠徹底的地方。清杭世駿《道古堂文集·李義山詩注序》説:"詮釋之學,較古昔作者尤難。語必溯源,一也。事必數典,二也。"這裏的問題就是沒有溯源。上面的注文,應補上"見韓愈《送温處士赴河陽軍序》"一句。但問題並不到此爲止。從良牒上的整個批語都是有出處的,並非小説家杜撰的無根之談。原來這整個批語,是"雖嬉笑怒罵之詞,皆可書而誦之"的蘇東坡的妙筆,見宋人王闢之《澠水燕談録》卷十。原文不長,頗有趣,録以共賞:子瞻通判錢塘,嘗權領州事。新太守將至,營妓陳狀,以年老乞出籍從良,公即判曰:"五日京兆,判狀不難;九尾野狐,從良任便。"有周生者,色藝爲一州之最,聞之,亦陳狀乞嫁。惜其去,判云:"慕周南之化,此意雖可嘉;空冀北之群,所請宜不允。"其敏捷善譴如此。

　　四、《左傳・襄公二十八年》："求崔杼之尸,將戮之。"

　　按:注家於此句皆無注,求之沈玉成《左傳譯文》,譯爲"求取崔杼的尸體,打算戮尸"(中華書局 1981 年版,353 頁)。而"戮尸"又是什麽意思呢? 於是復求之新版《辭源》。《辭源》是這樣解釋的:〔戮尸〕古代酷刑,即斬戮死者的尸體。《左傳》襄二八年:"求崔杼之尸,將戮之。"《晉書・王敦傳》:"有司議曰:'王敦滔天作逆,有無君之心,宜依崔杼、王淩故事,剖棺戮尸,以彰元惡。'"

　　從釋義來看,從所引書證來看,《左傳》的"求崔杼之尸,將戮之",是把崔杼的尸體加以斬戮無疑的了。而且從《晉書》書證看,至少晉人已經作此理解。但是,愚竊疑之。我認爲,戮尸的含義,上古與後世不同,不可混爲一談。上古的戮尸,是陳尸於市之義。這個"戮"字作"辱"講,不作"斬殺"講。《廣雅・釋詁三》:"戮,辱也。"王念孫《廣雅疏證補正》:"《周官・掌戮》注云:'戮猶辱也。'《國語・晉語九》:'請殺其生者而戮其死者。'韋注:'陳尸爲戮。'"如果說王念孫舉的都是非正常死亡例的話,這裏再舉一個正常死亡例。據《漢書・楊王孫傳》,楊王孫是個風格獨標的人,他在臨終前令其子曰:"吾欲裸葬,以反吾真。"這在當時是驚世駭俗的舉動。友人祁侯知道了,就作書勸他說:"竊聞王孫先令裸葬,令死得無知則已,若其有知,是戮尸地下,將裸見先人,竊爲王孫不取也。"這裏的"戮"字,顯然也是羞辱之義,因爲楊王孫絕不會遺令其子對其尸體加以斬戮。此例和非正常死亡的不同,不過是一則陳尸於地上,一則陳尸於地下而已。回過頭來還說《左傳》中崔杼的例子,其中的"戮"字也是"羞辱"義。從下文的傳文、注文中,也一點看不出有對崔杼之尸加以斬戮之意,可覆按也。應該指出,《東周列國志》作者對此問題的理解頗得《左傳》真意。該書第六十七回這樣說:求崔杼之柩不得,懸賞購之:有能知柩處來獻者,賜以崔氏之拱璧。崔之圉貪其璧,遂出首。於是發崔氏祖墓,得其柩斫之,見二尸。景公欲並陳之。晏嬰曰:"戮及夫人,非禮也。"乃獨陳崔杼之尸於市。其中雖不乏小說家言,但"陳崔杼之尸於市"一句卻是正確可取的。

附帶説一下作爲斬戮死者尸體意義上的"戮尸"起於何時的問題。《辭源》的第一書證不成立,第二書證嫌晚。今按《後漢書·靈帝紀》中平元年:"皇甫嵩與黄巾賊戰于廣宗,獲張角弟梁。角先死,乃戮其尸。"注:"發棺斷頭,傳送馬市。"據此可以説,慘遭戮尸這種酷刑的,農民起義領袖張角是第一例。

五、《史記·項羽本紀》:"樊噲曰:'……今沛公先破秦入咸陽,毫毛不敢有所近,封閉宮室,還軍霸上,以待大王來。"郭錫良等同志編寫的《古代漢語》的《古漢語今譯問題》一節中解釋説:"原文'毫毛不敢有所近'是秋毫無犯的意思,有的譯文把這句話譯成'秋毫不敢沾染',就不妥當。"(北京出版社版,674頁)

按:説"有的譯文把這句話譯成'秋毫不敢沾染',就不妥當",這話我們贊成。但説"原文'毫毛不敢有所近',是秋毫無犯的意思",我們不敢苟同。《古代漢語》在同一節中説:"正確地理解古文原意,用規範的現代漢語把它譯出來,這是進行古文今譯起碼具備的條件。"這個原則是正確的。現在,讓我們先看一看"秋毫無犯"作爲規範的現代漢語是什麼意思。《現代漢語詞典》對"秋毫無犯"的解釋是:"形容軍隊紀律嚴明,絲毫不侵犯群衆的利益。"據此,我們可進一步考察一下"毫毛不敢有所近"的古文原意是否如《現代漢語詞典》所説的那樣。如果是,那説明"秋毫無犯"的譯文是正確的;如果不是,自然就不正確了。

考察的結果,我們認爲"毫毛不敢有所近"沒有《現代漢語詞典》所講的意思。理由如下。先從"形容軍隊紀律嚴明"説起。試問,樊噲在鴻門宴上當着項羽、范增的面所説的話,其目的是要向他們表白劉邦的軍紀如何嚴明嗎?綜觀《項羽本紀》全文,顯然不是。須知當時項羽之所以對劉邦動了殺機,主要是因爲聽信了曹無傷的話:"沛公欲王關中,珍寶盡有之。"所以,項羽主要關心的,是劉邦是否有此野心,不是劉邦的軍紀如何。對於劉邦、樊噲來説,他們心裏也清楚,要解除項羽的疑慮,使自己擺脱困境,他們的説辭就必須圍繞着沒有野心這一點來表白,説別的話都於事無補。如果他們講了一通自己的軍紀如何嚴明的話,那就將犯了項羽、范增的大忌,從而暴露劉邦此人確是"志不在小"。這樣一來,必然招致禍害。試想,劉邦他們會那樣愚蠢地講話嗎?再說"絲毫不侵犯群衆的利益"。"秋毫"或者"毫毛",在這裏是指細小的財物,在這一點上大家理解一致。問題在於這些財物是屬於誰的。按照《古代漢語》的理解,自然是屬於群衆的,但實際上不是。司馬遷寫得很明白,是"宮室"中物,是"府庫"中物,就是說,是屬於秦王朝的。《史記·高祖本紀》:"乃封秦重寶財物府庫。"很清楚,是秦朝統治者的財物,不是群衆的財物,自然也就談不上"侵犯群衆的利益"。

至此,我們可以看出,"毫毛不敢有所近"一句,它既沒有"形容軍隊紀律嚴明"的意思,也沒有"絲毫不侵犯群衆的利益"的意思,自然也就不是秋毫無犯的意思。實際上,"秋毫無犯",多用爲安下之詞,意在撫慰衆心。"毫毛不敢有所近",卻是畏上的表白,這裏意在表明劉邦自視卑微,一切不敢自專。二者的含義是截然不同的。

至於《古代漢語》對"有的譯文把這句話譯成'秋毫不敢沾染'"所作的批評,我們認爲是有道理的。但這也使我們想起魯迅說過的話:"譯得'信而不順'的,至多不過看不懂,想一想也許能懂。譯得'順而不信'的,卻令人迷誤,怎樣想也不會懂。如果好像已經懂得,那麼你正是入了迷途了。"(《二心集·幾條"順"的翻譯》)這是發人深省的。

附帶說一下,包括《辭源》在内的一些詞書,說到"秋毫無犯"一詞的詞源,往往舉上引樊噲的話爲證,也有舉《項羽本紀》中劉邦的話爲證的,通過上面的考察,應該說這個源找錯了。那麼源在何處呢?《史記·淮陰侯列傳》:"大王之入武關,秋毫無所害,除秦苛法,與秦民約法三章耳,秦民無不欲得大王王秦者。"竊以爲源在於此。

(原載《古籍整理出版情況簡報》第 193 期,此次發表時有删削、修改)

# 阿斗的大名怎樣讀

劉備的兒子阿斗，不但是個真實的歷史人物，而且也是個戲劇和小説中的人物。所以，可以毫不誇大地説，阿斗其人，在我國也算是家喻户曉的一位。問題在於有的同志把阿斗的大名讀錯了。

阿斗是小名，大名是一個"禪"字。這個"禪"字該怎樣讀？我認爲，應該讀禪讓之 shàn（音善），不應該讀禪杖之 chán（音饞）。最初發現這個問題是聽電臺廣播袁闊成同志播講的評書《三國演義》，他把後主劉禪的禪字都讀成 chán。看來，這個"禪"字的讀音有必要正一下了。

爲什麼應讀禪讓之 shàn？理由如下：

第一，先説這個"禪"字該怎麼講。字義確定了，讀音也就不難解決。《三國志·杜瓊傳》載譙周的話説："先主諱備，其訓具也；後主諱禪，其訓授也：如言劉已具矣，當授與人也。"這段話又見同書《向朗傳》注引《襄陽記》。撇開這段話的讖緯色彩不説，但就字義而論，譙周的解釋是對的，即這個禪字作"授予"講。禪字的授予義，在古籍中是常見的，不消舉例。《廣韻》去聲線韻收此禪字，義爲"禪讓、傳受"，注音是時戰切，用現代漢語拼音來寫就是 shàn。

第二，可從劉禪的字得到進一步證明。古人一般有名有字，而名和字在意義上是有聯繫的。清人錢大昕説："名之於字也，有以相承爲義者，由

71

之字路,啓之字開是也;有以相反爲義者,哆之字斂,黑之字皙是也。"語見《潛研堂文集》卷三《晦之字説》。這裏再舉兩個比較通俗的例子。宋代的岳飛,字鵬舉,其名其字,在意思上是相輔相成的;唐代的韓愈,字退之,其名其字,在意思上是相反相成的。據此規律,我們來研究一下劉禪。《三國志·後主傳》:"後主諱禪,字公嗣。"禪者,禪讓也;公者,就是孔子説的"大道之行也,天下爲公"的"公";合起來就是公天下的繼承人的意思。這和禪的禪讓義正好是相反相成。

第三,如果讀禪杖之 chán,那麼它便是一個外來詞。王力《漢語史稿》談到這個禪字,説禪是梵語禪那之略,意爲静慮。至於進入漢語的具體時間,他没有説。范文瀾《中國通史簡編》第三編説:"禪,梵語禪那。自從鳩摩羅什譯出《禪法要解》等書,禪學始成專業。"鳩摩羅什是後秦時期的高僧,上距劉備所處的漢末還有一個多世紀。東漢末年,佛教在我國傳播未廣。我們可以初步推斷,梵語之禪當時很可能還没有進入漢語呢。退一步講,即令當時已有外來詞,須知劉備本是儒生,他的老師就是"學爲儒宗,士之楷模"的盧植。在這種情況下,我們很難設想,劉備給自己兒子的取名,不是帶有傳統的儒家色彩,而竟然會是十足的印度風味呢。

第四,一般的漢語詞典,限於體例,都没有給劉禪的禪字注音,但是北京外國語學院英語系編寫的《漢英詞典》,其"阿斗"條卻有禪字的譯音。字典是這樣解釋的:

［阿斗］the infant name of Liu Shan（劉禪,207~271）,Last emperor of Shu Han（蜀漢,221~263）。

編者對"禪"字的譯音,完全正確。由此又使人想到,劉禪的禪字,假如學習漢語的外國人能夠讀的正確,而我們自己卻讀錯了,豈不要被外國人取笑嗎!

（原載中華書局《文史知識》1988 年第 11 期）

# 錢大昕與《説文》兩大家

本文所説的《説文》兩大家是指段玉裁和朱駿聲。段氏有《説文解字注》，朱氏有《説文通訓定聲》。而人之所以成爲兩大家，除了他們自身的努力而外，既有歷史積累的深層原因，也和時代的氛圍密切相關。本文試圖從學術史的角度來闡述錢大昕與此兩大家的關係。我們的看法是：對於段氏來講，錢大昕處於"博采通人"的通人地位；對於朱氏來講，錢大昕處於"考之於逵（賈逵）"的地位。兩點淺見，前者似乎論者不多，本文願作引玉之磚；後者曾有學者論及，但結論不敢苟同，本文願作芹曝之獻。弄清楚這兩點，不但有助於學術史的研究，而且更重要的是有助於正確理解兩家之書。

錢大昕（1728～1804），字曉徵，號辛楣，又號竹汀居士。因爲他做過詹事府少詹事，所以人們又稱之爲錢宮詹。江蘇嘉定（今屬上海市）人，乾隆十九年（1754）進士，長期在翰林院任職。乾隆四十年丁父憂，從此歸田不出。應地方敦請，歷任鍾山、婁東、紫陽書院（分別在今南京、松江、蘇州）院長近三十年，成就人才甚多。錢氏著述甚富，據統計有三十二種，基本上都收在《潛研堂全書》中。在乾嘉學者中，錢氏是吳派的卓越代表，以博洽著稱。阮元説："國初以來，諸儒或言道德，或言經術，或言史學，或言天學，或言地理，或言文字音韻，或言金石詩文，專精者固多，兼擅者尚少，

73

唯嘉定錢辛楣先生能兼其成。"①可謂當時公論。

# 一、錢大昕和段玉裁的關係

衆所周知,段玉裁的《説文解字注》與其《六書音均表》互爲表裏,同爲世人所重。前者被王念孫嘆爲"千七百年來無此作矣",②後者被戴震譽爲"有灼見卓識"。③ 而在戴、王的高度評價之前,錢氏已經和此二書有了密切的關係。

先説《六書音均表》。此書的初稿叫《詩經韻譜》及《群經韻譜》,寫成於乾隆三十五年(1770)。剛一脱稿,段玉裁即通過邵晉涵(錢氏門人)請錢氏審讀。錢氏讀後大喜,嘆爲"鑿破混沌"之作,當即命筆作序,説:"此書出,將使海内説經之家奉爲圭臬,而因文字聲音以求訓詁,古義之興有日矣,詎獨以存古音而已哉!"④可知錢氏是高度評價此書的第一人。錢大昕與段玉裁此時尚無深交,而且勢位懸殊(錢官翰林學士,文名籍籍,已有"南錢北紀"之目,段則爲候補之舉人),但錢氏略不以此爲嫌,以學術爲天下公器,獎掖後進,不遺餘力。不過,錢氏也不諱言自己的不同意見。對於少數字一字異讀的歸部問題,段氏在《韻譜》中持"通韻"説,錢氏不以爲然,於是就在作序之後又特地致書段玉裁,説:"足下又謂聲音之理,分之爲十七部,合之則十七部無不互通。蓋以三百篇間有歧出之音,故爲此通韻之説以彌縫之。愚竊未敢以爲然也。"⑤"通韻",在《六書音均表》中又叫"古合韻"。錢氏的看法與段氏不同。他從聲紐着眼,凡段認爲是"合韻"者,錢則以"轉音"解之,即所謂"聲轉而韻不與之俱轉"。⑥ 二家之説相左,各有傳人,下面談及朱駿聲時還要説到。

---

① 阮元《十駕齋養新録序》,見錢大昕《十駕齋養新録》,《續修四庫全書》本,1151 册,87 頁。
② 王念孫《説文解字注序》,見段玉裁《説文解字注》,上海古籍出版社,1981 年,1 頁。
③ 《戴震集·六書音均表序》,上海古籍出版社,1980 年,199 頁。
④ 錢大昕《潛研堂集·詩經韻譜敍》,上海古籍出版社,2009 年,386 頁。
⑤ 錢大昕《潛研堂集·與段若膺書》,598 頁。
⑥ 同上。

再説《説文解字注》。《説文解字注》的前身是《説文解字讀》，係長篇性質，也可以説是《説文解字注》的初稿。這個初稿，段氏也曾請錢大昕審讀。據錢氏弟子何元錫編次的《竹汀先生日記鈔》記載："讀段若膺《説文解字讀》第一本，其用心極勤，然亦有自信太過者。"這應該説還是頗中肯的。今人對段注的總評價，大體上也不出此範圍。《説文解字讀》的第一本，當即後來《説文解字注》的第一篇。《説文解字讀》的其他部分錢氏看過没有，《説文解字讀》檃括爲《説文解字注》後錢氏又看過没有，因無明確記載，不得而知。我們知道，段注《説文》，"發軔于乾隆丙申（1776），落成于嘉慶丁卯（1807）"，①歷時三十二年。段玉裁曾説："玉裁僑居姑蘇者十餘年，先生方主講紫陽書院，幸得時時過從請益。"②説是"十餘年"，實爲十六年，即從乾隆五十四年（1789）到嘉慶九年（1804）。説是"時時過從請益"，可知非止上述之一端。但究竟"請益"了哪些東西，又有哪些是關於《説文》的，這就不好説了。爲了窺得此中消息，我試着把錢大昕《潛研堂文集》、《十駕齋養新録》等書中的有關文字拿來與《段注》比較，結果發現：有二人持論一致者，有二人持論相左者。

先説持論一致者。這裏邊又可分爲《説文》通例認識的一致和具體説解上的一致。通例方面的認識一致，主要有四點：一是對於《説文》9 353個正篆字體的認識一致。錢大昕説："《説文》所收九千餘字，古文居其大半。……間有標出古文、籀文者，乃古籀之别體，非古文只有此數字也。"③段玉裁説："小篆因古籀而不變者多。……其有小篆已改古籀，古籀異於小篆者，則以古籀駙小篆之後，曰古文作某，籀文作某。此全書之通例也。"④李慈銘稱錢説曰："此論讀《説文》者不可不知。"⑤王國維稱段説爲"千古卓識"⑥我們説，二人立論的角度略有不同，但異曲同工。這就

① 許慎《説文解字敍》"理而董之"句下段玉裁注，《説文解字注》，784 頁上欄。
② 段玉裁《潛研堂文集序》，《潛研堂集》，2 頁。
③ 錢大昕《潛研堂集·跋汗簡》，470~471 頁。
④ 許慎《説文解字敍》"今敍篆文，合以古籀"句下段玉裁注，《説文解字注》，763 頁下~764 頁上欄。
⑤ 李慈銘《越縵堂讀書記》同治甲子三月十六日。
⑥ 王國維《觀堂集林·今敍篆文合以古籀説》，河北教育出版社，2003 年，157 頁。

解決了《説文》研究中的一個大題目。二是受"右文説"影響,在"同聲多同義"上有共同認識。《段注》中有 68 處"凡從某聲皆(多)有某義"的説法,如"凡農聲字皆訓厚"("濃"下注),"凡從奇之字多訓偏"("齮"下注),等等。無獨有偶,錢氏也有同樣説法。如"凡從贊之字皆相佐義","凡從丑之字皆爲雜",①等等。林尹《訓詁學概要》據此説:"'凡從某聲多有某義'條例的草創,清人中以錢大昕氏最早。"②三是對《説文》中的經文假借認識一致。錢氏在其文集的《説文答問》裏列舉了數百例,説明"今人視爲隱僻之字,大率經典正文"③。如縒即"參差荇菜"之差,溯即"不敢馮河"之馮,等等。細核《段注》有關字的注語,持論也與錢氏基本相同。如《説文》:"溯,無舟渡河也。"段注:"《小雅》傳曰:'徒涉曰馮河。'溯,正字;馮,假借字也。"④四是對二徐不明古音輒改形聲字認識一致。如《説文》:"元,始也。從一,兀聲。"段注:"徐氏鍇云不當有'聲'字。以髡從兀聲、軏從元聲例之,徐説非。"⑤錢氏也有相同看法,見《十駕齋養新録》卷四"二徐私改諧聲字"條:"二徐校勘《説文》,既不審古音之異於今音,而于相近之聲,全然不曉,故於'從某某聲'之語,妄有刊落。然小徐猶疑而未盡改,大徐則毅然去之。今略舉數條言之。元,從一兀,小徐云:'俗本有聲字,人妄加之也。'按元、兀聲相近,髡從兀,或從元。軏,《論語》作'軏',皆可證元爲兀聲。小徐不識古音,轉以爲俗人妄加,大徐並不載此語,則後世何知元之取兀聲乎?"。⑥ 對於這種高度一致該怎樣解釋?持重點説,那是"智者所見略同"。但如考慮到段玉裁"時時過從請益"的話,那麼,説段氏或多或少地得之于錢也不是沒有可能。至於具體字的説解,有明引錢説以爲是者。如《説文》:"頰,顴頰也。"段注:"錢氏大昕曰:'面部之醮,當是正字。《小雅》'或盡瘁事國'。……《左傳》引

---

① 錢大昕《潛研堂集·答問八》,172 頁。
② 林尹《訓詁學概要》,正中書局,1972 年,152 頁。
③ 錢大昕《潛研堂集·答問八》,170 頁。
④ 段玉裁《説文解字注》,555 頁。
⑤ 同上書,1 頁。
⑥ 錢大昕《十駕齋養新録》,135 頁。

《詩》曰：'雖有姬姜，無棄蕉萃。'……《楚辭·漁父》：'顏色憔悴。'……班固《答賓戲》：'朝而榮華，夕而焦瘁。'"①又如"郡"字下注，徵引"錢氏大昕曰"凡 361 字。有明引錢説不以爲然者。如《段注》"兔"下説："錢氏大昕云：'免、兔當是一字，漢人作隸誤分之。'似未然。"②還有兩家不謀而合者。此類頗多，如"奪"、"伶"等字是其例。

至於二人持論相左者，其大端有三。一是對異讀字的古韻問題，段持"合韻"説，錢持"轉音"説。這一點下文還要説，此略。二是對於"讀若"的認識，段氏主"擬音"説，錢氏主"假借"説。這一點下文也要談到。三是"連篆讀"問題，錢大昕創言《説文》有"連篆讀"之例。例如《説文》："參，商星也。"據錢説，應讀爲"參商，星也"。是謂連篆讀。段氏非之，他在"參"下注云："或云此以篆文'參'連'商'句絶，釋爲'星也'。夫苟泛釋爲星，安用'商'字？"③段氏雖隱其名，但"或云"云者，識者一見便知指誰。有理由可以證明，這三點不同，是在錢氏生前經二人磋商過的。

許慎《説文敍》云："博采通人，至於小大。"總括以上所説，我們認爲，對於段氏來説，錢氏可以説是所采通人之一。錢氏死後，段氏以後學的名義爲其文集作序，説出"時時請益"的話，發出"天不憖遺"之嘆，蓋亦紀實之語也。

## 二、錢大昕和朱駿聲的關係

王力先生在《中國語言學史》中説："段氏、桂氏對後來研究《説文》的人影響很大。朱駿聲受段氏的影響較多。"④筆者認爲，朱駿聲受到段氏的影響是毫無疑問的，但説到"較多"則應歸於錢大昕。

衆所周知，錢大昕是朱駿聲的老師。作爲老師，錢大昕對朱書有什麽

---

① 段玉裁《説文解字注》，421 頁。
② 同上書，473 頁。
③ 同上書，313 頁。
④ 王力《中國語言學史》，山西人民出版社，1981 年，122 頁。

樣的影響呢？朱鏡蓉《説文通訓定聲後序》説："先生（按：謂朱駿聲）稟承家學，穎悟過人。嘉慶辛酉（按：六年，1801），年十四，冠郡試。壬戌（按：嘉慶七年），補博士弟子。嘉定錢竹汀宮詹重遊泮宮，一見奇其才，曰：'吾衣鉢之傳，將在子矣！'引之几席，語必以上，期於通才大儒。先生每以生晚不獲久侍爲憾，然淵源所自，實已取之左右而皆逢。"①這幾句話已經説得夠清楚了，再加解釋似乎成了多餘。朱鏡蓉其人，不但是朱駿聲的學生，而且也是《説文通訓定聲》一書自始至終的參訂者，所以他講的話是值得重視的。此外，我們從朱氏書的"博采通人"中也可以得到證明。朱書對當代通人成説的采用，一般是直呼其名。如稱"段氏玉裁云"，"王氏引之曰"，等等，惟獨徵引錢大昕説則稱"錢宮詹云"、"錢辛楣師云"、"錢竹汀師曰"。或稱以官，或稱以號，並明標"師"字。大家知道，許慎的"博采通人"，一般也是直呼其名，惟獨對賈逵則稱"賈侍中説"。賈逵是許慎的老師，許慎這樣稱呼，不只是表示尊敬，也是表示淵源所自。賈逵對許慎的影響，如許沖所説："慎博問通人，考之於逵，作《説文解字》。"影響之大，是其他通人無法比擬的。以許例朱，錢大昕正是處於"考之於逵"的地位，而段氏則是通人之一而已。

下面我們來具體談一下這個問題。朱書包括三個部分：一是"説文"，意在闡釋字的本義；二是"通訓"，意在闡釋字的引申義和假借義；三是"定聲"，意在説明字的古韻。我們就先從這三個方面試作探討。

首先，"説文"方面。在這方面，因爲朱氏既有取錢説者，亦有取段説者，所以此類例子無助於我們要探討的問題，故略。須要指出的是，朱氏在説明字義時，往往有撮引錢説而不名的情況。我們認爲，既是師生關係，而且只是撮引其意，這樣做無傷大雅，非爲掠美。朱鏡蓉所説的"淵源所自，實已取之左右而皆逢"，這類情況倒適可作其注腳。在字音方面，朱書《凡例》説："古人音讀，只爲譬況之語。"據此，他删去了每字下面後人所加的反切（部首字下不删）。《説文》的"讀若"、"讀與某同"正是譬況

---

① 朱駿聲《説文通訓定聲》，《中華漢語工具書書庫》第 33 册，安徽教育出版社，2002年，332~333 頁。

注音。對此,錢、段兩家持論各異。這首先表現在對"讀若"的作用的認識不同。錢氏認爲:"許氏書所云讀若,云讀與同,皆古書假借之例,假其音並假其義。"①段氏則認爲:"凡言讀若者,皆擬其音也。"②例如《説文》:"喦,多言也。讀與聶同。"錢氏認爲是借"聶"爲"喦",而段氏則認爲僅僅音同而已。其次表現在對某些讀若字的審音方面,錢氏從聲紐着眼,認爲是"轉聲";而段氏則多從韻部着眼,認爲是"合韻"。例如《説文》:"昕,且明也。從日,斤聲,讀若希。"錢氏認爲"希"是"昕"的轉聲。所謂"轉聲",即雙聲,即一聲之轉。所以他得出"《説文》讀若之字或取轉聲"的結論。③而段氏則認爲這是合韻,所以他在"昕"字下説:"斤聲而讀若希者,文、微二韻之合。"④錢、段兩家持論不同若此,那麽朱駿聲是取那家之説呢? 我們認爲是取錢氏之説。例如上舉"喦"字,朱書就認爲是"假借作聶";上舉"昕"字,朱書就説:"讀若希。昕、希一聲之轉。"

其次,"通訓"方面。朱書的通訓部分有四點内容:轉注、假借、聲訓和别義。錢氏對朱書的影響主要表現在假借和聲訓上。先説假借。假借的基本原理是聲近義通。在乾嘉學者中,同樣是講聲近義通,但各有側重,含義不盡相同。段氏講聲近義通,重在辨韻。所以他説:"假借異義同字,其源皆在音韻。"⑤又説:"假借必取諸同部。"⑥而錢氏講的聲近義通重在審紐。所以他説:"毛公釋《詩》,……多用雙聲取義,……或兼取同位相近之聲。……古人詁訓之學,通乎聲音,聲音之變無窮,要自有條不紊。唐以後儒家罕聞其義,而支離穿鑿之解滋繁矣。"⑦又説:"軒、昕雙聲,漢儒所謂聲相近也。古書聲相近之字,即可假借通用。"⑧可以看出二家持論之不同。在這方面朱氏是接受了誰的觀點呢? 我們認爲是接受了錢氏

① 錢大昕《潛研堂集》,46 頁。
② 見段玉裁《説文解字注》,6 頁。
③ 錢大昕《十駕齋養新録》卷四,134 頁。
④ 段玉裁《説文解字注》,302 頁。
⑤ 同上書,833 頁。
⑥ 同上書,817 頁。
⑦ 錢大昕《潛研堂集・詩經答問》,81 頁。
⑧ 錢大昕《十駕齋養新録》卷五《沈休文不識雙聲》,150 頁。

的觀點,無論是理論上或者實踐上。朱氏在其書的《自序》中説:"假借之理,疊韻易知,雙聲難知。"這可以看作是對上引錢説的呼應。實際上錢氏早已明白無誤地説過:"疊韻易知,雙聲難知。"[①]他們的表述如此相似,這就不難看出朱氏淵源所自。由於"疊韻易知",所以朱氏在處理疊韻假借時,就只限於指出其假借關係,不再附加任何説明。由於"雙聲難知",所以他在處理雙聲假借時就不僅是只指出其假借關係,而且還要説明道理。例如"風"借爲"放",他説"風、放雙聲";"利"借爲"賴",他説"利、賴一聲之轉";"堪"借爲"坎",他説"堪、坎聲近"。所謂一聲之轉,所謂聲近,都是雙聲的不同説法。這裏舉一個明引錢説的例子。朱書"庸"字下説:"錢辛楣師謂借爲'閶',以《左傳》'閶職',《史記》作'庸'證之。按閶、庸雙聲字。"此外,尚有暗引師説者。如朱書認爲"後"可以借爲"項",理由是"後、項雙聲"。實際上這是吸收了錢氏的説法。錢説見《聲類》卷三。次説"聲訓"。朱氏在《凡例》中説:"訓詁之旨,與聲音同條共貫。……射言繹,或言舍,《禮經》著其文;刑爲侀,即爲成,《王制》明其義。……孟堅《通德》,成國《釋名》,此其旨也。故凡經傳及古注之以聲爲訓者,必詳列各字之下,標曰聲訓。"我們要問,朱氏何以如此重視聲訓而特爲設置一目?這有其遠因,也有其近因。就遠因來説,聲訓肇于先秦,盛於兩漢,此後不絶如縷。到了清代,聲訓之學大振,留心此道者甚多。這些都可能對朱氏產生影響。就近因來説,恐怕還是和錢氏直接相關。錢氏在聲紐研究上的卓見灼識,衆所周知,不煩贅言。此外,錢氏還手輯《聲類》四卷,不啻爲朱氏示範曉諭這一訓詁方法的重要。因爲《聲類》正是搜集古書中聲訓之例的專書,所以我們甚至可以説,《聲類》已經爲朱氏作了導夫先路的工作。關於這一點,如果我們試把《聲類》與朱書的聲訓細細核比,不難看出其相承相通關係。這裏就不再舉例了。

最後,"定聲"方面。朱氏在《凡例》中説:"古韻亦有方國時代之不同,輒或出入。如一'東'字也,音轉如'當',則叶壯部矣;音轉如'丁',則

---

① 錢大昕《潛研堂集·音韻答問》,242 頁。

叶鼎部矣。……即所謂雙聲。然其本音自有一定,今命之曰轉音。"這個觀點,不折不扣地來自錢氏。錢氏説:"古人亦有一字而異讀者。文字偏旁相諧謂之正音,語言清濁相近謂之轉音。音之正有定,而音之轉無方。"①錢氏的"轉音"有兩種情況,一是"以聲轉者",一是"以義轉者"。前者又叫"雙聲假借",後者又叫"聲隨義轉"。雙聲假借的例子,如"'臨'與'隆'相近,故《雲漢》詩以'臨'與'躬'韻"。② 所謂"相近",指聲相近,有雙聲關係,故可假借爲韻。聲隨義轉的例子,如"《瞻卬》之'無不克鞏',訓鞏爲固,即從固音。"③這兩種轉音都爲朱氏所接受。例如,朱氏在"臨"字的"轉音"一目中説:"《詩·雲漢》叶蟲、弓、宗、臨、躬。按:讀如隆也。"在"鞏"字的"轉音"一目下説:"《詩·瞻卬》叶鞏、後。按:讀如垢也。"

與錢大昕的"轉音"説相對立,段氏提出了"古合韻"説。段氏在《六書音均表》中説:"其于古本音齟齬不合者,古合韻也。合韻之通變,如唐宋詩用通韻。"如"臨"字,按段氏《六書音均表》,古本音在第七部。但因爲在《雲漢》詩中又與蟲、弓、宗、躬爲韻,這就與古本音齟齬不合,所以就歸入第九部。這歸入第九部的"臨"字就是古合韻。錢氏不以段氏"古合韻"爲然,上文已經説過。錢、段兩家的異同,朱氏又是一清二楚的。朱氏舍古合韻説而取轉音説,表明他是認可和繼承錢説的。

朱氏在《凡例》中又説:"古人用韻,間有在句中者。"例如《詩·唐風·有杕之杜》:"中心好之,曷飲食之。"他説"心、飲爲韻"。又如《論語·公冶長》:"朽木不可雕也,糞土之牆不可杇也。"他説"朽叶雕,土叶杇。"試比較錢氏所説:"《詩》三百篇,往往句中有韻,韻不必在句尾也。《大雅》:'文王曰咨,咨女殷商。'二句似無韻,而'王'與'商'、'文'與'殷'皆韻,此韻不在句尾之證也。"④朱書的"定聲"部分有兩目,一是"古韻",一是"轉音"。轉音已如上述,而古韻一目就接受了錢氏的這個觀

---

① 錢大昕《潛研堂集·音韻答問》,234 頁。
② 同上。
③ 錢大昕《潛研堂集·音韻答問》,239 頁。
④ 錢大昕《十駕齋養新錄》卷一六《詩句中有韻》,297 頁。

點。例如,他在"王"字下説:"《詩·蕩》叶王、商。句中韻。"

以上是就朱書的三個組成部分來説的。下面我們想試説一下朱書框架的由來。朱書的框架是"以聲爲經,以形爲緯"。[①] 他打破《説文》540部的據形系聯形式,以古韻十八部統1 137個聲母,每一聲母下統若干字。説者以爲朱氏受段氏影響較多,推尋其理由,大約是由於段氏定古音爲十七部,並且明確指出"諧聲者必同部",[②]這就爲朱書框架的成立奠定了理論基礎。我們認爲,段氏的古音十七部對朱氏的"比之爲十八部"肯定是有影響的,這没有疑問,但是我們不要忘記,對段氏的古音十七部第一個作出高度評價的正是錢大昕。錢氏在爲段書《六書音均表》作序中説:"定古音爲十七部,若網在綱,有條不紊,窮文字之源流,辨聲音之正變,洵有功于古學者已。"[③]因此我們有理由説,朱駿聲雖然參考了段氏的古音分部,但那是得到其師錢大昕認可的。至於"諧聲者必同部"的理論,我們也並不排除它對朱氏"離之爲一千一百三十七母"可能産生的影響。但是我們同樣不要忘記,錢氏也有類似的説法:"《説文》九千三百五十三文,形聲相從者十有其九。或取同部之聲,今人所云疊韻也。"[④]這個説法確實不如"諧聲者必同部"一語那樣概括和明確,但其中卻含有同樣的道理。再説,錢大昕之弟錢大昭在《説文統釋》中即已采取捨形取聲的作法,叫作"從母以明孳乳。如完、刓、髡、軏、忨、沅、芫、黿、頑、阮、翫、冠等字,皆於'元'下注云'從此',若子之隨母,以明孳乳之本"。[⑤] 朱氏的作法和錢大昭完全一樣。大昭小於大昕二十歲,大昭"事兄如嚴師,得公(按:指錢大昕)指授,著作等身",由此看來,"諧聲音必同部"雖爲段氏提出,但並非一家獨得之學,我們又安知朱氏不是或直接、或間接地得之錢氏呢!

綜上所述,我們認爲朱氏受錢氏影響較多,換句話説,對於朱氏來説,錢氏處於賈逵那樣的地位。《清儒學案》列朱駿聲於"潛研弟子"是很有

---

① 朱駿聲《説文通訓定聲》,《續修四庫全書》本,220册,92頁。
② 段玉裁《説文解字注》,818頁。
③ 同上書,804頁。
④ 錢大昕《十駕齋養新録》卷二《二徐私改諧聲字》,135頁。
⑤ 轉引自胡樸安《中國文字學史》,397頁。

道理的。

　　筆者認爲,辨明學術源流,有助於我們正確無誤地理解有關著作。舉例來説,朱氏《説文通訓定聲》"堪"字下説:"假借爲坎。堪、坎聲近。"王力先生解釋説:"'堪'屬於古音臨部,'坎'屬古音謙部,鄰韻相通,所以朱氏加一句説:堪、坎聲近(其實堪、坎也是雙聲)。"①實際上,王力先生誤會了朱書"聲近"的含義。朱書的所謂"聲近",正是雙聲和一聲之轉的同義語。鄰韻相通是段玉裁的觀點,朱氏並没有接受段氏的這個觀點,而是接受了錢氏的雙聲假借的觀點。關於這一點,上文已經談到,這裏再引錢氏的一段話爲證:"古書一字可兼數音,未聞彼韻可合此韻。漢儒云某與某聲相近,特就一字之聲言之,即六朝所謂雙聲也。雙聲與疊韻判然不同,奈何因一兩字聲偶相近,輒欲并其韻而通之乎!"②

　　最後説明兩點。一是本文的目的只在於辨明學術源流,不在於辨明學術是非。是非的問題當作別論。二是本文在論證過程中説朱氏接受錢氏的某一觀點,在結論中説錢氏處於賈逵那樣的地位,這都是從總體的意義上説的。至於朱氏在某些問題上或有所修正,或有所補充,甚至完全背離師説,那是情理中事。既有所宗,又兼收並蓄,方見大家本色。

　　(原載《河南師範大學學報》1989 年第 3 期,轉載於人大報刊複印資料(語言文字)1989 年第 9 期。此次發表時有修訂)

---

① 王力《中國語言學史》,127 頁。
② 錢大昕《潛研堂集·答嚴久能書》,647 頁。

# "學識何如觀點書"辨

　　呂叔湘先生在《整理古籍的第一關》中説:"整理古籍的第一關是標點。標點大體上相當於從前人説的句讀。句讀這件事,古人是很重視的。唐人李濟翁在《資暇集》裏説:'學識何如觀點書。'清人顧亭林在《日知錄》裏説:'句讀之不通,而欲從事於九丘之書,真可謂千載笑端矣。'"①顯然,呂先生是把這裏的"點書"一詞理解成句讀或標點的同義語了。和呂先生持同樣理解的人很不少,例如,管敏義先生在《怎樣標點古書》一書的前言中説:"標點古書是檢驗閲讀古書能力的試金石。唐代學者李濟翁説過:'學識何如觀點書。'"彭鐸先生還曾以"學識何如觀點書"一句爲題著文來論述古書的標點問題。②

　　"點書"是可以作斷句講的。如《世説新語·文學》:"郭象見(向)秀義不傳於世,遂竊以爲己注,乃自注《秋水》《至樂》二篇,又易《馬蹄》一篇,其餘衆篇或定點文句而已。"黃侃先生在給陸宗達先生的一封信中説:"侃所點書,句讀頗有誤處,望隨時改正。"這是現代的例子。但是李濟翁的這句話根本不是談句讀的。讓我把《資暇集》中含有這句話的整條文字移録如下:

①　國務院古籍整理出版規劃小組編《古籍點校疑誤彙編》,30頁。
②　同上書,336頁。

稷下有諺曰:“學識何如觀點書。”書之難,不唯句度義理,兼在知字之正音借音。若某字,以朱發平聲,即爲其字,發上聲變爲某字,去入又改爲某字。轉平上去入易耳,知合發不發爲難。不可盡條舉之,今略推一隅,至如亡字、無字、毋字,並是正音,非借音也。今見點書,每遇亡有字,必以朱發平聲,其遇毋有亦然,是不知亡字、無字、毋字、母字,點畫各有區分。亡有字之亡,從一點一畫一乚,觀篆文當知矣。是以亡字正體,作凵失之凵,乚中有人。毋有字其畫盡通也,父母字中有兩點。劉伯莊《音義》云“凡非父母字之母,皆呼爲無字”是也。義見字書。其无旡(上无下旡),今多混書,陸德明已有論矣,學者幸以三隅反焉,可不起予乎![①]

通讀此條全文,不難知道李氏用意所在。首先,此段文字開頭即以“字辨”二字標目,其中心意思已大略可知。細審李氏全文,可知李氏之所辨,一辨字音,二辨字形,而重點在辨字音,因爲辨字形的目的仍在於辨字音。怎樣辨別字音? 答案是學者要知道一個字的“正音借音”。李氏所說的正音,指如字,即該字的正常讀音。他所說的借音,指變讀,即該字的另外讀音。怎樣標出該字的應讀聲調呢? 這就是李氏說的“若某字,以朱發平聲即爲其字,發上聲變爲某字,去入又改爲某字。”這就叫做“點書”。不過他說得不夠明白。唐人張守節《史記正義·發字例》說:“字或數音,觀義點發,皆依平上去入。若發平聲,每從寅起。”[②]清人錢大昕在《十駕齋養新錄》卷五《四聲圈點》進一步解釋道:“寅、申、巳、亥,當四維之位。平起寅,則上在巳,去在申,入在亥也。”[③]話說到這裏,算是比較清楚了,但還是不如周祖謨先生說的淺顯明白。周先生在《四聲別義釋例》中說:“凡點書,遇一字數音,隨聲分義者,皆以朱筆點發,以表其字宜讀某聲。若發平聲,則自左下始,上則左上,去則右上,入則右下。”[④]漢字是方塊

---

① 李匡乂《資暇集》卷上《字辨》。引文據影印文淵閣四庫全書本,《叢書集成初編》本有誤字誤讀,庫本似亦有誤。
② 《史記》,中華書局,2013年,第10册,4034頁。
③ 錢大昕《十駕齋養新錄》,《續修四庫全書》本,1151册,148頁。
④ 周祖謨《問學集》,中華書局,1966年,91頁。

字,每字有四角,如果用一個方框表示漢字從而畫個點書示意圖的話,那就是:

```
上 ●                    ● 去
   ┌──────────────┐
   │ 巳          申 │
   │               │
   │               │
   │               │
   │ 寅          亥 │
   └──────────────┘
平     ● 寅      亥 ●
                      ● 入
```

試以《論語》中的"惡"字爲例。"貧與賤,是人之所惡也,不以其道,得之不去也。君子去仁,惡乎成名",其中的第一個"惡"字是動詞,讀去聲,就點作惡•;第二個"惡"字是疑問代詞,讀平聲,就點作•惡。至於"君子成人之美,不成人之惡"的"惡"字是名詞,讀入聲,就點作惡•。按照唐人點書的通常做法,對於須要四聲別義的字並非每個聲調都要點發(即標出),而是只點發借音,不點正音,這就是張守節說的"如字初音者皆爲正字,不須點發"。正因爲如此,李濟翁批評了"今見點書,每遇亡有字,必以朱發平聲,其遇毋有亦然"的作法,認爲是多此一舉。因爲在他看來,"亡"字、"毋"字作"無"講時的讀音,"是正音,非借音也"。正音則不須點發。該不該點,點得對不對,在李濟翁看來,這不是一件容易的事,所以他說"轉平上去入易耳,知合發不發爲難"。換句話說就是,在字的四角加點是容易的,區別正音借音,決定加點不加點,是難的。正是在這個意義上他說:"學識何如觀點書。"

李濟翁在此條的後半部分講了一些辨析字形的話,他說:"亡字、無字、毋字、母字,點畫各有區分。"雖然個別字的具體說解不妥,如說"亾有字之亾,從一點一畫一乚",這顯然是根據隸書、楷書而言,篆文並非如此。但這也無妨我們理解他的用意所在。他辨析字形的用意何在呢?我認爲還是爲點書而發。因爲當時有些人寫字的時候字體不正,或者說寫不規範的字,這樣一來,就使一些本來點畫分明,音義易辨的字,也不得不使用點書的手段來區分字音字義。這實在是庸人自擾,無謂之舉。這種現象,不但李濟翁生活的時代有,就是初唐陸德明生活的時代也有。例如《經典釋文》爲《禮記‧曲禮》"毋不敬"的"毋"字注音時説:"音無。《説文》云:'止之詞。'其字從女,内有一畫,象有奸之形。禁止之,勿令奸。古人云'毋',猶今人言'莫'也。案:毋字與父母字不同,俗本多亂,讀者皆朱點'母'字以作'無'音,非也。"①把"毋"寫成"母",就因爲字體不正,原本不須點發的也要點發,這不是無端添了麻煩嗎?宋人岳珂在《九經三傳沿革例‧音釋》裹對此提出批評説:"有點畫微不同而音義甚易辯者。如母字,牡後反,中從兩點,與從一直者不同。毋字,音無,中從一直下,與從兩點者不同。本不必音,而間亦音矣。"②由以上可知,李氏的辨字形,目的仍在於辯字音。因爲字形的正與不正,也直接影響到點書"合發不發"。

"學識何如觀點書",這句話是有道理的。岳珂《九經三傳沿革例‧音釋》裹有不少批評《經典釋文》注音失誤的例子,此不贅。這裹另外舉兩個例子作爲佐證。一例見於《梁書‧王筠傳》:"(沈)約制《郊居賦》,構思積時,猶未都畢,乃要筠示其草。筠讀至'雌霓五激反連蜷',約撫掌歡抃曰:'僕嘗恐人呼爲霓五雞反。'"顧炎武説:"蓋謂字讀入聲恐人呼爲平聲也。"③這個例子雖然只是一個協調宫商的問題,但要在書面上反映出來,還是須要點書的手段的。一例見宋人曾肇《曲阜集》卷三《贈司空蘇公墓誌銘》:"元豐中,進士唱名於集英殿。有暨陶者,主司呼以去聲,三呼不應。公進曰:'當以入聲呼之。'果出應。上問何以知之,公對三國時吳有暨豔,造營府之論,恐爲其後。問陶鄉里,乃崇安人。上喜曰:'果吳人也。'"④按《廣韻》,"暨"字有去入兩讀。讀去聲之暨,訓"及也,至也,與也";讀入聲之暨,訓"姓也"。聲調不同,意義有别。在"暨"字因聲别義這個問題上,主司的學識如何,蘇司空的學識如何,讀者不難做出判斷。蘇司空,即蘇頌,《宋史》本傳説他"經史九流百家之説,無所不通"。

① 陸德明《經典釋文》,上海古籍出版社,1985 年,635 頁。
② 《九經三傳沿革例》,影印文淵閣四庫全書本,183 册,565 頁。
③ 顧炎武《唐韻正》,影印文淵閣四庫全書本,241 册,446 頁。
④ 曾肇《曲阜集》卷三,影印文淵閣四庫全書本,1101 册,383 頁。

　　總括以上所説,可知李濟翁的所謂"點書",其含義是在一個字的某個角上用紅筆加個點,以表示該字的正確聲讀。這是一種標音手段,和"句讀"是不相干的兩碼事。所謂"學識何如觀點書",大意是説,一個人的學識如何,只要看看他怎樣給須要四聲別義的字標音就知道了。

　　最後,還有一點須要説明,就是唐人點書和宋人點書不同。其不同處有二。一是叫法不一樣。唐人叫點發,叫點書,那是因爲在字的四角上加點以標音。宋人則叫圈發(例見下),因爲宋人是在字的角上加圈。以圈代點,更爲醒目。"學識何如觀點書",這句話如由宋人來説,應是"學識何如觀圈發"。二是唐人點書,只點借音,不點正音。而宋人則正音、借音都點。岳珂説:"音有平上去入之殊,則隨意圈發。"又説:"如'先''後'二字,指在先在後之定體,則'先'平聲,'後'上聲;若當後而先之,當先而後之,則皆去聲。又如'左''右'二字,指定體而言,則'左''右'皆上聲;指其用者而言,則皆去聲。亦已隨意圈發。"(同上引書)所謂定體,指字的本音本義。

　　[附記]　早些時在傅璇琮同志處看到這篇文稿,很高興有人指出我引書不加審核,因而誤解文義。當初我確是看見別人文章裏引用《資暇集》和《日知録》,没有去核對原書就引用了。這種粗疏的學風應該得到糾正。作者在這篇文章裏不但指出我和管、彭二位的失誤,也給讀者提供有關唐、宋以來的"點發""圈發"的知識。徵得作者同意,我把這篇文章推薦給《中國語文》發表,並對作者表示感謝。　1989 年 2 月 1 日　呂叔湘　附記。

　　　　　　　　　　　　　　　　　　(原載《中國語文》1989 年第 4 期)

　　呂按:本文有兩個重大缺點。第一個重大缺點,本文中不止一次出現"宋人岳珂《九經三傳沿革例》"的説法。今按:此説誤。《九經三傳沿革例》的作者不是宋人岳珂,而是元人荆溪岳浚。詳張政烺先生《讀〈相臺書塾刊正九經三傳沿革例〉》,見《張政烺文史論集》,

中華書局 2004 年 4 月第一版。第二個重大缺點，本文說“點書是一種標音手段，和句讀是不相干的兩碼事”，也同樣犯了以偏概全的毛病。《古漢語研究》1992 年第 2 期發表了任遠先生《“點書”辨》一文，《古漢語研究》2011 年第 1 期又發表了李慧玲《“學識何如觀點書”續辨——介紹兩個“點書”標本》一文，分別對本文的偏頗之處提出批評，友仁表示感謝。竊以爲，後來居上，李慧玲《續辨》一文對“點書”的定義表述得全面、準確：“筆者認爲，李匡乂所説的‘點書’包括兩項内容：一是通過圈點來表示句讀，二是通過圈點來表示借音（即“如字”以外的其他讀音）。換言之，只有包括這兩項内容的才叫‘點書’；缺少其中的任何一項都不得冒‘點書’之名。”不獨此也，李慧玲《續辨》還附有兩頁古人點書的影印件：一件取自《論語集解》的元相臺岳氏荆溪家塾刻本，一件取自上海古籍出版社 1983 年出版的《黄侃手批白文十三經》，直觀效果甚佳，值得一看。吕友仁，2016 年 12 月 18 日。

# 論名字相應及其在
# 訓詁學中的應用

　　"名字"一詞,古今含義不盡相同。因爲今天的人大都有名無字,所以
"名字"一詞,實際上只是指的"名",成了偏義複詞了。古人則多有名有
字,二者都可以作爲稱呼,只不過各有各的用場。根據文獻記載和考古發
現,本文所説的名字從周代開始。

　　《禮記·檀弓上》:"幼名,冠字,周道也。"①所謂"幼名"是説幼兒出
生不久,由家長爲幼兒取名,以便稱呼;所謂"冠字",是説男子長到二十
歲,要舉行表示成人的冠禮。在舉行冠禮時,由父兄的朋友爲之取字。從
此人們就應稱之以字,不得再稱之以名。這就是周代的稱呼之道。《檀
弓》這句話只是説的男子,其實女子也有名有字。《禮記·曲禮上》:"女
子許嫁,笄而字。"②笄,笄禮,這是女子的成人禮,一般在十五歲時舉行。
由於重男輕女的原因,周代婦女的名字極少留傳下來。周代以後,人們大
體上仍然遵守着"幼名,冠字"的規矩。對於名字在使用上的分工,吕叔湘
先生曾作過風趣的解釋:"因爲名要諱,所以名之外有字。名是正牌貨色,
不好隨便動用;字是副牌,用來方便流通。正好像真古董不拿出去展覽,

---

① 孔穎達《禮記正義》,上海古籍出版社,2008 年,296 頁。
② 同上書,69 頁。

用複製品代替。"①

名字相應是指名與字在意義上的相互關係。最早道出這種關係的是
《白虎通》。《白虎通‧姓名》説:"或旁其名爲之字者,聞名即知其字,聞
字即知其名。若名賜字子貢,名鯉字伯魚。"②按:旁,音 bàng,依附也。
"旁其名爲之字",也就是司馬光所説的:"字必附名而爲義焉。"②因爲字
是據名而取,二者自然在意義上就有聯繫。由於有了這種聯繫,人們才可
能聞名而知字,聞字而知名。不過,這裏所説的"知",我們不可拘泥於字
面去理解。一般來説,知者知其基本含義也,並非真能知其具體的名或
字。拿《白虎通》舉的兩個例子來説,第一例,孔子的弟子端木賜字子貢,
但漢代的楊賜卻字伯獻,他們名同字不同。不過"貢"也好,"獻"也罷,二
字都是"賜"的同義詞,其基本含義一樣。第二例,孔子的兒子名鯉字伯魚,
但春秋晉的羊舌鮒也字叔魚,他們字同名不同。不過,"鯉"也好,"鮒"也
罷,歸總來説都是"魚",其基本含義也一樣。後來,顏之推把名字相應的
這種關係概括爲八個字:"名以正體,字以表德。"③所謂"正體",就是確定
內涵;所謂"表德",就是展示外延。換言之,字是用來表示取名用意的。

名和字在某一具體人的名字中雖然是以專有名詞的面貌出現的,但
他們並沒有失去作爲普通名詞的固有含義,因此,名字相應就有可能作爲
一種獨特的訓詁手段而廣泛地進入訓詁領域。事實上,漢代的學者已經
開始行之有效地利用它來解決訓詁問題了。在這方面許慎無愧於先行者
的稱號,他的《説文解字》是最早應用此法的傑作。例如:

　　(1)施,旗貌。從㫃,也聲。齊欒施字子旗,知施者旗也。

　　(2)黬,雖皙而黑也。從黑,箴聲,古人名黬字皙。

　　(3)㫃,旌旗之遊㫃蹇之貌。讀若偃。古人名㫃字子遊。

例(1)是根據名字相應以求得字義之例。如果沒有欒施的名字爲證,
許慎很可能就無法知道"施"的本義。由此可見,在某種特殊情況下,名字

---

①　呂叔湘《語言作爲一種社會現象》,載《讀書》1980 年第 4 期。
②　陳立《白虎通疏證》,中華書局,1994 年,411 頁。
③　王利器《顏氏家訓集解》(增補本),中華書局,1993 年,92 頁。

相應很有可能成爲解決問題的唯一手段。例(2)是根據名字相應以證明字義之例。據《説文》各家注,知古人名驪字皙者甚多。《論語》中的曾點字皙。"點"是驪的通假字。"點"訓黑,"皙"訓白,二者是反義詞。例(3)不僅是以名字相應證字義,而且告訴我們:古人名字中有假借。這後一點尤其重要。《説文》的"讀若"往往表示假借。這裏的"讀若偃",王筠就注解説:"關(按:告訴也)經典借偃爲𠃑也。"孔子的弟子言偃字子遊,是其例。

王引之《春秋名字解詁序》説:"名之於字,義相比附,故叔重《説文》屢引古人名字發明古訓。"①這話是對的,但還不夠。爲什麼?因爲許慎不僅利用名字相應"發明古訓",而且大輅椎輪,示人規矩。換言之,名字相應中的一些基本規律,許慎已經通過實際例子告訴我們了。例(1)告訴我們,有的名字是同義詞;例(2)告訴我們有的名字是反義詞;例(3)告訴我們有的名字有假借。這三條規律可以説是名字相應中的三條大例,後人受此啓發,那是顯而易見的。在這個意義上我們説許慎是名字訓詁學的奠基人。

名字相應的關係是複雜的。許慎揭示出的三條大例很重要,但那並不是全部。要使名字訓詁學完全建立在科學的基礎上,那就必須像許慎那樣更深入地進行探索。遺憾的是,衆多的學者似乎只是忙碌於用名字相應來解決具體問題,而對於理論方面的探索則很少考慮。在這種情況下,北宋劉敞的幾句話就顯得有獨到之處了。他説:"後人因名配字,以義類相符。故有因義以配物,有因物以配義,有因名之文損益藏顯而字乃反之,有因名之物遂以其實配之。是以因義以配物,如耕之與伯牛,由之于子路。因物以配義,如赤之于子華,師之于子張。字反名,如商之于子夏,偃之于子遊。物配實,如張之於子長,予之於宰我。是其意也。"②劉氏是第一個提出爲名字相應關係分類的人。他把這種關係分爲四類,即:(1)因義以配物,(2)因物以配義,(3)字反名,(4)物配實。實際上(1)(2)可以合併,這就是王引之後來所説的"指實",只不過個別例子欠妥。(3)就

---

① 王引之《經義述聞·春秋名字解詁序》,《清經解》第6册,上海書店,1988年,967頁。
② 劉敞《公是集》卷三四《鄭野甫字序》,影印文淵閣四庫全書本,1095册,697頁。

是王引之所説的"對文"。"字反名"的原因是爲了"損益藏顯"。"損益藏顯"四個字可謂點破了古人名字與中庸之道的密切關係。（4）就是王引之所説的"同訓"。由此可見，劉敞在分類探索上邁進了一步。

清代小學發達，名字訓詁學也隨之進入一個新的階段。王引之的《春秋名字解詁》是標誌新階段開始的里程碑之作。《解詁》二卷，共 297 條，解釋名字 328 個。[①] 其中有 30 個名字不是《春秋》名字，書中用"附"字作爲標誌。還有一些春秋人名字未釋，王氏也有交代："難曉者悉從闕疑。"[②]王氏的成就是巨大的，他不僅解釋了許多具體的名字，而且提出了"五體六例"的系統理論，這後一點尤其重要，因爲它具有普遍的指導意義。"五體六例"，其中既有繼承，也有創新。所謂"五體"是指名字相應的五種類型。所謂"六例"，是指古人名字之所以難解的六種障礙。二者構成了名字訓詁學的基本理論。下面我們試作簡要説明。

先説"五體"。一曰"同訓"，就是名與字是同義詞。此類極多，毋庸舉例。二曰"對文"，就是劉敞所説的"字反名"。鄭公孫黑字子晳，晳訓白，與黑義相反，是其例。三曰"連類"就是名與字是連類而及的關係。[③]如楚公子側字子反，因《尚書·洪範》有"無反無側"句，所以名側而字反。這種類型實際上是説，有的名字是取自古書中的成語。這種情況後世相當多見，如宋胡三省字身之，就是取義於《論語》"吾日三省吾身"句。[⑥]四曰"指實"，就是説名字關係反映了當時社會的某種實際情況。如鄭然丹字子革，因古者用革，多以丹染之，故名丹字革，楊樹達先生評價王氏此點説："因名字之微推明古人之制度，尤爲精絶。"[④]這就是説，名字相應也爲考史提供了一條門徑。五曰"辨物"就是名與字都是以實物爲名，但其概

---

① 王引之《春秋名字解詁》二卷，在其《經義述聞》之二二、二三兩卷中。

② 見《經義述聞》卷二三，《續修四庫全書》本，175 册，151 頁。

③ "連類"的含義是什麼？周祖謨先生説："指意思相類。如《史記·仲尼弟子列傳》魯南宮括字子容，括就是包容的意思；又魯原憲字子思，憲就有思的意思。"（見《中國大百科全書·語言文字卷》，37 頁）胡奇光同志則説："如楚公子側字子反，《尚書·洪範》有'無反無側'句，因連類而及。"（見《中國小學史》，307 頁）二説不同。我們認爲，照周先生的解釋，則"連類"將與"同訓"無別，故未從。我們認爲胡奇光同志的解釋比較通達，我們的解釋就是在胡氏説基礎上的進一步推演。

④ 楊樹達《積微居小學金石論叢》（增訂本）卷五《讀春秋名字解詁書後》。

念有大小之別。魯孔鯉字伯魚,是其例。

　　再説"六例"。一曰"通作",就是要明假借。如項籍字羽,必知"籍"乃"䧿"之借字,然後才能看出其名字是何種相應關係。"通作"是六例中最重要的一條,王引之强調説:"古人名字多假借,必讀本字而其義始明。"①二曰"辨訛",就是要識別誤字。如孔子弟子顔高字子驕。"高"是"克"的訛字,隸書形近致誤。克,好勝人也,與"驕"意近。當然,要判斷是否字誤,還要有旁證。三曰"合聲",就是要先找出兩個字的合聲字。如楚鬬成然字子旗。成然,旃也。疾言之爲旃,徐言之爲成然。四曰"轉語",就是要我們注意有的名字有雙聲關係,如公子結字子綦,王引之説:"綦、結雙聲,其義相近。"五曰"發聲"。就是提醒人們:名字中的發聲詞無義。如魯公山不狃字子泄。不狃,狃也。"不"是發聲詞,無義。除發聲詞無義外,我們覺得還有一種情況值得注意。有一些字雖然有義,但與名字相應與否無關。如"伯""孟""仲""叔""季"等字,它們只是表示排行。孔鯉字伯魚,表示他是老大。孔丘字仲尼,表示他是老二。曹操字孟德,表示他是庶出老大。叔、季則是表示老三、老么。還有"子""父""母"等字,也與名字相應與否無關。王國維説:"男女既冠笄,有爲父母之道,故以某父某母字之也。"②父又通作"甫",這種情況古人叫做"以美稱配成其字"。六曰"並稱"。就是提醒人們注意古人名字並稱之例:"古人連言名字者,皆先字後名。"如《左傳·桓二年》宋孔父嘉,按照先字後名之例,"孔父"是字,"嘉"是名。但杜預卻誤以"孔父"爲名"嘉"爲字。這説明王氏的告誡不是没有道理。王氏所説的"並稱"是對春秋人名而言。秦漢以後,"並稱"之例有了變化,對此我們也應給予注意。

　　總而言之,"五體"是名字相應的基本條例,不明"五體",就難以有效的解決訓詁問題;"六例"是破譯古人名字的有效手段,不明"六例"就難以正確領會"五體"。"五體六例"雖然只是對春秋名字而言,但毫無疑問,由於後世仿古的原因,這就使它具有普遍的指導意義。

---

①　王引之《春秋名字解詁》下卷"鄭公子偃字子游"條。
②　王國維《觀堂集林》卷三《女子説》,河北教育出版社,2003 年,78 頁。

　　王氏《解詁》之後,俞樾作《春秋名字解詁補義》,胡元玉作《駁春秋名字解詁》,黃侃作《春秋名字解詁補誼》,都是補正王氏之作。就個別名字的解釋而言,尺短寸長,三家也確有勝過王氏之處。但就總體而論,則崇崗培塿,高下有別。值得注意的是俞、胡二氏各自提出了一個值得重視和探討的理論問題。俞氏在解釋"燕周豎字子家"時説:"王氏《解詁》曰:'豎',内豎也。内豎給事於内,古字子家。家猶内也。樾謂'豎'字初無内義。豎,未冠者也。名豎字家,蓋望其成立之意。豎者,弱而未冠之稱;家者,壯而有室之謂。此乃古人名字之別一例,在王氏所陳'五體六例'之外,不當僅以訓詁求之也。"①把俞氏的論點説明白點 就是"五體"之外還有一體,而這一體的特點是名字之間不存在訓詁關係。我們認爲俞氏的看法頗有道理。首先,命名取字的文化心理相當複雜,"五體"説是否真正做到了概括無遺,這實在是個值得探討的問題,再説:"旁其名爲之字者",自然可以訓詁求之。如果不是"旁其名爲之字",自然也就難以訓詁求之。這在道理上完全説得過去。宋人有名劉永年者,初字昌齡,其後改字景烈。爲什麽要改字? 他自己説:"吾名永年而字昌齡,以爲釋可也,以爲訓則不可。"②"釋者",訓詁之謂;"訓"者自勉之謂。由此可知,名永年而字景烈,其名字之間並無訓詁關係。以"訓"爲字,何訓詁之有? 再舉一個漢代的例子。《後漢書·張霸傳》:"張霸字伯饒,七歲通《春秋》,復欲進餘經。父母曰:'汝小未能也。'霸曰:'我饒爲之。'故字曰'饒'焉。"③"饒"之於"霸",復何訓詁之有? 諸如此類者頗多,我們姑名之曰"寓意"之例。受俞氏的啓發,我們感到"五體"之外還有"慕古"之例,似亦不當以訓詁求之。錢大昕説:"春秋時又有假古人名以爲名字者。殷有比干,而楚公子比字子干;晉有陽處父,而魯公斂陽字處父是也。"④這就是我們所説的"慕古"之例。此例後世也頗盛行。例如,商有伊尹,而宋有許景衡字少

① 俞樾《春秋名字解詁補義》,《續修四庫全書》本,128 冊,424 頁。
② 劉敞《公是集》卷三四《劉景烈字解序》,影印文淵閣四庫全書本,1095 冊,698 頁。
③ 《後漢書》,中華書局校點本,1241 頁。
④ 錢大昕《潛研堂集》卷七,上海古籍出版社校點本,87 頁。

伊;周公名旦,而宋有胡旦字周父;晉有楊祜字叔子,而宋有王祜字景叔;唐有韓愈,而宋有柳開,初名肩愈字紹先;北宋有秦觀字少遊,而南宋有陸遊字務觀。諸如此類者,因爲也不是"旁其名爲之字",所以也"不當僅以訓詁求之"。實際上,不但"五體"之外的一些類型的名字不存在訓詁關係,就是"五體"之内的某些類型恐怕也是如此。拿"指實"一類來説,王引之舉的兩例是:"丹字子革,啓字子閭。"丹與革,啓與閭,顯然也不是訓詁關係。楊樹達稱讚此類:"因名字之微,推明古人之制度。"正説明此類名字的作用不在於訓詁,而在於考史。考史和訓詁有關,但考史不等於訓詁。必以訓詁求之,那就難免作繭自縛。對於上述"寓意"與"慕古"兩例,我們也只是否認它有訓詁關係,並不否認它對訓詁有用。這是要説明的。同是名字相應,有的存在訓詁關係,有的不存在訓詁關係,不可一概而論。究其原因,就在於是否"旁其名爲之字"。《白虎通》説:"或旁其名爲之字"。"或"之云者,不盡"旁其名爲之字"之謂也。阮元説"古人名與字皆有詁訓",①看來這話需要略加修正,不如改"皆"爲"多"方妥。

胡元玉則針對《解詁》提出了不可濫用通假的問題。胡氏説:"高郵王氏,小學鉅儒,諸所撰述,喜言聲近。《名字解詁》,破字尤多。雖合于古假借者不少,而專取同音之字爲説者,頗不免輕易本字之失。"②我們認爲《解詁》中確有此失。如魯公弧子字子藏,王氏先破"弧"爲"區",然後以"區"訓"踦區藏匿"來證明名字同訓。胡氏則認爲"弧"所以藏弦,不必破字即得。就此例而言,胡是而王非。另外我們發現王氏還有言通假而歧義的現象。如卜商字子夏,王氏解釋説:"《樂記》曰:'夏,大也。'秦商字子丕,則商亦大也。商、章古字通(商之言章,盛也,大也)。或曰取'章夏'爲義也。《春官·鐘師》九夏有《章夏》,杜子春云:臣有功,奏《章夏》。"③這裏並陳兩説,都是以商、章通假爲解。但據前説,則章、夏均爲"大"義;據後説,則"章夏"爲樂曲名。一個"章"字,可以這樣通,又可以

---

① 阮元《經籍籑詁凡例》,《續修四庫全書》本,198冊,298頁。
② 胡元玉《駁春秋名字解詁》,《續修四庫全書》本,128冊,443頁。
③ 見王引之《經義述聞》,《續修四庫全書》本,175冊,105頁。

那樣通,可此可彼,這本身就説明其中一定有問題。我們談這些,絲毫無意否認通假的重要性。我們只是想説:通假很重要,但用時要慎重。從這個意義上説,胡氏的話不算多餘。

利用名字相應來解決訓詁問題,發端於漢,大盛於清。今人雖然也有使用此法者,但使人有强弩之末之感。綜觀古今,就其所解決問題而言,大致有以下三個方面。

第一,據以求證字義。如:

(1)《説文》:"伋,人名。"段玉裁注:"以此爲解,亦非例也。古人名字相應。孔伋字子思,仲尼弟子燕伋字子思,然則伋字非無義矣。"①依段説,《説文》蓋當作:"伋,思也。"

(2)《爾雅·釋詁》:"覭,静也。""覭"爲什麽有静義?郭璞注:"未聞其義。"翟灝《爾雅補郭》解釋説:"《説文》:'覭,莊謹貌。'《廣韻》'靖也'。莊謹與靖均與静義相發。《晉書》周覭字伯仁,取此釋及《論語》'仁者静'語。"②按:《南史》謝貞有子名靖字依仁,此可爲翟氏補一佐證。

(3)章太炎《新方言》卷四:"施,尾也。《後漢書·鄧訓傳》曰:'首施兩端。'施之言柂也。《釋名》曰:'船,其尾曰柂。柂,拖也。'施之言柂也,《説文》:'軛,馬尾軛也。'春秋魯公子尾,字施父,名字相應。"③

王力先生説:"我們以爲不但先秦的名字可以研究,漢以後的名字也可以研究。例如漢末袁術字公路,可以證明《爾雅》所謂'術,道也'的説法。"④這個意見很對,例(2)可以看作是這個意見的一個注腳。

第二,據以求證字音。如:

(4)《漢書·劉向傳》:"向,字子政。"顏師古注:"名向字子政,義則相配。而近代學者讀'向'音'餉'。既無别釋,靡所憑據,當依本字爲勝也。"⑤

(5)後主阿斗的大名劉禪,今人多誤讀爲chán,實則應讀shàn。《三

---

① 段玉裁《説文解字注》,上海古籍出版社,1981年,366頁。
② 翟灝《爾雅補郭》,《續修四庫全書》本,185册,603頁。
③ 章太炎《新方言》,《續修四庫全書》本,195册,226頁。
④ 王力《漢語史稿》,22頁。
⑤ 《漢書》,中華書局校點本,1929頁。

國志·後主傳》:"後主諱禪,字公嗣。"禪,"嬗"之借字。《説文》:"嬗,傳也。"段注:"依許説,凡禪位字當作嬗,禪行而嬗廢矣。"①禪讓與公嗣名字相應,故應讀 shàn。

第三,據以辨別名字之正誤。如:

(6)《禮記·檀弓下》:"子顯以致命于穆公。"鄭玄注:"盧氏云:'古者名字相配,顯當作韅。'"②按秦公子縶字子韅,縶是絆馬索,韅是馬腹帶。盧氏據名字相配,斷"顯"爲誤字。盧氏即盧植,他是把名字相應用於古書注釋的第一個學者。

(7)《四庫全書總目》:"《春秋後傳》十二卷,宋陳傅良撰。傅良,字君舉。按傅良,或作傳良,諸本互有異同。然其字曰君舉,則爲傅説舉於版築之義,故今定爲'傅'字。"③

(8)丁奇《孫中山的名號釋誤》:"《辭海》和多數人都認爲:'孫中山,名文,字逸仙。'懂得名和字關係的人都會知道,逸仙與文是格格不入的。他本人的手稿自傳(且有墨蹟爲證)是:'僕姓孫,名文,字載之,號逸仙。'載之與文有關,取'文以載道之意'。"④

(9)《隋書·經籍志》:"《毛詩草木鳥獸蟲魚疏》二卷,烏程令吳郡陸機撰。"陸機,《經典釋文》作"陸璣",並且説:"字元恪,吳太子中庶子、烏程令。"後來各家著録,如《四庫全書提要》以及今天的《辭海》、《辭源》,都從《釋文》作"璣",不作"機"。改"機"爲"璣"的原因是怕與晉代的陸機(字士衡)相混。其實古人同姓名者甚多,本不必改。必欲改動,則不應改元恪之陸機,而應改字士衡之陸機。因爲《尚書·舜典》:"在璇璣玉衡,以齊七政。"正與晉代的陸機名字相應。

(原載《河南師範大學學報》1990 年第 3 期)

---

① 段玉裁《説文解字注》,上海古籍出版社,1981 年,621 頁。
② 《禮記正義》,上海古籍出版社校點本,359 頁。
③ 《四庫全書總目》,中華書局,1965 年,220 頁。
④ 轉引自《文摘週報》1988 年第 3 期。

# 顏師古《漢書敍例》事證

## 一、緒　　言

　　班固《漢書》與司馬遷《史記》並稱,卓然自成一家。《漢書》比較難懂,讀《漢書》勢必要讀注解。最早給《漢書》作注的是漢末的服虔、應劭。魏晉之際,注家蜂起。計唐以前注家凡三十餘家。唐初,顏師古善繼家學,乃集前代注家之大成,勒爲《漢書注》一書,這是目前最詳最古的《漢書》注。顏注爲歷代學者所推重,歐陽修譽之爲"班孟堅忠臣",王先謙說:"自顏監注行而班書義顯。"學者讀《漢書》,勢必要讀顏注。而要準確理解顏注,勢必要首先研讀他的《漢書敍例》。所謂"敍例",等於今天所說的序言和凡例。不明乎《敍例》,難免不産生誤會。例如錢大昕曾批評顏注說:"班氏書援引經傳諸子文字,或與今本異。小顏既勒成一書,乃不取馬、鄭、服、何之訓詁,校其異同,則采證有未備也。"(《潛研堂文集》卷二四《漢書正誤序》)這話實在是冤枉了師古。因爲《敍例》中明白地寫道:"六藝殘缺,莫覩全文。各自名家,揚鑣分路。是以向、歆、班、馬、仲舒、子雲所引諸經或有殊異,與近代儒者訓義弗同,不可追駁前賢,妄指瑕纇,曲從後說,苟會臆塗。今則各依本文,敷暢厥指。非不考練,理固宜然。"可以看出,錢氏的批評是由於他忽略了《敍例》的這段話,宜乎不中

99

肯也。這個例子提醒我們,研讀顏注,千萬不可撇開《敍例》。今不揣淺陋,謹就所知,略爲疏通,請教大方。題稱"事證"而不曰"注"者,是因爲本文重在事實的取證,以顏注顏,庶幾句句落到實處。至於文字訓詁,著意猶在其次。其不得不略加詮釋者,亦力求簡約,以免虛占篇幅。

# 二、《漢書敍例》正文及事證

儲君體上哲之姿[1],膺守器之重[2],俯降三善[3],博綜九流,觀炎漢之餘風[4],究其終始;懿孟堅之述作[5],嘉其宏贍。以爲服、應曩説疎紊尚多[6],蘇、晉衆家剖斷蓋尠[7],蔡氏纂集尤爲牴牾[8]。自兹以降,蔑足有云[9]。

[1] 儲君:指太子李承乾。承乾,太宗長子,武德九年(626)立爲太子,貞觀十七年(643)廢爲庶人,十八年死。《舊唐書·顏師古傳》:"承乾在東宫,命師古注班固《漢書》。"故《敍例》首及之。體:具有。上哲:非凡的智者。 [2] 膺守器之重:負有維護、延續宗廟祭器的重任。 [3] 三善:謂親親、尊君、長長這三種美德。語出《禮記·文王世子》。 [4] 炎漢:即漢代。《高帝紀贊》:"漢承堯運,協於火德。"故稱。餘風:遺留之風教。 [5] 懿:讚美。述作:此指《漢書》。 [6] 服、應曩説:服虔、應劭的舊注。服虔,東漢學者,《後漢書》有傳。據《隋書·經籍志》(下稱《隋志》),虔有《漢書音訓》一卷。應劭,東漢學者,《後漢書》有傳。據《隋志》,劭有《漢書集解音義》二十四卷。 [7] 蘇、晉:蘇林、晉灼。蘇林,三國魏人,生平略見《三國志·劉劭傳》注引《魏略》。爲《漢書》注家之一。晉灼,西晉人。據《隋志》,灼有《漢書集注》十三卷。詳見後。 [8] 蔡氏:指蔡謨。《晉書》本傳説謨"總應劭以來注班固《漢書》者,爲之《集解》"。 [9] 蔑足有云:不值一提。

按:此節言作注之緣起並歷評舊注。

悵前代之未周,愍將來之多惑[1]。顧召幽仄[2],俾竭駑蹇[3],匡正睽違[4],激揚鬱滯[5]。將以博喻冑齒[6],遠覃邦國[7],弘敷錦帶,啓導青衿[8]。

[1] "悵前代"二句:惋惜前人之注不夠詳備,擔心後之學者碰到諸多

疑惑。 ② 幽仄：居下位者。師古自謙之詞。 ③ 芻蕘：草野之人的見

解。亦謙詞。 ④ 匡正睽違：糾正舊注之錯誤。 ⑤ 激揚鬱滯：變難懂

爲易曉。 ⑥ 冑齒：指國子監學生。 ⑦ 覃：延及。邦國：指州縣之

學。 ⑧ "弘敷"二句：垂法百官，開導學子。顏師古《急就篇序》："李斯

撰《倉頡》，趙高繼造《爰歷》，胡毋敬作《博學篇》，皆所以啓導青衿，垂法

錦帶也。"錦帶，百官之服，因指百官；青衿，學子之服，因指學子。

**曲稟宏規，備蒙嘉惠，增榮改觀，重價流聲。**

按：此四句總言儲君指導之功。請注意，話是這樣講，事實當然並非

如此。

**斗筲之材，徒思罄力。駑蹇之足，終慚遠致。**

按：此四句是師古自謙之詞。

**歲在重光，律中大呂，是謂涂月，其書始就。**

按：此四句言師古《漢書注》完成於西元 641 年的夏曆十二月。歲：

太歲。《爾雅·釋天》："太歲在辛曰重光。"辛年，即貞觀十五年辛丑

（641）。律中大呂：指夏曆十二月。《禮記·月令》："季冬之月，律中大

呂。"律，候氣之管。中，應也。大呂，十二律之一。古人把樂律和曆法聯繫

起來，以十二律配十二月。涂月：夏曆十二月的別稱。見《爾雅·釋天》。

**《漢書》舊無注解，唯服虔、應劭等各爲《音義》，自別施行①。至典午**

**中朝②，爰有晉灼，集爲一部，凡十四卷，又頗以意增益③，時辯前人當**

**否④，號曰《漢書集注》。屬永嘉喪亂⑤，金行播遷⑥，此書雖存，不至江左。**

**是以爰自東晉，迄于梁、陳，南方學者，皆弗之見。**

① 自別施行：謂另本單行。 ② 典午中朝：指司馬氏建立之西晉。

③《楚元王傳》："黃帝葬於橋山，堯葬于濟陰，丘壠皆小。""丘壠"，舊無注，晉

灼注曰："丘壠，冢墳也。"此"以意增益"之例。 ④《高帝紀》："章邯復振。"

李奇曰："振，整也。"如淳曰："振，起也。"晉灼曰："《左氏》云'振廢滯'，如説

是也。"此"時辨前人當否"例。 ⑤ 永嘉喪亂：晉懷帝永嘉五年（311），匈

奴貴族劉曜攻破洛陽，殺戮王公士民無數，西晉自此一蹶不振，史稱永嘉

之亂。 ⑥ 金行播遷：謂晉室南渡。晉室自以爲居五行之金德，故云。

有臣瓚者①,莫知氏族,考其時代,亦在晉初,又總集諸家音義,稍以己之所見,續厠其末②。舉駁前說,喜引《竹書》。自謂甄明,非無差爽③。凡二十四卷,分爲兩帙。今之《集解音義》,則是其書。而後人見者不知臣瓚所作,乃謂之應劭等《集解》④。王氏《七志》⑤,阮氏《七錄》⑥,並題云然。斯不審耳。學者又斟酌瓚姓,附著安施,或云傅族⑦,既無明文,未足取信。

① 臣瓚:《漢書》注家之一。詳下。　② 《高帝紀》:"食其說沛公襲陳留。""襲"字舊無注,臣瓚加注曰:"輕行無鐘鼓曰襲。"是"以己之所見續厠其(按:"其"謂舊注)末"之例。唯此類情況不多,故師古云"稍"也。③ 《竹書》:《竹書紀年》之略。臣瓚注引此書,或稱《汲郡古文》(見《高紀》)或,稱《汲冢古文》(見《武紀》),其實一也。僅《地理志》上卷,臣瓚注即六引此書,故師古稱其"喜引"。如《地理志》:"潁川郡陽翟。"應劭曰:"夏禹都也。"臣瓚駁之曰:"《世本》:'禹都陽城。'《汲冢古文》亦云居之,不居陽翟也。"而師古斷之曰:"陽翟本禹所受封耳。應、瓚之說皆非。"此所謂"自謂甄明,非無差爽"之例。　④ 按《隋志》:"《漢書集解音義》二十四卷,應劭撰。"據師古說,《隋志》"劭"下應有"等"字。　⑤ 王氏《七志》:南朝齊王儉撰寫的目錄學著作,後佚。　⑥ 阮氏《七錄》:南朝梁阮孝緒撰寫的目錄學著作,後佚。其序目尚保留在《廣弘明集》卷三。按:《七志》、《七錄》都是《隋志》撰寫的依據,故《隋志》此誤乃沿襲二書所致。　⑦ 或云傅族:有人說瓚姓傅。按裴駰《史記集解序》云:"《漢書音義》稱臣瓚者,莫知姓氏"。而司馬貞《索隱》云:"按即傅瓚。必知是傅瓚者,按《穆天子傳目錄》云,傅瓚爲校書郎,與荀勖同校定《穆天子傳》,即當西晉之朝。又稱'臣'者,以其職典秘書故也。"《索引》此說,蓋唐以前已有主之者,但因"既無明文",故師古不信。

蔡謨全取臣瓚一部散入《漢書》,自此以來始有注本①。但意浮功淺,不加隱括,屬輯乖舛,錯亂實多。或乃離析本文,隔其辭句,穿鑿妄起②。職此之由,與未注之前大不同矣。謨亦有兩三處錯意③,然于學者竟無弘益。

① "蔡謨"以下二句:謂《漢書》之有注本始于蔡謨。此前,各家注皆獨立單行。《漢書補注》引王鳴盛曰:"師古云'謨全取臣瓚一部散入《漢

書》'，然則謨但襲取也。"王氏蓋誤解師古此句。如其言，則是謨僅有"散入"之功，絕無己注在內。核之事實，並非如此。說詳下。　　②但"意浮功淺"以下七句：觀此七句，知師古於前代注家中于蔡謨最爲不滿。綜觀師古《漢書注》，徵引他家者多，徵引蔡注則僅三次，分見《韋賢傳》、《賈誼傳》及《貨殖傳》，蓋有以也。但徵引之少，只說明蔡注可取者少，不能說明蔡注原來就少。王鳴盛謂"謨但襲取"，非其實。《貨殖傳》："勾踐困於會稽之上，乃用范蠡、計然。"計然，人名也。而蔡氏注曰："計然者，范蠡所著書篇名耳。"師古駁之，曰"蔡說謬矣"。蔡注之不可取，由此可見一斑。③ 錯意：留心。錯，通"措"。《賈誼傳》："然尚有可諉者曰疏。"孟康曰："諉，累也。以疏爲累，言不以國也。"蔡謨曰："諉者，托也。尚可托言信、越等以疏故反，故其下句曰'臣輕試言其親者'。"師古曰："蔡說是矣。"此所謂"謨亦有兩三處措意"例。

**《漢書》舊文，多有古字。解說之後，屢經遷易。後人習讀，以意刊改。傳寫既多，彌更淺俗。今則曲覈古本，歸其真正。一往難識者，皆從而釋之。**

按：《漢書》多古字，此節言改回、詮釋古字之例。《田千秋傳》："尉安衆庶。"師古曰："'慰安'之字，本無'心'也。是以《漢書》往往存古體字焉。"又《刑法志》："善師者不陳。"師古曰："戰陳之義，本因陳列爲名而音變耳，字則作'陳'。而末代學者輒改其字旁從車，非經師之本文也。今宜依古，不從流俗也。"此改回古字之例。王念孫《讀書雜誌》卷三："《史》《漢》每多古字，《漢書》顏注，即附於本字之下，凡字之不同於今者，必注曰：'古某字'。"按顏注所謂"古某字"，大體分三種情況。第一，是初文與後起字的關係。如《司馬相如傳》注："屮、古攀字。"《禮樂志》注："縣，古懸字。"第二，是異體字關係。如《衛青傳》注："犇，古奔字。"《文帝紀》注："媿，古愧字。"第三，是借字與本字的關係。如《楚元王傳》注："蚤，古早字。"《食貨志》注："婁，古屢字。"

**古今異言，方俗殊語，末學膚受，或未能通，意有所疑，輒就增損。流遯忘返，穢濫實多。今皆刪削，克復其舊。**

按：此節言校正俗本之訛誤，即所謂"穢濫"。"古今異言"以下六句，

言俗本訛誤之原因。《張耳傳》:"有厮養卒謝其舍。"師古曰:"謝其舍,謂
告其舍中人也。今流俗書本於此'舍'下輒加'人'字,非也。"此無知輒增
例。《成帝紀》:"樂燕樂。"師古曰:"孔子曰:'損者三樂:樂驕樂,樂逸
游,樂燕樂,損矣。'燕樂,燕私之樂也。今流俗本無下'樂'字,後人不曉
輒去之。"此無知輒損例。《五行志》:"公車大誰卒。"師古曰:"大誰者,主
問非常之人,云姓名是誰也。後之學者輒改此書'誰'字爲'灌',違本文
矣。"此無知輒改例。凡此輒增、輒損、輒改者,師古皆加以"刪削,克復其
舊"。流遯忘返:謂積誤已久,習非成是。師古《急就篇序》:"人用已私,
流宕忘返。"可與此相發明,遯、宕一聲之轉。

　　**諸表列位,雖有科條,文字繁多,遂至舛雜。前後失次,上下乖方,昭**
**穆參差,名實虧廢。今則尋文究例,普更刊整,澄蕩愆違,審定阡陌,就其**
**區域,更爲局界,非止尋讀易曉,庶令轉寫無疑。**

　　按:此節言對《漢書》八表的整理。《漢書》八表,大體上是以年月爲
經,世系爲緯。其在唐初之錯亂情況雖如師古所言,但具體取證甚難。周
壽昌《漢書注補正》云:"曾子宜列第二,傳寫誤入三等,其後即列曾皙。
必無近在二三人,將父子先後倒置之理。《史通》譏其進伯牛而抑曾子,未
經綜覽前後,知此誤在唐以前。"由此可見一斑。昭穆參差:謂輩分錯亂。
阡陌、局界:統指表格之界限。

　　**禮樂歌詩,各依當時律呂,修短有節,不可格以恒例。讀者茫昧,無復**
**識其斷章;解者支離,又乃錯其句韻。遂使一代文采,空韞精奇,累葉鑽**
**求,罕能通習。今並隨其曲折,剖判義理,歷然易曉,更無疑滯,可得諷誦,**
**開心順耳。**

　　按:此節所謂"禮樂詩歌",當指《禮樂志》中之《安世房中歌》與《郊
祀歌》而言。《禮樂志》所載歌詩,其一章之中,或四句,或六句,其多者達
四十八句。其一句之中,或三言、四言,或五言、七言,亦參差不一。此所
謂"修短有眼,不可格以恒例"。《宋書·樂志》:"漢《郊祀迎神》,三言,四
句一轉韻。"王先謙《補注》正之曰:"'牲繭栗'以下,八句一轉韻也。"是
"錯其句韻"之例。唯《漢書》中有韻之文,師古概以"合韻"説之,是其一

失。如《禮樂志》："象載瑜，白集西。食甘露，飲重泉。"師古曰："西，合韻音先。"意謂此"西"字臨時讀爲"先"音，以求與"泉"叶韻。合韻說，即始于中古的叶音說。叶音說是不科學的，原因就在於不明白古今音變的道理。當時風氣如此，師古亦莫能外。

**凡舊注是者，則無間然，具而存之，以示不隱。**

按：此四句言舊注是者存之。此類情況展卷即得，不煩舉例。無間然，謂無異議。不隱，謂不掠美。

**其有指趣略舉，結約未伸，衍而通之，使皆備悉。**

按：此四句言舊注未把問題說透者，則推演而疏通之，使其完善。如《食貨志》："廢居居邑。"服虔曰："居穀於邑也。"如淳曰："居賤物於邑中以待貴也。"師古曰："二說皆未盡也。此言或有所廢置，有所居蓄，而居於邑中，以乘時射利也。"此補苴舊注疏漏例。《敍傳》："登孔顥而上下兮，緯群龍之所經。"應劭曰："顥，太顥也。孔，孔子也。群龍，喻群聖也。"孟康曰："孔，甚也。顥，大也。聖人作經，賢者緯之也。"師古曰："應說孔顥是也，孟說經緯是也。"此萃集舊注精華例。《霍光傳》："召皇太后御小馬車。"張晏曰："漢厩有果下馬，高三尺，以駕輦。"師古曰："小馬可於果樹下乘之，故號果下馬。"此推演舊注之例。

**至於詭文僻見，越理亂真，匡而矯之，以祛惑蔽。**

按：此言匡正似是而非之舊注，以免讀者誤從。如《高帝紀》："（項）羽夜間聞漢軍四面皆楚歌，知盡得楚地。"應劭曰："楚歌者，雞鳴歌也。漢已略得其他，故楚歌者多雞鳴時歌也。"師古曰："楚歌者，爲楚人之歌，猶言吳歈越吟耳，不得云雞鳴時也。高祖令戚夫人楚舞，自爲作楚歌，豈亦雞鳴時乎？"此匡正一家舊注例。《樊噲傳》："捕虜四十人，賜重封。"張晏曰："益祿也。"如淳曰："正爵名也。"臣瓚曰："增封也。"師古曰："諸家之說皆非也。重封者，加二號也。"此匡正數家舊注例。

**若汎說非當，蕪辭競逐，苟出異端，徒爲煩冗，祇穢篇籍，蓋無取焉。**

按：此言舊注毫無采用價值者，則徑删之。如《揚雄傳》："或稱戲農，豈或帝王之彌文哉？論者云否。"師古曰："設或人云，言儉質者皆舉伏戲、神農爲首,是則豈謂後代帝王彌加文飾乎?論者,雄自謂也。諸家之釋,皆不當意,徒爲煩雜,故無所取。"異端,謂"泛説非當"之舊注。

**舊所闕漏,未嘗解説,普更詳釋,無不洽通。**

按:此言舊注漏注者,師古則補注之。師古之補注極多,開卷即得,無庸舉例。朱熹嘗舉例稱讚説:"《周頌》'陟降廷止',傳注訓'廷'爲直,而説之云:文王之進退其臣,皆由直道。諸儒祖之,無敢違者。而顏監于《匡衡傳》所引,獨釋之曰:言若有神明臨其朝廷也(按:即訓"廷"爲朝廷)。蓋匡衡時未行毛説,顏監又精史學,而不梏於專經之陋,故其言獨能如此,無所阿隨,而得經之本旨也。顏注《漢書》時有發明於經旨,多若此類。"(朱熹《楚辭辨證》下)當然,師古注失誤處也有,正如《四庫提要》所説,"固不以一二字之出入病其大體矣"。

**上考典謨[①],旁究《蒼》《雅》[②],非苟臆説,皆有援據。**

按:可知爲乾嘉學派奉爲金科玉律之八字——言必有徵,無徵不信,師古早於千年之前已口能言之,身能行之矣。

① 典謨:此處泛指唐代以前之古代文獻。據筆者統計,師古徵引之此類文獻,其有書名、作者名可考者凡 139 種。徵引最多的是所謂"經書"。如《劉向傳》:"昔孔子與顏淵、子貢更相稱譽,不爲朋黨;禹、稷與皋陶傳相汲引,不爲比周。"師古注前一事曰:"具見《論語》。"注後一事曰:"事見《尚書·舜典》。"  ②《蒼》《雅》:此處泛指小學類著作。據筆者統計,師古徵引的此類書有:《三蒼》、《爾雅》、揚雄《方言》、許慎《説文》、張揖《古今字詁》、呂忱《字林》、李登《聲類》。其中徵引較多的是《爾雅》和《説文》。如《郊祀志》:"東海致比目之魚。"師古曰:"《爾雅》云:'東方有比目魚焉,不比不行,其名謂之鰈。'"《武帝紀》:"親射蛟江中。"師古曰:"許慎云:'蛟,龍屬也。'"是其例。

**六藝殘缺,莫覩全文,各自名家,揚鑣分路。是以向、歆、班、馬、仲舒、子雲,所引諸經或有殊異,與近代儒者訓義弗同,不可追駮前賢,妄指瑕類,曲從後説,苟會臆塗。今則各依本文,敷暢厥指。非不考練,理固宜然。**

按:師古在《禮樂志》注中有一段話可與此節相發明,特錄出如下:

“夫六經殘缺，學者異師，文義競馳，各守所見。而馬、鄭群儒，皆在班、揚之後，向、歆博學，又在王、杜之前，校其是非，不可偏據。其《漢書》所引經文，與近代儒家往往乖別。既自成義指，即就而通之，庶免守株，以申賢達之意。非苟越異，理固然也。”我們認爲，師古此論，於諸多注家中可謂特識，在訓詁學史上應當大書一筆。他能夠用歷史的觀點去看待《漢書》中所引經文，認識到西漢諸儒所引諸經雖有不同，但各爲一家之學，不可强彼就此，更不可執後儒一家之學以相攻，强古就今。正確的作法只能是“各依本文，敷暢厥旨”。下面舉例説明之。《杜欽傳》：“欽曰：‘仲山父異性之臣，無親于宣，就封于齊。’”鄧展曰：“《詩》言仲山甫徂齊者，言銜命往治齊城郭也，而《韓詩》以爲封于齊，此誤耳。”晉灼曰：“《韓詩》誤而欽引之，阿附權貴求容媚也。”鄧、晉二家蓋據《毛詩》以攻杜欽所據之《韓詩》，故師古駁之曰：“《韓詩》既有明文，杜欽引以爲喻，則是其義非謬，而與今説《詩》者不同。鄧、晉諸人雖曰涉學，未得專非杜氏，追咎《韓詩》也。”又《成帝紀贊》：“成帝善修容儀，升車正立，不内顧，不疾言，可謂穆穆天子之容者矣。”師古曰：“不内顧者，謂儼然端嚴不回眄也，故班氏引之以美成帝。今《論語》云：‘車中不内顧，不疾言。’内顧者，説者以爲前視不過衡軛，與此不同。”按所謂“説者”，蓋指注《論語》此句之包咸。包説與班固的理解不同，在此情況下，師古並不“追駁前賢”，“曲從後説”，而是就班説爲訓，“敷暢厥旨”。向，謂劉向。歆，謂劉歆。班，謂班固。馬，謂司馬遷。仲舒，謂董仲舒。子雲，謂揚雄。

　　**亦猶康成**[①]**注《禮》，與其《書》《易》相俏；元凱**[②]**解《傳》，無係毛、鄭《詩》文。以類而言，其意可了**[③]**。**

　　① 康成：鄭玄之字。東漢經學家，曾遍注群經。張舜徽《鄭雅略例》：“鄭説一事，有此書與彼書乖牾。”亦謂此。如《禮·坊記》：“《易》曰：不耕獲，不菑畬，凶。”鄭玄注：“田二歲曰畬，三歲曰新田。”而注《易·無妄》“不菑畬”則云：“二歲曰新田，三歲曰畬。”是注《禮》與注《易》相背。

　　② 元凱：杜預字。西晉學者，有《春秋左氏傳集解》。杜注《左傳》中所引《詩》，有時與毛《傳》鄭《箋》不同，獨立新解。如《左傳》文公三年引

《詩》:"詒厥孫謀,以燕翼子。"杜注:"翼,成也。《詩·大雅》美武王能遺
其子孫善謀,必安成子孫。"而毛《傳》曰:"翼,敬也。"鄭《箋》云:"傳其所
以順天下之謀,以安其敬事之子孫。"其中的"翼"字,杜預就和毛、鄭異
解。 ③"以類而言"二句:各依本文作注,意思就可以說清楚。否則,將
治絲而棼,終難得之。

爰自陳、項,以訖哀、平,年載既多,綜緝斯廣,所以紀傳表志時有不
同。當由筆削未休,尚遺秕稗。亦爲後人傳授,先後錯雜,隨手率意,遂有
乖張。今皆窮波討原,構會甄釋。

按:此節言《漢書》中的紀傳表志之所以時有不同,原因有二。一是
班固筆削未盡,二是後人任意刊改。對此,師古將尋根問底,分別作出解
釋。如《元帝紀》:"年二歲,宣帝即位。八歲,立爲太子。"師古曰:"宣帝
以元平元年七月即位,而《外戚傳》云:'許后生元帝數月,宣帝立爲帝',
是則即位時太子未必二歲也。參校前後衆文,此紀進退爲錯。"此班固筆
削未盡之例。《高五王傳》:"其相建德、内史王悍諫,不聽,遂燒殺德、
悍。"師古曰:"上曰其相建德、内史王悍,下云燒殺德、悍,是爲相姓建名德
也。而《景武功臣侯表》云:'遽侯橫,父建德,以趙相死事,子侯。'則是不
知其姓。表傳不同,疑後人轉寫此傳,誤脱去一'建'字也。"此後人任意
刊改例。又《五行志》:"哀帝即位,封外屬丁氏、傅氏、周氏、鄭氏凡六人
爲列侯。"師古曰:"《外戚傳》傅氏、丁氏、鄭氏則有之,而不見周氏所出。
志傳不同,未詳其意。"此則不知蓋闕之例。

字或難識,兼有借音,義指所由,不可暫闕。

按:此師古自言注音之例。其例有三。一、爲難識之字注音。如《五
行志》:"太后淫于吕不韋及嫪毐。""嫪毐"二字難識,故注曰:"嫪,音郎到
反。毐,音烏改反。"二、爲異讀字注音。如《酈食其傳》:"酈食其,陳留高
陽人也。"師古曰:"食音異,其音基。"三、爲借音字注音。借音字,即四聲
別義字。此類字並不難認,但因聲調不同而意義有別。如《武帝紀》:"大
雨雪,民凍死。"師古曰:"雨,音於具反。"意爲此"雨"字應讀去聲,意爲
"降落",與讀上聲之名詞"雨"有別。義指所由,謂義從音出。

**若更求諸別卷,終恐廢於披覽。今則各於其下,隨即翻音。**

按:此言爲讀者方便計,注音不憚其煩。以"幾"字爲例。《高帝紀》:"豎儒,幾敗乃公事!"《周昌傳》:"微君,太子幾廢。"《叔孫通傳》:"我幾不免虎口。"三處均有"幾"字。師古於此三處各注曰:"幾,音鉅依反。"蓋"幾"有平上兩讀,作副詞"幾乎"講時讀平聲。翻音:反切注音。

**至如常用可知,不涉疑昧者,衆所共曉,無煩翰墨。**

按:此言常用共曉之字不予注音。洪邁《容齋續筆》卷十二曾批評師古"《漢書》注冗",其略云:"其始用字之假借,從而釋之。既云'他皆類此',則自是已降,固不煩申言。"今按師古既立"各於其下,隨即翻音"之例,則注中不當復有'他皆此類'一語。故曰言蛇足則有之,言注冗則未必。

**近代注史,競爲該博,多引雜説,攻擊本文。至有詆訶言辭,掎摭利病,顯前修之紕僻,騁己識之優長,乃效矛盾之仇讎,殊乖粉澤之光潤。今之注解,翼贊舊書,一遵軌轍,閉絕歧路。**

按:師古於《東方朔傳》注云:"今之爲《漢書》學者,猶更取他書雜説,假合東方朔之事以博異聞,良可嘆矣。"又《王貢兩龔鮑傳》:"漢興,有園公、綺里季、夏黃公、角里先生。"師古曰:"四皓稱號,本起於此,更無姓名可稱知。此蓋隱居之人,匿迹遠害,不自標顯,秘其氏族,故史傳無得而詳。至於後代皇甫謐、圈稱之徒,及諸地理書説,竟爲四人施安姓字,自相錯互,語又不經。班氏不載于書,諸家皆臆説,今並棄略,一無取焉。"即此兩例,可知師古作注不僅旁搜博采,而且慎於取捨。即以四皓稱號而論,稍後之司馬貞《索隱》與張守節《正義》,即據雜説爲之施安姓字,謂園公姓庚字宣明,夏黃公姓崔名廣字少通,角里先生姓周名術字元道(司馬説見《史記‧留侯世家》注,張説見《吳郡志‧人物門》轉引),正與師古的作法背道而馳,即此可見優劣。劉勰《文心雕龍‧史傳》云:"俗皆愛奇,莫顧實理。傳聞而欲偉其事,録遠而欲詳其迹,於是棄同即異,穿鑿旁説,舊史所無,我書則傳,此訛濫之本源,而述遠之巨蠹也。"師古可謂劉勰同調。

另按:張衡曾批評《漢書》説:"王莽本傳但應載篡事而已,至於編年月,紀災祥,宜爲《元后本紀》。"見《後漢書·張衡傳》。晉傅玄《傅子》批評班固説:"論國體則飾主闕而抑忠臣,敍世教則貴取容而賤直節,述時務則謹詞章而略事實,非良史也。"張輔又撰《馬班優劣論》,稱班之于馬,有三不如,見《晉書》本傳。此"掎摭利病"之例。在師古看來,這種作法乃是以己爲矛,以班書爲盾,勢成仇敵,不合乎作注當愛護原書的宗旨。舊書,謂班固《漢書》。一遵軌轍,言唯班書法式是遵。閉絶歧路,謂既不"多引雜説",亦無"詆訶言辭"。讀此節,其誰不曰師古爲"班孟堅忠臣"。

(原載周鵬飛、周天遊主編《漢唐史籍與傳統文化》,三秦出版社,1992 年)

# 試論訓詁與廣義校勘的關係

校勘有廣狹二義。狹義的校勘，是指同一部書，用不同的版本和有關資料互相核對，尋其異同，正其謬誤。廣義的校勘，除包括狹義校勘的内容外，還要加上"辨章學術，考鏡源流"的内容。換言之，就是還要對該書及其作者進行學術史的研究。

大家都承認，校勘是訓詁的基礎性工作，校勘的質量直接影響着訓詁的質量。本文要强調的是，訓詁質量的提高，不僅和狹義校勘有關係，而且和廣義校勘也有關係。許多訓詁學專著都談到了訓詁和校勘的關係，這當然是必要的。唯其所談之校勘僅限於狹義的校勘，廣義的校勘則略未之及，這不能不説是一個缺陷。爲了彌補這一缺陷，所以筆者拈出這個題目來試作。所言當否，尚請專家指正。

爲了深入淺出地説明訓詁與廣義校勘的關係，這裏先講一段故事作爲楔子。農曆辛未年正月初三(1991年2月17日)晚上，我坐在電視機前看中央電視臺播放的《正大綜藝》，主持人是姜昆、楊瀾。其中有個節目是請某位女士(惜倉促中未記其名)演唱京劇《蘇三起解》的一段。某女士一曲唱罷，現場觀衆報以熱烈掌聲。只見姜昆此時發話："唱得很好，只是頭一句有兩個字唱錯了。開頭一句的唱詞應是'蘇三離了洪洞縣'，你怎麼把'蘇三'二字唱作'低頭'了呢?"不知道姜昆是真的不知而問還是明知故問，反正我當時也是莫名其妙，也以爲唱錯了。此時，戲曲表演藝術家魏喜奎站起來解釋道：“這段唱詞的頭一句，多數人都是唱作‘蘇三離了洪洞縣’，而張君秋先生認爲‘蘇三’二字在這裏不好，於是根據劇情改爲‘低頭’，並如是教其弟子。某女士乃張先生弟子，她謹遵師教，所以唱作‘低頭離了洪洞縣’。”聽了這番解釋，我才恍然大悟：原來如此。扯到正題上來説，設若我們要訓詁這句唱詞，從狹義校勘的角度來判斷，自然要説某女士唱錯了。而從廣義校勘的角度來判斷，結論就不同了：百家争鳴，恪守家法，何誤之有！

孫德謙《古書讀法略例》卷三有云：“讀古書者，與古人之學問自成家數者，不可不辨別之。夫不能辨別其家數，彼此混淆，欲考其所言之旨，必茫然而莫窺其真。故讀古書者，其於家數也，宜先詳辨之。”①我很贊成這段話。讀古書宜先詳辨家數，訓詁同樣宜先詳辨家數，二者是一個道理。所謂家數，就是師法、家法，正是廣義校勘的應有之義。

訓詁而忽視廣義校勘，其流弊概言之有三。一曰囿於己見，妄指瑕纇；二曰張冠李戴，治絲益棼；三曰數典忘祖，得魚忘筌。

何謂囿於己見，妄指瑕纇？請看下例。《漢書·杜欽傳》：“欽曰：‘仲山父異姓之臣，無親于宣，就封于齊。’”鄧展注曰：“《詩》言仲山甫徂齊者，言銜命往治齊城郭也，而《韓詩》以爲封于齊，此誤耳。”晉灼更進一步發揮説：“《韓詩》誤而欽引之，阿附權貴（按：謂大將軍王鳳）求容媚也。”②鄧、晉二人乃據《毛詩》以攻杜欽所引之《韓詩》。按《詩·大雅·烝民》：“王命仲山甫，城彼東方。”毛傳：“東方，齊也。”此即鄧、晉二人之所本。但我們知道，漢時《詩》分四家：《魯詩》、《韓詩》、《齊詩》和《毛詩》。前三家是今文，皆列於學官；而《毛詩》爲古文，僅流傳於民間。學者棄三家而獨習《毛詩》乃東漢以後之事。皮錫瑞《經學歷史》云：“漢時經有數家，家有數説，學者莫知所從。鄭君兼通今古文，溝合爲一，於是經生皆從鄭氏，不必更求各家。”説的就是此事。如此説來，杜欽以西漢之人

---

① 孫德謙《古書讀法略例》，廣西師範大學出版社，2006 年，81 頁。
② 《漢書》，中華書局校點本，2677 頁。

引據西漢之官學,本是十分合情合理之事,有何錯誤可言？鄧、晉二人不考時代,不辨家數,只知其一而不知其二,以不狂爲狂,豈非囿於己見,妄指瑕纇。難怪顏師古駁之曰:"《韓詩》既有明文,杜欽引以爲喻,則是其義非謬,而與今説《詩》者不同。鄧、晉諸人雖曰涉學,未得專非杜氏,追咎《韓詩》也。"①應該指出,顏師古的《漢書注》一個突出的優點就是詳辨家數。他在《漢書敍例》中説:"六藝殘缺,莫覩全文。各自名家,揚鑣分路。是以向、歆、班、馬、仲舒、子雲,所引諸經或有殊異,與近代儒者訓義弗同。不可追駁前賢,妄指瑕纇,曲從後説,苟會臆塗。今則各依本文,敷暢厥指。非不考練,理固宜然。"②在《漢書‧禮樂志》注中他又重申此意:"夫六經殘缺,學者異師,文義競馳,各守所見。校其是非,不可偏據。其《漢書》所引經文,與近代儒者往往乖別,既自成義指,即就而通之,庶免守株,以申賢達之意。非苟越異,理固然也。"③把詳辨家數的道理説的很明白。我們認爲這是一種卓識,歐陽修稱讚師古是班孟堅忠臣,主要原因就在於此。

再看張冠李戴,治絲益棼之例。朱駿聲《説文通訓定聲》"堪"下云"假借爲坎。堪、坎聲近。"王力先生對此加以解釋説:"堪屬於古音臨部,坎屬古音謙部,鄰韻相通,所以朱氏加一句説:堪、坎聲近。"④在這裏,王力先生誤解了朱書"聲近"的含義,錯釋爲"鄰韻相通"。實際上,朱書的"聲近"乃是雙聲的同義詞。鄰韻相通是段玉裁的觀點,雙聲假借是錢大昕的觀點。朱駿聲接受的是錢大昕的觀點,不是段玉裁的觀點。爲了澄清這一點,我們不妨把段、錢、朱三人的假借觀點試作比較。假借的基本原理是聲近義通。段玉裁論假借,重在辨韻。所以他説:"假借異義同字,其源皆在音韻。"⑤又説:"假借必取諸同部。"⑥而錢大昕論假借,重

---

① 《漢書》,2677 頁。
② 同上書,3 頁。
③ 同上書,1041 頁。
④ 王力《中國語言學史》,山西人民出版社,1981 年,122 頁。
⑤ 段玉裁《説文解字注》,上海古籍出版社校點本,1981 年,833 頁。
⑥ 同上書,617 頁。

在審紐。所以他説:"漢儒云某與某聲近,特就一字之聲言之,即六朝所謂雙聲也。"①並舉例説:"軒、昕雙聲,漢儒所謂聲相近也。古書聲相近之字,即可假借通用。"②段、錢二家之假借觀點不同如此。針對當時重韻輕聲的傾向,錢氏倡言"疊韻易曉,雙聲難知"。③ 而朱氏在其書的《自序》中也宣稱:"假借之理,疊韻易知,雙聲難知。"此與錢説不啻同出一口。正是由於"疊韻易知,雙聲難知",所以朱書凡言假借,如其爲疊韻、鄰韻,即不加任何説明;如其爲雙聲關係,則必用不同的措辭説明之。如"風"借爲"放",則説"風、放雙聲";"利"借爲"賴",則説"利、賴一聲之轉";"堪"借爲"坎",則説"堪、坎聲近"。所謂"一聲之轉"和"聲近",都是雙聲的不同説法。爲了説明問題,請看一個具體例子。《説文》:"涅,黑土在水中者也。"朱氏曰:"錢宫詹(按:錢大昕做過詹事府少詹事,故稱)云借爲'㘝',㘝、涅亦雙聲。"而錢大昕的原話是:"《既夕記》:'隷人涅厠。'注:'涅,塞也。'按:'涅'無塞義,蓋即'㘝'字。涅、㘝聲相近,故借用涅字。"④錢氏的"聲相近",到了朱氏那裏就成了"雙聲",然則朱氏所謂"聲近"的含義不是昭然若揭了嗎!

王力先生之所以解釋錯了,是因爲有這樣一個先入之見:"朱駿聲受段氏(玉裁)影響較多。"⑤我們認爲這是"錢冠段戴"了。我們並不否認朱駿聲受有段氏的影響,但要説到"影響較多",則非錢大昕莫屬。爲什麼這樣説?因爲朱氏是錢大昕《説文》之學的衣鉢傳人。朱鏡蓉《説文通訓定聲後序》云:"先生(謂朱駿聲)稟承家學,穎悟過人。嘉慶辛酉(1801),年四十,冠郡試。壬戌(1802),補博士弟子。嘉定錢竹汀宫詹重遊泮官,一見奇其才,曰:'吾衣鉢之傳,將在子矣!'引之几席三年,語必以上,期於通才大儒。先生每以生晚不獲久侍爲憾,然淵源所自,實已取之左右而皆逢。"類似的話又見之于朱駿聲之子朱孔彰所撰《允倩府君行述》。朱鏡

① 錢大昕《潛研堂集·答嚴久能書》,上海古籍出版社校點本,1989年,647頁。
② 錢大昕《十駕齋養新録》卷五,《續修四庫全書》本,1151册,150頁。
③ 錢大昕《潛研堂集·音韻答問》,242頁。
④ 錢大昕《十駕齋養新録》卷二"涅",114頁。
⑤ 王力《中國語言學史》,山西人民出版社,1981年,122頁。

蓉是朱駿聲的學生。這就是説，無論是朱駿聲的學生還是兒子，都認爲朱
駿聲的"淵源所自"是錢大昕。第二，讓我們看一下朱駿聲本人是怎樣説
的。爲此，讓我們考察一下朱書在"博采通人"方面是怎樣稱呼的。通觀
朱書可知，朱氏對當代通人成説的采用一般都是直呼其名，如云"段氏玉
裁云"、"王氏引之曰"、"程氏瑶田謂"，等等，唯獨徵引錢大昕説則不稱
名，而稱以"錢宮詹云"、"錢辛楣師云"、"錢竹汀師曰"，或稱官，或稱字
號，且明標"師"字。這種稱呼意味着什麼不是很清楚的嗎！許慎在《説
文解字》中只對賈逵稱"賈侍中"，段玉裁在《説文解字注》只對戴震稱"東
原師"，其意均在表明淵源所自。然則朱駿聲只對錢大昕稱官、稱字號，且
稱師，其意也不言而喻。第三，仔細研究朱書《凡例》和内容，可知朱書在
"説文"、"通訓"、"定聲"三方面都受錢大昕影響較多。關於這一點，説來
話長。筆者曾寫過一篇題爲《試論錢大昕對朱駿聲〈説文通訓定聲〉的影
響》。① 其中有較詳細的論述，有意者可以參看，此不贅。

　　最後，讓我們看一下數典忘祖，得魚忘筌之例。《爾雅·釋詁》："林、
烝、天、帝、皇、王、后、辟、公、侯，君也。"王引之《爾雅述聞》解釋説："引之
謹案：君字有二義：一爲君上之君，天、帝、皇、王、后、辟、公、侯是也；一爲
群聚之群，林、烝是也。而得合而釋之者，古人訓詁之旨本乎聲音，六書之
用廣於假借，故二義不嫌同條也。如下文'台、朕、賚、畀、卜、陽，予也'，
台、朕、陽爲予我之予，賚、畀、卜爲賜予之予。義則有條而不紊，聲則殊途
而同歸。魏張稚讓作《廣雅》猶循此例，自唐以來遂莫有能知其義者
矣。"②洪誠先生據此得出結論説："《爾雅述聞》(二義同條例)這一則，在
雅學義例上是一條重要的發現。王氏發現了這條義例，可以使我們對《爾
雅》避免許多誤解。"③我們認爲，如果考察一下《爾雅》注釋史，則所謂"王
氏發現了這條義例"，所謂"自唐以來遂莫有能知其義者矣"的説法，都是
難於成立的。

---

①　見中國歷史文獻研究會編《嘉定文化研究》，三秦出版社，1990 年。
②　王引之《經義述聞》，《續修四庫全書》本，175 册，192 頁。
③　洪誠《中國歷代語言文字學文選》，江蘇人民出版社，1982 年，92 頁。

先説是誰發現了《爾雅》二義同條例。現存完整的《爾雅》注,以晉代郭璞注爲最早。我們認爲,發現者的美名應該歸之于郭璞。請看下面的例子。

(1)《爾雅·釋詁》:"台、朕、賚、畀、卜、陽,予也。"郭注:"賚、畀、卜,皆賜予也。與猶予也,因通其名耳。"郝懿行申釋曰:"予既訓我,又爲賜予,與、予聲同,故郭云'與猶予也'。台、朕、陽爲予我之予,賚、畀、卜爲賜予之予,一字兼包二義,故郭云'因通其名耳'。"①

(2)又:"鹹、穧,獲也。"郭注:"今以獲賊耳爲鹹,獲禾爲穧"。並見《詩》。黃侃《爾雅音訓》揭櫫其義云:"'獲'兼二義,郭注明揭一訓兩義之例矣。邵晉涵《爾雅正義》説:'俘獲之獲,收穫之獲,俱通作獲,此合而釋之'。"②

(3)又:"棲、遲、憩、休、苦、欥、齂、呬,息也。"郭注:"棲、遲,遊息也。苦勞者宜止息。憩,見《詩》。欥、齂、呬,皆氣息貌。"王引之《述聞》云:"棲、遲、憩、休、苦爲止息之息,欥、齂、呬爲氣息之息。"比較郭、王之注,可知郭注雖未盡善,但就二義同條來説,實已導夫先路。

事實證明,是郭璞發現了二義同條例。黃侃先生説的尤其明白:"郭注明揭一訓兩義之例矣。"一訓兩義之例,也就是二義同條之例。

再説"自唐以來遂莫有能知其義者矣"。我們認爲,自唐以來知其義者大有人在,他並非王引之獨得之秘。先看宋人陸佃《爾雅新義》的例子:

(1)爰、粵、於、那、都、繇,於也。於,一名而兩讀。那、都、繇,於也(按:謂嘆詞於,今讀 wū);爰、粵、於,於也(按:謂語氣詞、介詞於,今讀 yú)③。

(2)台、朕、賚、畀、卜、陽,予也。予,亦一名而兩讀。台、朕、陽,予也(按:謂予我之予,今讀 yú);賚、畀、卜,予也(按:謂賜予之予,今讀 yǔ)④。

陸佃所説的"一名而兩讀",是二義同條的又一種叫法。名者,字也。

---

① 郝懿行《爾雅郭注義疏》,《續修四庫全書》本,187 册,382 頁。
② 邵晉涵《爾雅正義》,《續修四庫全書》本,187 册,77 頁。
③ 陸佃《爾雅新義》,《續修四庫全書》本,185 册,345 頁。
④ 同上書,185 册,347 頁。

一個解釋字有兩種讀音,自然意味着有兩種意義。

再看錢大昕《潛研堂文集‧爾雅答問》中的例子:

> 問:神之訓重何也?曰:重有重疊之義,又有尊重之義。從、申、
> 加,重疊之重也;神、弼、崇,尊重之重也。此與賚、昪、卜爲賜予之予,
> 台、朕、陽爲予我之予,其例相同。①

清人中早于王引之而指出二義同條例的,除錢大昕外,據我們所知,還有嚴元照和邵晉涵,分見《娛親雅言》、《爾雅正義》。爲省篇幅,不贅。總之,陸佃之例,錢大昕諸人之例,說明了王引之所謂"自唐以來遂莫有能知其義者"的說法是不能成立的。

王引之在訓詁學領域的成就是巨大的,但他有個諱言所出的毛病,這也是不能爲尊者諱的。清人姚永概曾批評說:"王氏著書之例,采唐人說寥寥矣,宋以後則絶之不及。然其說'無祇悔'之'祇'訓多;'先庚後庚,先甲後甲',謂古人吉事喜用庚甲日干,則《朱子語類》皆已詳言之。他與項安石、吳澄輩亦時有相犯者。貶而絶之,故不能不雷同於其說,抑又何也?"②從王引之在二義同條例上的立論來看,姚氏的批評可謂不誣。清儒中坐此病者頗有其人。例如段玉裁的《説文解字注》,張舜徽先生批評說:"小徐《繫傳》往往片言居要,勝於繁詞考證遠甚。段氏爲《説文注》,多陰本其說而掠爲己有。"③我們認爲,諱言所出,從學風上講有悖於實事求是;從訓詁實踐上講,它人爲地製造迷障,往往使人源流莫辨,導致數典忘祖。我們在進行廣義校勘時,對此應格外小心,盡力避免上當。

造成數典忘祖、得魚忘筌的原因,有時候並不是由於作者諱其所出。恰恰相反,作者倒是將其所出交代的一清二楚,只是由於後人在訓詁時,或出於一時疏忽,或憚於深入檢索之煩,遂造成此失。例如《左傳‧僖公四年》:"君處北海,寡人處南海,唯是風馬牛不相及也。"王力先生主編的

---

① 錢大昕《潛研堂集》,143 頁。
② 姚永概《書〈經義述聞〉〈讀書雜誌〉後》,轉引自張舜徽《文獻學論著輯要》,陝西人民出版社,1985 年,371 頁。
③ 張舜徽《説文解字約注‧略例》,中州書畫社,1983 年,2 頁。

《古代漢語》注末句云:"馬牛牝牡相誘也不相及(依孔穎達説)。風,放,指牝牡相誘。"①按:此解並非孔穎達説,而是孔穎達徵引服虔之説。所以,括弧裏的話最好改作"依孔穎達引服虔説"。這可以説是出於疏忽。但問題並未到此為止,因為服説也是有所自出的。出自何人?出自賈逵。賈注"風"云:"風,放也,牝牡相誘謂之風。"具見《尚書·費誓》"馬牛其風"句孔疏引。服注完全同于賈注。所以,括弧裏的話最好進一步改作"依孔穎達引賈逵説",因為賈説最早。又如《辭源》"臘月"條引書證云:《漢書·陳勝傳》:"臘月,勝之汝陰。"不知作者何以不取《史記·陳涉世家》,堪稱怪事。章學誠有云:"考證之體,一字片言,必標所出。所出之書,或不一二而足,則必標最初者(譬如馬、班並有,用馬而不用班)。……書有並見而不數其初,陋矣。"②可為數典忘祖、得魚忘筌之戒。

通過以上的粗略論證,如果獲得大家的如下認可,即訓詁與廣義校勘確有密切關係,不可忽視,那麼,本文的主要目的也就達到了。下面我們想連帶的討論一下方法問題。狹義的校勘,陳垣先生曾提出校勘四法,即對校法、本校法、他校法、理校法,可謂具體而微,學者多采用之。而廣義校勘的方法,學者尚無專文論及。必欲回答這個問題,目前我們也只能借用錢大昕之説:"多讀書而已,善讀書而已。"③為什麼説要多讀書?因為廣義校勘的難度遠遠大於狹義校勘,不多讀書則不足於濟事。北齊顏之推説:"校定書籍,亦何容易,自揚雄、劉向方稱此職耳。觀天下書未遍,不得妄下雌黄。"④他們都是就廣義校勘而言。説起來未免懸的太高,另人望而生畏;但這確是深味個中甘苦之言,並非故作大語驚人。我們不妨體會其精神,至少做到讀書如韓信將兵,多多益善,為什麼説要善讀書?因為中國的古書太多了,雖然經過多次水火戰亂之厄,加上流傳過程的自然淘汰,今存古書的數量仍然很大,傾一個人一生之精力也未必能讀多少,

---

① 王力《古代漢語》(校訂重排本),14 頁。
② 章學誠《文史通義·説林》,葉瑛校注本,中華書局,1985 年,349 頁。
③ 錢大昕《潛研堂集·嚴久能娛親雅言序》,423 頁。
④ 王利器《顏氏家訓集解》(增補本),235 頁。

這就需要有選擇的讀書。在這方面,傳統目錄學可以爲我們提供不少幫助。清代學者王鳴盛説:"凡讀書最切要者,目錄之學。目錄明,方可讀書;不明,終是亂讀。"可以説把目錄學的指導作用揭示得充分無遺。余嘉錫先生也説:"閲張之洞《書目答問》,駭其浩博,茫乎失據,不知學之所從入。及讀其《輶軒語》曰:'今爲諸生指一良師,將《四庫全書提要》讀一過,即略知學問門徑矣。'不禁雀躍曰:'天下果有是書耶!'"①今試舉一例。《辭源》釋"坐床富貴"云:"見宋吳自牧《夢粱録·嫁娶》。"此亦數典忘祖之病。實則當云:"見宋孟元老《東京夢華録·娶婦》。"何者?蓋吳書多有采自孟書者,此其一端而已。知者,《四庫全書提要》評介《夢粱録》云:"是書全仿《東京夢華録》之體。"一語道破其相因關係。而明人都穆的跋語也早已指出:"先自牧有孟元老者,著《夢華録》,備載汴京故事。此録續元老而作,殆合璧也。"②《辭源》此條編者昧于目錄之學,馴致此失。當然,重視目錄學也並非善讀書的全部內容,年譜、序跋、學案一類的書也往往能使我們有所得。本文言之未盡者,如果學者能夠好學深思,舉一反三,那才是真正的善讀書哩。

(原載《河南師範大學學報》[哲學社會科學版] 1993 年第 2 期)

---

① 余嘉錫《四庫提要辯證·序録》,中華書局,1980 年,46 頁。
② 見《學津討原》本《夢粱録》跋文。

# 評章太炎對《恒言録》的批評

  《恒言録》,作者錢大昕(1728~1804)。錢氏字曉徵,號辛楣,又號竹汀居士。江蘇嘉定(今屬上海)人。乾嘉學者,段玉裁説他"于儒者應有之藝,無弗習,無弗精"。一生著述很多,《恒言録》是他在詞典學方面的一部著作,在辭源學方面有重要價值。其書六卷,分 19 類,收詞 878 條。編于生前,刊於身後。關於此書本身的問題,筆者將另題研究。這裏只談談我對章太炎先生對此書評論的看法。由於章氏在學術上的崇高地位,其言往往被人引用,奉爲圭臬。竊不自揣,願略述管見,以求教于廣大讀者。

  章太炎在《新方言》序中説:"錢曉徵蓋志輶軒之官守者也,知古今方言不相遠,及其作《恒言録》,沾沾獨取史傳爲證,亡由知聲音文字之本柢。"①又説:"考方言者,在求其難通之語,筆札常文所不能悉,因以察其聲音條貫,上稽《爾雅》、《方言》、《説文》諸書,皦然如析符之復合,斯爲貴也。乃若儒先常語,如'不中用'、'不了了'諸文,雖無古籍,其文義自可直解,抑安用博引爲!"②

  在這裏,章氏是以《恒言録》和己作《新方言》作比。可以看出他對《恒言録》是不滿的,認爲它無甚可貴。而衡量可貴與否的標準,在於能否

---

①  章太炎《新方言》,《續修四庫全書》本,195 册,177 頁。
②  同上。

做到"察其聲音條貫",在《爾雅》、《方言》、《説文》諸書中找到本字。簡而言之,在於能否"尋其語根"。① 應該承認,章氏《新方言》根據聲韻轉變的規律,溝通古今,在"尋其語根"方面是卓有成績的。還應該承認,錢氏《恒言録》也並非十全十美,無懈可擊,也是完全可以批評的。但以上面的話來非難錢氏卻很難使人信服。爲什麼? 首先章氏批評的前提就有問題。他説的"錢曉徵蓋志輶軒之官守者也"云云,反映了他是把《恒言録》當作研究方言之作來看待的,但這不合乎事實。《恒言録》並非研究方言之作。恒言者,常言也,即常用詞語。像"謙虚"、"消息"、"矯枉過正"、"吹毛求疵"等詞能算是方言嗎? 而這類詞在錢書中是大量的。恒言,錢氏在其書中時或以"俗語"稱之。細考之,其中即令有一兩方言成分,但由於源出史傳,天長日久,也已進入全民語言。章氏那樣講,可謂擬非其倫,這反映章氏對方言、恒言概念的理解尚存在混亂。其次,錢氏作《恒言録》的宗旨原本就不在於"尋其語根",而是要指出常用詞語的原始出處。關於這一點,錢氏没有像慣例那樣寫篇自序,以説明作書宗旨,但翻檢書内,還是完全可以看出其用意所在的。《恒言録》卷一:"'居間'二字,蓋出於此。"卷二:"'旁邊'二字,見徐陵《雜曲》。"卷五:"世俗以早晨小食爲點心,自唐時已有此語。"卷六:"俗語多出釋氏語録,如弄巧成拙,龐居士語也。"又引《老學庵筆記》説:"今世所道俗語,多唐以來詩。"不獨此也,錢氏《十駕齋養新録》還有"古語多有本"條,他以一些成語爲例,説明人們把原始出處搞錯了。凡此,説明錢氏寫作《恒言録》的意圖,和今天通行的辭書《辭源》一樣,即"結合書證,重在溯源"。可以説《恒言録》是一部小型的常用詞語溯源詞典。一家的目的是溯詞之源,一家的目的是"尋其語根"。溯詞之源者,自必"取史傳爲證";尋其語根者,理當"察其聲音條貫"。這本是並行不悖的兩件事,怎好以自己的冠履强加别人呢!《恒言録》既是溯詞之源之作,那麼,錢氏是否也能像章氏那樣把它寫成"尋其語根"之作呢? 回答是肯定的,這正合着古人説的,"非不能也,是不爲也。"

---

① 章太炎《新方言》,《續修四庫全書》本,195 册,177 頁。

謂余不信,請看下面例子。

《新方言》卷三:

> 《説文》:"妭,婦官也。"《漢書·文帝紀》:"母曰薄姬。"如淳曰:
> "姬,音怡,衆妾之總稱"。轉平聲,亦爲怡。今人謂妾曰姬娘,音正如
> 怡。世皆誤作"姨"。姨爲妻之姊妹,非姬妾字也。①

按:章氏認爲,姨娘之姨,正字當作"妭"。章氏此説,段玉裁《説文解字注》已先言之,所以難稱創建。我們再來看看錢氏是怎麼説的。他在《廿二史考異》卷一"吕太后"條説:

> "得定陶戚姬"注,如淳曰:"姬音怡,衆妾之總稱也。"……予謂
> 姬從臣聲,姬妾字讀如怡,乃是正音。六朝人稱妾母曰姨,字易而音
> 不殊。②

可以看出,同樣是尋"姨"(姨娘之姨)的語根,錢氏比章氏不但毫不遜色,甚至可以説還略高一籌。姨之語根,錢氏定爲"姬",章氏定爲"妭",姑且無論孰是孰非,即以"察其聲音條貫"的方法而論,錢氏簡捷,從諧聲推得;章氏紆曲,從轉聲推得,相比之下,錢説似更可信。此其一。姨娘之姨,章氏認爲始於今人,而錢氏則認爲始於六朝,比章氏提前了一千多年,這對於研究漢語辭彙的發展來説,其價值自然有高下之分。此其二。如果要問錢氏何以知道始於六朝,那就請看《恒言録》卷三"稱妾母曰姨"條。在那裏錢氏舉了兩個《南史》的書證,以表明"今人稱妾母曰姨,其來久矣"。我們説《恒言録》的宗旨在於找出詞語的原始出處,於此又得一證。

當然,我們説《恒言録》的總旨在於溯詞之源,但也不排斥它在溯源的同時偶爾尋其語根。例如,卷一"脊樑"條,在舉出《朱子語類》的書證後,又説:"大昕按:脊樑即脊吕之轉。"卷二"等"字條,錢氏在舉出書證的同時又説:"世俗謂待爲等。《廣韻》:'等,多改切。'蓋古音也。"卷二"俏"字:"今人謂婦人美好曰俏。按《方言》'釥',好也。……七小切,即俗所

---

① 章太炎《新方言》,《續修四庫全書》本,195 册,222 頁。
② 錢大昕《廿二史考異》,《續修四庫全書》本,454 册,9 頁。

云俏也。"(這一條,章氏《新方言》卷二亦與錢氏同)此類情況不多,但它也表明錢氏也是熟諳此道的。

以上就是具體的例子來説的,從理論上説,我認爲錢氏也是完全勝任的。章氏《新方言》是受到戴震"轉語"的啓發,他的理論基礎是定古韻爲二十三部,定古音母爲二十一紐,在此基礎上推衍其流變。但這項理論建設,在錢大昕所生活的時代已經基本確立。錢大昕本人不但熟悉古韻(這一點,僅從其序段玉裁《六書音韻表》之初稿已可見),而且在古聲母研究上尤有卓識。章氏本人也説:"定韻莫察乎孔,審紐莫辨乎錢。"①可以説,客觀條件和主觀條件,錢氏都已具備。《恒言録》之所以没有寫成《新方言》那樣的尋其語根之作,原因不是别的,不過是作者爲其著書義例所限罷了。章氏越乎其書義例而非難之,宜乎鑿枘不入。

至於章氏批評説:"乃若儒先常語,……雖無古籍,其文義自可直解,抑安用博引爲。"這話説明白點,就是鄙薄尋找常用詞原始出處的工作,認爲不值得做。竊以爲不然。首先尋找常用詞語的原始出處並非易事。這裏舉兩個例子。《十駕齋養新録》卷一八"清慎勤"條:"王隱《晉書》載李秉《家誡》云:'昔侍坐於先帝,時有三長吏俱見,臨辭出,上曰:爲官長當清,當慎,當勤,修此三者,何患不治!'(原注:見《魏志·李通傳》注)今人謂清、慎、勤三字出於吕氏《官箴》,由未讀裴松之《三國志注》也。"②按錢氏批評的"今人"可不是等閑之輩,《四庫提要》説:"《官箴》一卷,宋吕本中撰,書首即揭清、慎、勤三字。以爲當官之法,其言千古不可易。王世禎《古夫于亭録》曰:'上嘗御書清、慎、勤三大字,刻石賜内外諸臣。案此三字,吕本中《官箴》中語也。'是數百年後尚蒙聖天子采擇其説,訓示百官,則所言中理可知矣。"③請看,找錯原始出處而張冠李戴的,不僅僅是號稱飽學之士的四庫館臣,不僅僅是曾經稱雄詩壇數十年的王漁洋,而且上至康熙皇帝,下至諸臣百官,也一股腦地都被蒙住了。這還不是天大的

① 章太炎《國故論衡》上卷《小學》,上海古籍出版社,2003 年,9 頁。
② 錢大昕《十駕齋養新録》,《續修四庫全書》本,1151 册,327 頁。
③ 《四庫全書總目》,中華書局,1965 年,687 頁。

笑話嗎！再説閻若璩，據其自述，也曾碰到溯源的難題。“使功不如使過”，這個常用語並不難解，但皇帝必須要知道它的原始出處。於是閻氏找呀找呀，前後用了二十年時間，才在《後漢書·獨行傳》中找到。錢大昕《潛研堂文集·閻先生若璩傳》記其事云：“先生平生長於考證，遇有疑義，反覆窮究，必得其解乃已。嘗語弟子曰：曩在徐尚書邸夜飲，公云：‘今晨直起居注，上問古人言“使功不如使過”，此語自有出處，當時不能答。’予舉宋陳良時有《使功不如使過論》，篇中言秦伯用孟明事，但不知此語出何書耳。越十五年，讀《唐書·李靖傳》，高祖以靖逗留，詔斬之。許紹爲請而免。後率兵破開州蠻，俘禽五千。帝謂左右曰：‘使功不如使過，果然！’謂即出此。又越五年，讀《後漢書·獨行傳》，索盧放諫更始使者勿斬太守，曰：‘夫使功者不如使過。’章懷注：‘若秦穆公赦孟明，而用之霸西戎。’乃知全出於此。甚矣，學問之無窮，而人尤不可以無年也！”①一個一代大儒爲找一個詞語的出處尚感其難如此，對於一般人來説，其困難更可想見。其次，對於古代學者來説，數典忘祖，招人譏諷，一般還只是面子上不太好看而已。但對於今天的學者來説，問題就不那麼簡單。對於漢語研究來説，溯源是題中應有之義。王力先生十分重視詞語的原始出處問題，曾説：“你如果能把每個字的每個意義都指出始見書，你的功勞就大了，你對漢語辭彙的發展就立了大功勞。這很不容易，這要博覽群書。”錢氏《恒言錄》作的正是這種工作，而章氏卻鄙視這項工作，其見解實不足取。就拿《新方言》來説，其自序説是考“今世方言”的，但仔細考證起來，就不見得了。“今人謂妾曰姬娘”，“今人通言謂此處曰者里”，果真始於今人嗎？“明時北方人自稱洒家”，端的始于明時嗎？王力先生説：“有徵和具有時代性正是理想字典的主要條件。”不少例子缺乏明確、準確的時代性，這正是《新方言》的一點不足處。

應該指出，無論是尋其語根，抑或溯詞之源，都少不了要徵之于古。但在這方面兩家的態度也略有不同，章氏尋其語根，時時流露出復古的傾

---

① 錢大昕《潛研堂集》，上海古籍出版社校點本，1989 年，678 頁。

向。例如,章氏説:"《方言》:'黨,知也。'今謂瞭解爲黨,音如董。俗作懂,非也。"①如其言,則是今人寫"懂得"當作"黨得",這行得通嗎？錢氏之溯源,意在以古證今,爲俗語取得合法地位。例如,他説:"今鄉村小民呼其妻曰家主婆,人皆嗤其俚俗,然《南史·張彪傳》:'章昭達迎彪妻便拜,稱陳文帝教迎爲家主。'是家主之稱不爲無本也。"②(《恒言録》卷三)這是一種認可俗語的態度。

錢大昕和章太炎都是語言學史上卓有建樹的大家,深得後學敬仰。他們不囿于傳統治學的範圍,分別把研究的目光投向方言、俗語,各有述作,其精神、其成績都是值得稱道的。本文的説長道短,非心存抑揚,唯在實事求是而已。

(原載《河南師範大學學報》1993 年第 9 期)

---

① 章太炎《新方言》卷二,200 頁。
② 錢大昕《恒言録》,225 頁。

# 乾嘉樸學傳黔省　西南
# 大師第一人
## ——鄭珍學術成就表微

　　鄭珍(1806～1864)，字子尹，號柴翁，別號五尺道人。貴州遵義人。
道光五年(1825)拔貢生，十七年舉人。曾兩次參加禮部試，皆不售。二十
四年，大挑二等，以教職用。咸豐四年(1854)，任荔波縣學訓導；五年，棄
官歸里。同治二年(1863)，大學士祁寯藻薦於朝，特旨以知縣分發江蘇補
用，終不應召，故人又稱之爲鄭徵士。時曾國藩駐節安徽，慕其名，亟欲一
見，鄭珍本欲出山以酬知己，但因病未成行，次年即去世，享年五十有九。
　　鄭珍的學術著作遍及四部，今傳世者計有《輪輿私箋》二卷、《鳧氏圖
說》一卷、《儀禮私箋》八卷、《巢經巢經說》一卷、《說文新附考》六卷、《說
文逸字》二卷、《汗簡箋正》七卷、《親屬記》二卷、《鄭學錄》四卷、《鄭學書
目》一卷、《母教錄》一卷、《樗繭譜》一卷、《巢經巢文集》六卷、《詩集》九
卷、《詩後集》四卷、《遺詩》一卷、纂輯《遵義府志》四十八卷、《播雅》二十
四卷。此外，據黎庶昌說，尚有《說錄》、《老子注》、《世系一線圖》、《無欲
齋詩注》等書，①皆未刊行。莫友芝曾當面品評鄭珍的著作，說："吾子平

---

　　①　見鄭珍《巢經巢集·附錄·黎庶昌〈鄭徵君墓表〉》，《續修四庫全書》本，1534 冊，
535～536 頁。

126

生著述,經訓第一,文筆第二,歌詩第三。"①此話甚有道理。鄭珍學術地位的確立,主要在於他在經學、小學方面取得的成就,所以,《清史稿》把他列入《儒林傳》,沒有列入《文苑傳》。本文的表微,重點也在於此。

習慣認爲,小學是經學的附庸,無經學即無小學,這話自然有道理。但是,反過來說,既然小學是經學的工具,那麼,當人們尚未掌握此種工具時,自然也無法進人經學的堂奥。這個相輔相成的道理,清人是很明白的。臧琳說:"不識字何以讀書?不通話訓何以明經?"②鄭珍的恩師程恩澤也說:"爲學不先識字,何以讀三代秦漢之書?"③說的就是這個道理。因此,可以這樣說,凡經學家必同時爲小學家,反過來凡小學家也必同時爲經學家。拿東漢許慎來說,他是小學家的開山祖,其《說文》一書乃我國小學的奠基之作,但他同時又是經學大師,著有《五經異義》,時人稱讚說:"五經無雙許叔重。"王力先生曾說:"如果說段玉裁在文字學上坐第一把交椅的話,王念孫則在訓詁學上坐第一把交椅。"④但段、王二人在經學上的成就也是巨大的,這是衆所周知的事,毋庸煩言。鄭珍就是這樣的一個學者,集經學家、小學家於一身,而經學之中,尤精於《三禮》。

本文的標題"乾嘉樸學傳黔省",這是因;"西南大師第一人",這是果。爲了行文的方便,本文將先說明"果",後說明"因"。

說鄭珍是"西南大師第一人",根據何在呢?第一,《清史稿·莫與儔傳》中說,鄭珍"通許、鄭之學,爲西南大師"。《清史稿》是準國史,"西南大師"四字可以看作是官方的評價。第二,陳田《黔詩紀略後編》云:"先生自負亦不淺,其《集友》詩云:'當代大師業,吾邦遲遠罩。於今三十載,守失乃在鄰。'當乾嘉時,明小學者東南老輩講明絕學,直接漢唐。至道咸後,僅王菉友(筠)、苗仙麓(夔),不足分大師之席。先生起自南荒,推闡

_____

① 莫友芝《巢經巢詩集序》,見《巢經巢集》,392 頁。
② 錢大昕《潛研堂集·臧玉林〈經義雜識序〉》,上海古籍出版社校點本,1989 年,390 頁。
③ 見鄭珍《巢經巢集·附錄·黎庶昌〈鄭徵君墓表〉》,535 頁。
④ 王力《中國語言學史》,162 頁。

小學,以通經之緒,蔚爲西南碩儒。"①陳田是後學,他的話可以代表一般學者。同時,我希望大家也咀嚼一下鄭珍的四句詩,其中的含義分明是説乾嘉學派的領先地位已經由東南沿海轉移到偏僻的貴州了,至於更深的含義,自在不言之中。第三,大家知道,清代有兩部集清人經學、小學成就之大成的書。一是阮元主編的《清經解》,收七十三家,著作一百八十三種,計一千四百卷。二是王先謙主編的《清經解續編》,收一百一十家,著作二百零九種,計一千四百三十卷。正、續兩編,作者共有一百八十三人。我在讀書之餘,考察了一下這一百八十三人籍貫,結果發現,在這一百八十三位作者中,籍貫爲江、浙、皖者占大多數,其次是福建、廣東。鄙人世居中原,而中原又號稱文化發祥之地,但細細點檢,在這一作者群中,也只有偃師武億一人而已。其他内陸邊遠省份,更是自鄶而下,無足論矣。但令人感到驚詫的是,在這一百八十三人之中,卻有鄭珍的大名在内。而且從整個西南地區來説,也唯有鄭珍一人而已。根據以上三點,我想,"西南大師第一人"的表述大致不錯。

以上只是泛論,下面我想略加細論。《清經解續編》中收鄭珍著作三種,即《輪輿私箋》、《儀禮私箋》、《巢經巢經説》,我的所謂細論,首先即以此三書爲目標。

《輪輿私箋》,是鄭珍本人對《周禮・考工記》中的《輪人》、《輿人》二節注解的一家之言,目的是闡明古代車制的。此二節雖有鄭玄的注解,但由於鄭注簡奧,後代的學者往往不能得其真解。清儒在此二節上下工夫的人也很多,雖不無精言勝義,但就總體而論,尚無可人之作。鄭珍有感於此,就決心"堅守康成,往復尋繹",②務期使古代車制大明於天下。後人如何評價鄭珍此書呢?鄭知同説:"竊以鄭注之精微,自賈疏以來,不得正解,遂如墮雲霧,説者日益支蔓,今得此《箋》,而鄭義了若指掌,更不患車制不明。"③鄭知同是鄭珍的兒子,以兒子的身份盛譽其父,雖然中國古

---

① 鄭珍《巢經巢集》,537 頁。
② 鄭珍《巢經巢集・輪輿私箋自序》,537 頁。
③ 見鄭知同《輪輿圖序》,載鄭珍《輪輿私箋》,《續修四庫全書》本,85 册,480 頁。

代有"内舉不避親,外舉不避仇"的美談,但終不免有譽親溢美之嫌。那麼,就讓我們來看一下孫詒讓是如何評價此書的。孫氏的《周禮正義》,是《周禮》注釋中的權威之作,學界早有定論。孫氏《正義》在注釋《輪人》、《輿人》二節時,遇到糾纏難明之處,除引證唐宋舊疏及乾嘉諸儒的解釋外,往往更引鄭珍之説以爲折衷。如云:"按:子尹(鄭珍之字)以車蓋爲輪輻轂軸之比例,其説甚當。"①又云:"按:子尹以弱推之入牙之爪,其説甚密。"②又云:"按:鄭子尹説甚精。輪緩之制,必如此而後牙出股外,爪仍建于牙之正中,爪内外餘地正相等,與上文蚤正之義乃合。"③諸如此類者甚多,不枚舉。

《十三經》中,"《儀禮》最爲難讀"。④ 清人對《儀禮》的研究,成果甚多,其中最爲學者所稱道的,一是淩廷堪《禮經釋例》,一是胡培翬《儀禮正義》。鄭珍的《儀禮私箋》,則在繼承前人成果的基礎上又有所前進,有所發明。《清史稿·鄭珍傳》云:"《儀禮》十七篇,皆有發明,半未脱稿,所成《儀禮私箋》,僅有《士昏》、《公食大夫》、《喪服》、《士喪》四篇。而《喪服》一篇,反覆尋繹,用力尤深。"⑤這裏舉一個淺顯的例子。《士昏禮》鄭注云,男方將要與女方結爲婚姻,"必先使媒氏下通其言"。注中的"媒氏",意思本來很簡單,用現代話來説就是"媒人",或者"介紹人"。而賈公彦則解釋説:"按《周禮·地官》有媒氏,是天子之官,則諸侯之國亦有媒氏,傳通男女,使成婚姻,故云媒氏也。"⑥胡培翬《正義》也襲用賈説。這就犯了膠柱鼓瑟的毛病。我們且看鄭珍《私箋》是怎樣解釋的:"按媒氏者,媒妁之稱。凡會合兩姓男女者,士大夫則親戚僚友爲之,是謂之媒。《周禮》'媒氏'自是官名,非以一官而與衆姓作媒也。"⑦實爲通達之論。其後,孫詒讓《周禮正義》説得就更加明白:"媒妁通辭,各有黨友,此官特

① 孫詒讓《周禮正義》,中華書局校點本,1987 年,3165 頁。
② 同上書,3167 頁。
③ 同上書,3172 頁。
④ 阮元《儀禮注疏校勘記序》,十三經注疏本,中華書局影印,1980 年,942 頁。
⑤ 《清史稿·鄭珍傳》,中華書局校點本,1977 年,13287 頁。
⑥ 《儀禮注疏》,北京大學出版社繁體字校點本,1999 年,69 頁。
⑦ 鄭珍《儀禮私箋》,《續修四庫全書》本,93 册,263~264 頁。

掌其禮法政令耳。《士昏》注所云‘媒氏’，自廣該民間媒妁言之。賈疏謂指媒氏官，非也。王畿千里，受田者三百萬家，此官止下士二人，豈能盡通其婚姻媒妁之言？揆之事理，昭較無疑。①再打個淺顯的比方來説，今天我國人口十二億，如果要請媒人通話，大家都去找民政部、民政廳、民政局的官員，行得通嗎？賈疏之謬，顯而易見。

《巢經巢經説》一卷。所謂“巢經巢”，乃鄭珍藏書室名。所謂“經説”，實相當於讀經札記。此一卷書亦精義紛呈，姑舉一例以明之。鄭珍云：

> 《爾雅·釋言》：“辟，歷也。”注云未詳。按：辟，古“霹”字；歷，古“靂”字。謂震雷也。單言則曰辟、曰歷，合言則曰辟歷。《漢書·天文志》：“辟歷夜明。”《劉向傳》：“蜺虹辟歷。”皆合言也。後世俗書並從“雨”。鄒氏按文求訓（按：即據形求義），遂無從解説。邵、郝二家疏並執辟法以通“歷”字，一云“歷，律之通”，一云“歷，秝之借”，俱未確。②

友仁按：鄭珍此解極當。所謂“邵、郝二家疏”，乃指邵晉涵《爾雅正義》和郝懿行《爾雅義疏》，這是清人中注釋《爾雅》的兩部上乘之作，學者至今尚奉爲圭臬。但在此“辟”字的解釋上，卻未免望文生義，曲爲解説。筆者翻檢了今人某氏的《爾雅今注》，仍然沿襲邵、郝誤説。筆者又翻檢了九十年代的兩部權威工具書《漢語大詞典》、《漢語大字典》，二者在字頭下也無“辟”通“霹”這一義項，令人感到美中不足。《漢語大詞典》倒是在“辟歷”條下説：“即霹靂。辟，通霹。”但何以不在字頭下就列出一義項呢？總而言之，恐怕是忽略了鄭珍的此一卷書吧。

鄭珍在小學領域的著作，以《説文逸字》和《説文新附考》最爲有名，這裏略言此二書之佳處。先説《説文逸字》。許慎的《説文》，據其自序，有 9 353 個正文，另有 1 163 個重文，即異體字。《説文》流傳到宋代，只有大徐本、小徐本兩種版本，這兩種版本收録的字數都與許慎自序不符，總

---

① 孫詒讓《周禮正義》，1033 頁。
② 鄭珍《巢經巢經説》，《續修四庫全書》本，176 册，529 頁。

的來説是多了。究竟哪些是多出的,年代久遠,很難搞清楚。段玉裁也説,"今難盡爲識別"①,只能把拿得準的刪掉。這是問題的一個方面。另一方面,還有一個逸字的問題,就是説,某字本來是《説文》中就有的,但今本没有了。究其原因,鄭珍認爲:"歷代移寫,每非其人,或並下入上,或跳此接彼,淺者不辨,復有刪易,逸字之多,恒由此作。"②對於逸字的問題,徐鉉注意到了,但所得不多,僅補出六字,段玉裁又補出了三十六字,二者合計,僅補出四十二字。鄭珍的《説文逸字》,在吸收前人成果的基礎上,共補出逸字一百六十五個,可以説比較圓滿地解決了這一問題。當然,每補一字,必須有根有據,不可滕口臆説。例如,鄭珍補一"譝"字,云:"譝,譽也。從言,繩省聲。"根據何在呢? 按《左傳》莊公十四年:"繩息嬀以語楚子。"杜預注:"繩,譽也。"孔穎達疏:"字書'繩'作'譝',字從'言',訓爲譽。"陸德明《釋文》更進一步説:"繩,《説文》作'譝'。"有此兩項根據,所以補出'繩'字。鄭珍對所補之逸文,有時加上按語,以糾正前賢之誤説。例如:"亮,明也。從儿,從高省。"這個"亮"字,段玉裁已據《六書故》所據唐本《説文》增補。但錢大昕認爲"亮"字不訓明,當訓輔佐之佐,理由是"古訓佐之字當作'倞',蓋隸變移人旁於'京'下作'亮',又省中一筆,遂作'亮'"。③ 鄭珍按語糾正説:"此未知有唐本可據也。亮本訓明,其訓佐者,'倞'之假借字。"實際上段玉裁也不贊成錢説,只是没有點名批評罷了。

再説《説文新附考》。④ 北宋徐鉉等奉詔校定《説文》,在《説文》9 353個正字之外,又增加了四百餘字,這四百餘字就叫做《説文》新附字。徐鉉在《進書表》中説:"復有經典相承及時俗要用而《説文》不載者,承詔皆附益之。"這句話不僅表明了增字的原則,而且也説明這是宋太宗的旨意。在鄭珍《説文新附考》刊行之前,先已有吳縣鈕樹玉《説文新附考》問世。

① 段玉裁《説文解字注》,上海古籍出版社,1981 年,781 頁。
② 鄭珍《巢經巢文集·説文逸字序》,344 頁。
③ 錢大昕《潛研堂集》卷五《答問》,69 頁。
④ 按:此書卷首題鄭珍作,篇中每每有其子知同的按語,以申釋其父之説。

二書同名,宗旨也一樣,但論其成就大小,則鄭書遠遠超出鈕書。不怕不識貨,只怕貨比貨,如將二書細細對讀加以比較,就不能看出孰優孰劣。據筆者管見,鄭書超出鈕書之處有兩大端。第一是觀點比較正確,第二是考證比較精確。先説第一點,鈕書認爲"新附四百餘文,大半委巷淺俗,雖亦形聲相從,實乖《倉》《雅》之正",①擺出一副看不起新附字的面孔,認爲新附字"俗"。鄭珍則説:"字,孳也,何俗乎爾。"②意思是説,"字"的本義就是孳生,隨着社會的發展,人們物質文明和精神文明生活日趨豐富,相應地造出一些新字是必然之勢,有什麼俗氣可言呢。舉例來説,魏晉以後,佛教日盛,遂造出"塔"字、"僧"字,這不是很自然的嗎?否則,又怎樣稱呼這些新事物呢? 當然,有的新附字,其實《説文》中已有,如墜,《説文》作"隊";境,《説文》作"竟",等等,新附字只是增加偏旁,形成了分別文。我們認爲,這類分別文,能使人們把概念表達得更加清楚,也不必苛責。譬如我們今天寫文章,難道非要把"朝暮"寫作"朝莫"才算好嗎? 至於説到鄭氏考證比較精當,姑以"僧"字爲例。徐鉉新附云:"僧,浮屠道人也。從人,曾聲,穌曾切。"鄭珍按:"梵語稱浮屠爲僧伽邪,省名僧,遂造僧字。僧字當出後漢。"其子知同按云:

> 鈕氏謂"僧"本"增"之俗字,《漢隸字源》引魏《大享記》殘碑"剔前僧口",知"僧"非始梵書。《詩·閟宫》:"增增,衆也。"僧亦有衆義(按:以上皆鈕氏説)。今審"僧"何得訓衆,魏時佛法已遍佈中國,僧名早有。《大享記》借"僧"爲"增"耳,不可據爲本字。③

不難看出,對"僧"字的考證,鄭是而鈕非。鈕氏所犯的一條原則性錯誤,就是想方設法要在《説文》等古書中找出新附字的本字,殊不知有的新附字並無本字,硬要去找,不僅徒勞無功,往往還會陷入誤阱。"僧"字便是一例。

人們要問,貴州是邊遠之地,遵義又處於萬山叢中,文獻缺乏,教育落

---

① 錢大昕《潛研堂集》卷二四《説文新附考序》,395 頁。
② 鄭珍《巢經巢集·説文新附考自序》,351 頁。
③ 鄭珍《説文新附考》,《續修四庫全書》本,223 册,303 頁。

後,何以出了一個鄭珍,其學術成就不僅爲西南領袖,而且見識又往往後來居上,超過乾嘉宿儒。這究竟是什麽原因? 依筆者管見,原因有二。一是由於鄭珍一生刻苦讀書,以求知爲樂事。他的家境並不好,自言"家赤貧,不給饘粥……常衣不完,食不飽"。但他自幼喜歡讀書,節衣縮食地購書,買不起就抄寫。他在一首詩中説:"生小家壁立,僅抱經與傳。九歲知有子,《山海》訪《圖贊》。十二識庾鮑,十三聞《史》《漢》。十四學舅家,插架喜偷看。鳩集四十年,丹黄不離案。有售必固獲,山妻盡釵釧。有聞必走借,夜抄恒達旦。不獨有應有,亦多見未見。"環境惡劣,家境貧苦,如果没有主觀上的自覺努力,要想有所建樹是不可思議的。至於第二個原因,那就是本文標題中的"乾嘉樸學傳黔省"七字。具體地説,是誰將乾嘉樸學傳授給鄭珍了呢? 其中最關鍵的人物是程恩澤。程恩澤,字春海,安徽歙縣人,嘉慶十六年進士,散館授編修,屢官至户部侍郎,道光十七年去世。在道光三年至五年,程官貴州學政,發現"鄭珍有異才,特優異之,餉以學,卒爲碩儒"[1]。鄭珍晚年有詩云:"我爲許君學,實自程夫子。憶食石魚山,笑余不識字。從此問鉉、鍇,稍稍究《滂喜》。相見越七年,刮目視大弟。爲點《新附考》,詡過非石氏。公時教惠、王,歸沐輒奉几。"[2]此詩中所謂"非石",乃鈕樹玉之字;所謂"惠王",是指惠棟和王念孫、王引之父子。正是由於程氏的指點,鄭珍才步入研治小學、經學的正途。程恩澤對鄭珍的期望很高,鄭珍字子尹,"子尹"之字就是程氏給起的。之所以起這樣一個字,是因爲東漢時有個學者叫尹珍,字道真,牂牁人,牂牁即今之遵義。尹珍曾經從許慎受經,"學成還鄉里教授,於是南域始有學焉",[3]將中原文化帶回了家鄉,對貴州地區的文明進步卓有貢獻。所以鄭珍《留別程春海先生》詩云:"賜我美字令我睎,以鄉先哲尹公期。無雙叔重公是推,道真北學南變夷。"[4]據《清史稿·程恩澤傳》,程曾"受經于江都凌廷

① 《清史稿·程恩澤傳》,11576 頁。
② 《巢經巢詩後集》卷二,498 頁。
③ 《後漢書·西南夷傳》,中華書局校點本,1965 年,2845 頁。
④ 《巢經巢詩集》卷一,399 頁。

堪”，而凌廷堪乃乾嘉學派中的禮學大師，尤精於《儀禮》，明白了這層關係，我們對鄭珍能於《儀禮》十七篇皆有發明也就不難理解了。對鄭珍學術成就產生影響的另外一位人物是莫與儔。莫與儔，貴州獨山人，《清史稿》列之《文苑傳》。史稱“嘉慶四年，朱珪、阮元總裁會試，所取多樸學知名士，與儔亦以是年成進士。”①後來又自請改任遵義府學教授，鄭珍遂拜其門下。莫氏大力宣導樸學，“其稱江、閻、惠、陳、段、王父子，未嘗隔三宿不言，聽者如旱苗之得膏雨”。② 這是鄭珍接受乾嘉樸學的又一途徑。説到這裏，我們就能明白，“乾嘉樸學傳黔省”，確實是鄭珍能夠成爲“西南大師第一人”的客觀原因。

鄭珍的學術成就是巨大的，筆者發自內心地佩服。但這並不意味鄭珍的學術著作一好百好，字字珠璣，毫無值得商榷之處。例如《孟子‧公孫丑下》“寡人如就見也”一句，其中的“如”字當作何解？他説：“‘如’字之義，趙氏、朱子俱未及。後人强爲通之，於語意究不融貫。按《爾雅》：‘如，謀也。’余以爲正訓此‘如’字。‘如就見’作謀就見解，語豁然矣。”③實則此“如”字是助動詞，作“應當”解，楊樹達《詞詮》舉例甚多，楊伯峻《孟子譯注》從之。筆者也認爲楊説實勝於鄭説。金無足赤，點滴小疵，瑕不掩瑜，自古到今沒有不出錯誤的大儒。而且前修未密，後學轉精，也是情理中事，無足怪者。

本文寫到此處，本應打住，但心裏總覺得鄭珍還有一些好的東西值得一表，這就是他實事求是，不慕名利的高尚人格。舉例來説，道光十八年至二十年，鄭珍應遵義知府平翰之邀，主持完成了《遵義府志》的編纂。由於此書網羅豐富，考證翔實，時人比之《華陽國志》。二十四年，貴陽知府慕其名，邀請他主持編纂《貴陽府志》，而且一邀再邀，辭意懇切，但鄭珍卻一再婉拒。他提出了五條不能受命的理由，這裏不一一敘述，有興趣者可以翻看一下《巢經巢文集》卷三《與周小湖太守辭貴陽志局書》便知端的。

---

① 《清史稿‧莫與儔傳》，13409～13410 頁。
② 同上。
③ 鄭珍《巢經巢文集》卷一，289 頁。

他自己也承認這是太守的厚愛，"既附千秋之名，又獲著書之俸"的好事，名利雙收，但他就是死活不接受。撫古思今，令人感慨萬端。今日之某些學者，強不知以爲知者有之，敷衍塞責、製造文字垃圾者有之，爭主編論坐次者有之。心中不知自愛，眼中只有孔方，其視鄭珍之行事，當作何感想邪！

（原載《河南師範大學學報》1997 年第 2 期）

# 釋 "世 業"

　　《資治通鑑》卷六五記載了歷時上有名的赤壁之戰,其中有一句魯肅在戰前勸告劉備的話:"今爲君計,莫若遣腹心自結於東,以共濟世業。"胡三省注:"世業,猶言世事也。"臺灣李宗侗、夏德益二先生《資治通鑑注》云:"世業,流傳後世的功業。"通用高中語文課本第一册選有《赤壁之戰》一文,編者注云:"世業,世代相傳的事業。"郭錫良先生等編寫的《古代漢語》上册亦有此文,雖然書内未注"世業",但其講課録音稿的解釋則與高中語文課本同。柏楊先生的《現代語文版資治通鑑》則將此句譯爲:"爲你着想,最好是派心腹人士跟東方(孫權在東)結合,共同度過難關。"私意這些注解和翻譯均有可商之處。

　　"世業"一詞,其令人費解之處在"世"字,不在"業"字。胡注釋"業"爲"事",是對的;但未釋"世"字,則主要問題仍未解決。因此,不妨説胡注是注猶未注。李、夏二先生釋爲"流傳後世的功業",釋"業"爲"功業",亦無可厚非,而釋"世"爲"流傳後世",則有王引之所謂"增字解經"之嫌。高中語文課本與《古代漢語》的解釋與此同病。至於柏楊先生的譯文似乎問題更大。爲什麽這樣説,看下文自會明白。

　　今按:"世業"之"世",當作"大"解。王國維《觀堂集林》卷三《明堂廟寢通考》云:"太室,又謂之世室,世亦大也。古者太、大同字。"王説良

136

是。古人言及此義者甚多。《禮記·曲禮下》：“不敢與世子同名。”鄭注：“世，或爲大。”蓋言異文通假也。《春秋經·桓公九年》：“曹伯使其世子射姑來朝。”孔疏：“經作‘世’，傳皆爲‘大’，然則古者‘世’之與‘大’字義通也。”《公羊傳·文公十三年》：“世室屋壞。”阮元《校勘記》云：“《釋文》：世室，二傳作‘大室’。《九經古義》云：‘《公羊》以世爲大，如衛大叔儀爲世叔，齊末樂大心爲樂世心。推而廣之，如鄭大夫子大叔，《論語》作世叔；天子之子稱大子，《春秋傳》云“會世子於首止”；諸侯之子稱世子，而晉有大子申生，鄭有大子華。是古“世”與“大”通。’”《莊子·大宗師》：“厲乎其似世乎！”郭慶藩《集釋》云：“俞氏（樾）云‘世’爲‘太’之借字是也。古無‘太’字，其字作‘大’。‘大’‘世’二字，古音義同，得通用也。”總而言之，“世”字既可通“太”，亦可通“大”，古者“太”“大”同字。“世業”之“世”，即是“大”之借字。由此可知，“世業”者，大事也。説者未能得其本字，但據借字爲説，故扞格難通。

再者，釋“世業”爲“大事”，並非自筆者始，古人已有先言之者。羅貫中《三國演義》第四十二回將此句譯爲“今爲君計，莫若遣心腹往結東吳，以共圖大事”。羅氏雖然不以訓詁名家，可這“大事”二字下得十分貼切，可謂確詁。

如果上面的結論不誤，那麽，下面就申釋一下“大事”的具體所指。《左傳·成公十三年》：“國之大事，在祀與戎。”《爾雅·釋天》：“起大事，動大業，必有事乎社而後出。”邢疏引孫炎曰：“大事，兵也。”戎也，兵也，用今天的話來説就是戰爭。具體到“世業”一詞，指的就是抗曹。魯肅在會見劉備之前曾向孫權建議，希望讓他去“説備使撫表衆，同心一意，共治曹操”。這“同心一意，共治曹操”八個字，不正是“共濟世業”的注腳嗎？所以，所謂“共濟世業”，其意乃是“共同打好抗曹之戰”。質言之，就是“共同打敗曹操”。如此而已，豈有他哉。

（原載中華書局《文史》第四十五輯）

　　**友仁按**：近日查閲《漢語大詞典》“世業”條，其釋義爲：5.猶世事。《資治通鑑·漢獻帝建安十三年》：“今爲君計，莫若遣腹心自結於東，以共濟世業。”胡三省注：“世業，猶言世事也。”（第一卷，502 頁）是釋義亦有不安也。

# 曾參之"參"讀音質疑

　　孔子弟子曾參之"參"，今人皆讀作 shēn，例如《漢語大詞典》"曾參殺人"條、《辭海》"曾參"條、王力《古代漢語》的《論語‧學而》注、楊伯峻《論語譯注》等，皆讀作 shēn。考查古人對此"參"字的注音，歷來就有兩種不同的讀法：一是讀 shēn，一是讀 cān。讀 cān 者乃是"驂"的借字。最早讀 shēn 的，大概是東漢的許慎，他在《説文‧林部》的"森"字下説："讀若曾參之參。"而最早讀 cān 的，大概是晉代的晉灼。阮元《孝經釋文校勘記》説："案：晉灼讀'參'如'宋昌參乘'之'參'"，今《漢書‧文帝紀》作"驂"。翻檢隋唐之際陸德明《經典釋文》對此"參"字的注音，結果如下：其《禮記‧檀弓上》注云："曾參，所金反，一音七南反。後同。"其《論語‧學而篇》注云："參，所金反，又七南反。"其《孝經‧開宗明義章》注云："參，所林反。"由此可以看出，唐以前的經師對此"參"字的讀音分爲兩派：一派讀所金反或所林反，即讀 shēn；一派讀七南反，即讀 cān。陸德明本人是傾向於讀 shēn 的，所以，雖然兩種讀法並存，但他卻總是把所金反的讀音作爲首選讀音放在前邊。至於《孝經》中"參"字的注音，他乾脆就抹掉了"七南反"的一讀。此後很長時間，大約是大多數人都讀 shēn。例如對宋代以後讀書人影響很大的朱熹的《論語集注》，其《里仁篇》就注云："曾參，所金反。"

從明末開始,學者開始對所金反的讀音提出批評。首先,方以智在《通雅・姓名》中説:"曾參,字子輿,參當音參乘之驂。"王夫之《禮記章句》卷三説:"參,如字,俗讀如蓡者誤。"清代的乾嘉學者,大抵皆以讀"驂"者爲是。王引之《春秋名字解詁》云:"曾參,字子輿(《史記・仲尼弟子列傳》)。參,讀爲驂。《秦風・小戎篇》箋云:'驂,兩騑也。'桓三年《左傳正義》云:'初駕馬者,以二馬夾轅而已。又駕一馬與兩服爲參,故謂之驂。又駕一馬謂之騑。故《説文》云:驂,駕三馬也。騑,一乘也。'名驂字子輿者,駕馬所以引車也。"在王引之看來,"參"是假借字,其本字是"驂",他在《春秋名字解詁》中曾明確提出:"古人名字多假借,必讀本字而其義始明。"盧文弨《經典釋文考證・論語音義考證》云:"曾參,所金反,又七南反。案曾子字子輿,當讀爲七南反,與'驂'同,而今人咸不然。《孝經音義》止有所林反一音,非。"王筠《説文釋例》卷一一、朱駿聲《説文通訓定聲》也都以"參"爲"驂"的借字。以上學者之所以主張參爲驂的借字,當讀爲"驂",是因爲根據名字相應的規律,此參字只有讀"驂"才説得通。所謂名字相應規律,粗線條地講,有兩條。一條是名與字是同義詞,是相輔相成的關係,例如孔子的學生宰予,字子我;司馬耕,字子牛。一條是名與字是反義詞,是相反相成的關係。例如曾子的父親名點,字皙,點是黑,皙是白,名與字之間是反義關係。曾參,字子輿,"參"的本字是驂,義爲駕在車前兩側的馬,輿是車,其名字之間是相輔相成的關係,所以王引之説是"駕馬所以引車也"。

讀所金反的參,《説文》作"曑",隸變作"參",意爲"商星也"。就古音講,驂與作商星講的參,讀音很相近,因爲他們有共同的聲符。在《廣韻》中讀所金反的參,入平聲侵韻,讀七南反的參,入平聲覃韻。《集韻》同。

名字相應規律,是古代學者經常使用的一種訓詁手段,而且在某種特定情況下,也唯有這種手段可以解決問題。例如《説文》:"施,旗貌。齊欒施字子旗,知施者旗也。"如無欒施的名字爲證,許慎很可能就無法知道"施"的本義。《禮記・檀弓下》:"子顯以致命于穆公。"鄭玄注:"盧氏云:

古者名字相配,'顯'當做'韁'。”因爲盧植知道,子顯是字,其名曰縶,縶是絆馬索,顯、縶不相配,只有作“韁”,作馬腹帶講,才與縶字相配。《漢書・劉向傳》:“向,字子政。”顏師古注:“名向,字子政,義則相配。而近代學者讀'向'音'餉',既無別釋,靡所據憑,當依本字爲勝也。”本文末了,就套用顏師古的話作爲結尾:“曾參,字子輿,義則相配。而近代學者讀'參'音 shēn,既無別釋,靡所據憑,當依本字讀 cān 爲勝也。”

(原載中華書局《學林漫録》15 集)

# 釋"官箴"

## ——讀《紅樓夢》札記

　　《紅樓夢》第九十九回的回目是"守官箴惡奴同破例,閱邸報老舅自擔驚"。其中的"官箴"當作何解,竊以爲説者多不了了。例如:中國藝術研究院《紅樓夢》研究所的注文是:"官箴——本指古代百官規勸帝王過失的箴辭,後來成爲對官吏箴言誡辭的泛稱。箴,勸戒。"馮其庸、李希凡先生主編的《紅樓夢大辭典》(文化藝術出版社 1990 年 1 月第一版)釋作"泛指對官吏的告誡"。周汝昌先生主編的《紅樓夢詞典》、上海市《紅樓夢》學會和上海師範大學文學研究所合編的《紅樓夢鑒賞辭典》的解釋和上引注文、釋文基本一樣。筆者認爲,上述這些解釋都失之浮泛,沒有説到點子上,當然也就不可能真正解決人們讀此回書時所提出的疑問。我又試着翻檢了幾種港臺出版的有關著作,亦無所獲。比較而言,倒是臺灣出版的《中文大辭典》略微透出了一點消息。此書的"官箴"條釋義説:"書名,宋吕本中撰,一卷。篇帙無多,而語皆明切。其首揭清、慎、勤三字,千古言吏治者,莫能易也。"初看起來,這似乎與《紅樓夢》此回的"官箴"毫不相干,實則不然。如果我們做個有心人,循此線索去順藤摸瓜,雖不能滿載而歸,而小有收穫還是可以做到的。

　　今按:清、慎、勤三字正是《紅樓夢》此回"官箴"的具體内容。何以見得？首先，《四庫全書總目·史部·職官類》："《官箴》一卷，宋呂本中撰。此書多閱歷有得之言，可以見諸實事。書首即揭清、慎、勤三字以爲當官之法，其言千古不可易。王士禛《古夫于亭雜錄》：'上嘗御書清、慎、勤三大字，刻石賜内外諸臣。案此三字，呂本中《官箴》中語也。'是數百年後尚蒙聖天子采擇其説，訓示百官，則所言中理可知也。雖篇帙無多，而詞簡義精，故有官者之龜鑑也。"今檢呂氏《官箴》，全書共三十三條，其首條開頭云："當官之法，唯有三事：曰清、曰慎、曰勤。"與《四庫全書總目》所説相合。王士禛，順治進士，官至刑部尚書。康熙四十三年罷官歸里，康熙五十年去世。《古夫于亭雜錄》是他罷官後所作。該書卷一説，"清、慎、勤三大字，士禛二十年前亦蒙賜。"由此可知，他所説的"上嘗御書"之"上"，當是指康熙皇帝。這説明清代把清、慎、勤三字當作欽定的官箴是始於康熙。四庫館臣稱讚此三字"千古不可易，固有官者之龜鑑"，而《四庫全書總目》乃是乾隆欽定之書，這又説明在乾隆時期仍然是遵行祖宗舊制，以清、慎、勤三字爲官箴的。趙翼是位乾嘉學者，他在《陔餘叢考》卷二七《清慎勤匾》條中説："各衙署訟堂多書清、慎、勤三字作匾額。"這更是一條有力的證據。我們知道，《紅樓夢》一書的時代背景正是所謂康、乾盛世，這種時代的吻合，説明曹雪芹筆下的"官箴"絶非浮泛之詞。順便説一下，以清、慎、勤三字爲官箴，不僅行之于康、乾之世，而且通之於有清一代，所以梁啓超在《新民説·論公德》中説："近世官箴，最膾炙人口者三字，曰清、慎、勤。"

再從本回書中求之。這一回寫的是賈政由工部郎中的京官外放江西糧道，上任伊始，賈政"一心作好官"，但做起事來，"樣樣不如意"。問起下人李十兒是何緣故，李十兒就講了一通"哪個不想發財"的道理。賈政便説："據你一説，是叫我做貪官嗎？送了命還不要緊，必定將祖父的功勳抹了才是？"十兒答道："老爺極聖明的人，没看見舊年犯事的幾位老爺嗎？這幾位都與老爺相好，老爺常説是個做清官的，如今名在那里？"這不正扣着"官箴"中的"清"字嗎？所謂"守官箴"者，第一就是要守住這個"清"字。

據《清會典》卷一一《吏部》記載，當官如果"不謹"（按：即不慎）或

“罷軟無爲”（按：即不勤）其處分一律是革職，但尚無身家性命之憂。而“凡官貪者（按：即不清），則特參”。特參的處分則明顯重於“不謹”和“罷軟無爲”，用賈政的話來説就是：“送了命還不要緊，必定將祖父的功勳抹了才是？”由此看來，作爲清代官箴的清、慎、勤三字，“清”是第一要緊之字。

如果以上考釋不誤，除了有關注文、釋文應作適當修正外，筆者還建議給“官箴”二字加上篇名號。它作爲一篇文章雖然只有三個字，但字數再少也是一篇文章。《文心雕龍・銘箴》云：“其摛文也，必簡而深。”即文不多而含義深遠。宋代的《戒石銘》：“爾俸爾禄，民脂民膏。下民易虐，上天難欺。”（見洪邁《容齊續筆》卷二）多也不過十六字。所以，銘箴之爲用，原不在於字多。

最後須要指出，訓詁學講究事必溯典，從這個意義上説，四庫館臣與王士禎等人都犯了没有窮波討源的毛病。王士禎説，清、慎、勤三字，“吕本中《官箴》中語也”。四庫館臣附和其説，乾隆皇帝也加以認可（康熙及内外百官受蒙蔽與否且不説），但究其實，此三字並非吕本中的發明，首先提出這三個字並把它看作當官要領的是晉武帝的父親司馬昭。《三國志・李通傳》裴松之注引王隱《晉書》曰：“（李秉）昔侍坐於先帝，時有三長吏俱見。臨辭出，上曰：‘爲官長當清、當慎、當勤，修此三者，何患不治乎？’並受詔。既出，……上又問曰：‘必不得已，於斯三者何先？’或對曰：‘清固爲本。’次復問吾，對曰：‘清慎之道，相須而成。必不得已，慎乃爲大……’上曰：‘卿言得之耳。’”這段話又見於《世説新語・德行》“晉文王稱阮嗣宗至慎”條注。乾嘉學者錢大昕正是看到了司馬氏之冠由吕氏來戴的錯誤，所以在其《十駕齊養新録》卷一八“清慎勤”條説：“今人謂清、慎、勤三字出於吕氏《官箴》，由未讀裴松之《三國志》注也。”所謂“今人”，想必是指四庫館臣等人，説不定也包括乾隆在内。因不便指斥，故籠統謂之“今人”。錢氏所説，對於我們正確解釋“官箴”也不無補益。

（原載中華書局《學林漫録》第 15 集，2000 年）

# 説　"奠"

　　一天，我突然收到一個做中學語文教師的學生的來信，説："最近，我的學生問了我一個有關喪禮的問題：爲什麼棺木上面和花圈上面會有一個'奠'字。我查了《辭海》等工具書，覺得也不解決問題。"希望我能夠幫助他。老實説，學生提出的這個問題，實際上也是我這個當老師的問題，只不過司空見慣，沒有像學生那樣刨根問底罷了。學生的提問，促使我翻書讀書，以期把這個似乎不是問題的問題搞明白。

　　在進入正題之前，容我先説幾句鋪墊的話。第一，棺木正前方有一個大大的"奠"字，這種習俗起於何時，目前還不清楚。但有一點是清楚的，就是，這種習俗完全屬於"國粹"，和洋人不搭界。這和花圈不同。花圈是中西文化結合的産物，花圈這種形式，屬於舶來品；而花圈中央的"奠"字，則完全是中國傳統文化的反映。第二，無論是棺木上的"奠"字，還是花圈上的"奠"字，其含義是一樣的，都是"祭奠"的意思。那麼，問題就來了：既然是"祭奠"的意思，爲什麼不直截了當地寫個"祭"字，偏要寫個"奠"字呢？我想，我的學生之所以提出這個問題，原因大概就在於此。

　　翻檢當代的語詞字典、詞典，確實不解決問題。例如：

　　《現代漢語詞典》（修訂版）"奠"的釋義是："用祭品向死者致祭。"

　　《辭海》"奠"字的釋義是："祭：向鬼神獻上祭品。"

《漢語大詞典》釋"奠"云:"謂置祭品祭祀鬼神或亡靈。"

《漢語大字典》釋"奠"云:"將祭品置於神前祭神。特指初死時的祭祀。"

上述當代權威的字典、詞典對"奠"字的釋義,大同小異,但總的説來,未解決我們的問題。試問,既然是"向死者致祭",乾脆寫個"祭"字不得了,何必還要轉文,故作高深,用個"奠"字呢? 實際上,這不是個轉文的問題,而是一個非這樣寫不可的問題。換言之,只有用"奠"字才是對的,用"祭"字就錯了。問題是,當代的字典、詞典對"奠"的釋義都不夠準確,似是而非,更沒有把這個爲什麼非這樣寫不可的道理講出來。

但是,如果我們查閱一下古代的字典、詞典,那就有可能受到啓發,找到答案。《説文》云:"奠,置祭也。《禮》有奠祭。"段玉裁注云:"置祭者,置酒食而祭也。《禮》,謂《禮經》。《士喪禮》、《既夕禮》,祭皆謂之奠。"按:段注所謂"《禮經》",就是今天的《儀禮》。而《士喪禮》和《既夕禮》,則是《儀禮》中的兩篇,其内容是記載一個人從始死到下葬的全部禮儀的,而其中凡是説到祭,一律稱之爲"奠"。至此,我們似乎已經可以有所領悟:許慎的意思是説,"奠"是從始死到下葬這段時間内的奠置酒食之祭。王筠《説文句讀》認爲,"奠"的本義是置,作爲"祭禮中之一名",是"奠"的引申義,也有助於我們的理解。劉熙的《釋名》一書,是專講事物命名的來歷的,他在《釋喪制》一節中説:"喪祭曰奠。奠,停也。"劉熙所説的"喪祭",即指葬前之祭。葬後之祭,就不叫做喪祭,而叫做吉祭。另外,"奠"、"置"、"停"三個字的古音相近,音近義通,都有"放置"之義。《説文》和《釋名》,屬於字典和詞典。我們如果把它們的釋義與歷代學者的注經互相驗證,就會發現二者的解釋完全一致,合若符契。例如,鄭玄在注《周禮·地官·牛人》時説:"喪所薦饋(按:薦謂進獻主食,饋謂進獻副食)曰奠。"賈公彦進一步加以解釋説:"喪中自未葬以前無尸,飲食直(按:僅僅之意)奠停於神前,故謂之奠。"《禮記·檀弓下》:"奠以素器,以生者有哀素之心也。"孔穎達疏云:"奠,謂始死至葬之時祭名。以其時無尸,奠置於地,故謂之奠也。"李如圭《儀禮集釋》云:"自始死至葬之祭

曰奠。不立尸，奠置之而已。”朱熹《儀禮經傳集釋》云：“自葬以前，皆謂
之奠。其禮甚簡，蓋哀不能文，而於新死者亦未忍遽以鬼神之禮事之也。”
清儒萬斯大《儀禮商》云：“未葬之前，有奠無祭。葬之日，以虞易奠，謂之
喪祭。終虞之明日，卒哭有祭，乃謂之吉祭。”胡培翬《儀禮正義·士虞
禮》云：“自始死至葬，皆奠而不祭。至虞，始立尸如祭禮。”綜上所述，可
知，葬前之祭，只能叫奠，不能叫祭。換句話説，下葬是條界線，下葬之前
的所有薦饋活動都叫做奠，下葬之後的所有薦饋活動都叫做祭。

　　那麽，下葬之前都有哪些奠呢？根據《儀禮》的《士喪禮》與《既夕禮》
兩篇的記載，喪奠有十：一是始死之奠（人剛死時向死者進獻酒食），二是
小斂奠（死後第二天小斂時的進獻酒食），三是大斂奠（死後第三天大斂
時的進獻酒食），四是朝夕奠（死後第五天朝夕哭時所設之奠），五是朔月
奠（即每月初一所設的奠。因爲按照古禮規定，士三月而葬，大夫、諸侯、
天子的停殯待葬時間更長，所以才會有朔月奠），六是月半奠（每月望日所
設之奠），七是薦新奠（進獻當令五穀瓜果之奠），八是遷祖祭（爲遷柩朝
祖所設之奠），九是祖奠（柩車啓行以後所設之奠。此“祖”是開始上路之
意），十是大遣奠（又叫葬奠，是與靈柩作最後告別之奠）。上述十奠，根
據其進獻酒食的豐盛程度，分爲小奠和殷奠兩類。始死之奠與朝夕奠是
小奠，其供品只有脯醢醴酒而已；其餘八奠是殷奠。殷者，大也。殷奠不
僅有脯醢醴酒，而且有牲體。這就是孫詒讓在《周禮正義·天官·籩人》
中説的：“凡喪禮之奠有十，惟始卒及朝夕奠爲小奠，其小斂、大斂、朔月、
月半、薦新、遷祖奠、祖奠、大遣奠，並有牲體，爲殷奠。”翻書可知，不僅是
《儀禮》中的這兩篇，就是《禮記》和《周禮》二書中凡是談到葬前之祭者，
也一律都是用“奠”字來表示，無一例外。

　　那麽，下葬之後都有哪些薦饋活動呢？一是虞祭。虞是安的意思。
這是葬畢當天中午，將死者靈魂迎回殯宮而舉行的安魂之祭。虞祭，鄭玄
認爲是喪祭，孔穎達則認爲是吉祭，今從孔。據《儀禮·士虞禮》，士葬後
要舉行三次虞祭：初虞、再虞和三虞。葬畢當天中午舉行的虞祭是初虞，
中間隔一天，舉行再虞；再虞的次日，舉行三虞。二是卒哭之祭。卒是停

止之義。此前,孝子不論什麼時候,只要感到心酸悲哀就可以哭。卒哭祭後,由於悲哀有所緩和,就要停止這種什麼時候想哭就哭的作法,而改爲朝夕各一哭。《禮記・雜記下》説:"士三月而葬,是月也卒哭。"三是祔祭。這是將死者按昭穆輩分附於祖廟之祭,在卒哭的次日舉行。四是小祥之祭。又叫練祭。在死後一年舉行,今俗謂之"一周年"。五是大祥之祭,在死後兩年舉行,今俗謂之"兩周年"。六是禫祭,在大祥祭後隔一個月舉行。禫是除服之祭,三年之喪,至此結束,孝子從此可以過正常的生活了。總而言之,上述的六項薦饋活動,是祭,不是奠,屬於吉祭,不屬於喪祭。《禮記・曲禮下》説:"居喪,未葬,讀喪禮。既葬,讀祭禮。"孔穎達疏云:"喪禮,謂朝夕奠、朔望奠等禮也。祭禮,謂虞、卒哭、祔、小祥、大祥之禮也。"祭禮,也叫吉禮。《禮記・祭統》云:"禮有五經,莫重於祭。"鄭玄注云:"禮有五經,謂吉禮、凶禮、賓禮、軍禮、嘉禮也。莫重於祭,謂以吉禮爲首也。"可知祭禮即吉禮。

　　至此,我們已經明白,"奠"與"祭"是兩個不同的概念,不能隨意置換。"奠"與"祭"的區別至少表現在:第一,奠是喪祭中的薦饋活動,而祭則是吉祭中的薦饋活動。前者屬於凶禮,後者屬於吉禮。二者在五禮中的大類就不一樣。凶禮強調的是悲哀,吉禮強調的是恭敬。第二,奠的時候,是把死者當作生人來看待的;而祭的時候,是把死者當作鬼神來看待的。《檀弓下》云:"虞而立尸,有几筵。卒哭而諱,生事畢而鬼事始已。"孔穎達疏云:"此一節論葬後當以鬼神事之。禮,未葬,猶生事之,故未有尸;既葬,親形已藏,故立尸以繫孝子之心也。"陳祥道《禮書》云:"蓋喪禮,始喪而奠,則無尸,以人道事之也。既葬而祭,則有尸,以神道事之也。"第三,凡奠,皆無尸;而凡祭,必有尸。尸是代替死者受祭的活人,從死者的孫子輩中選用。有的學者非常強調這一點。秦蕙田在《五禮通考》卷六二就説:"後世祭不立尸,強名曰祭,實爲薦、爲厭、爲奠而已。"簡言之,祭而無尸,就不能叫做祭。第四,奠的時候,死者的兒孫要稱"哀子""哀孫";而祭的時候,死者的兒孫要稱"孝子""孝孫"。這就是《禮記・雜記上》所説的:"祭稱'孝子''孝孫',喪稱'哀子''哀孫'。"孔穎達解釋這句話説："祭,吉祭也。謂自卒哭以後之祭也。吉則申孝子心,故祝辭云孝也。喪稱哀子哀孫者,凶祭,謂自虞以前祭也。喪則痛慕未申,故稱哀也。"第五,奠用樸素無華之器,祭則用有飾之器。《檀弓下》云:"奠以素器。"鄭玄注云:"凡物,無飾曰素。"孫希旦《集解》云:"蓋奠主哀,故器無飾;祭主敬,故器有飾。"第六,由於奠時無尸,所以其禮儀簡單,只要奠置於地或席上即可;而祭時有尸,就涉及飲食之禮,其禮儀就繁縟。我們只要看一下《儀禮》中的《士虞禮》,就會對祭禮的繁文縟節有所領教。而《禮記·禮器》中説到的"季氏祭",時間拖得很長,"日不足,繼之以燭",参加祭祀的人,一個個累得東倒西歪,左倚右靠,勉强支應(原文是"有司跛倚以臨祭"),簡直叫人視爲畏途了。

至此,我想,我們已經找到了答案。看來,關鍵在於我們對"奠"的含義的認識。如果我們認識到"奠"在這裏是"葬前之祭",而葬前之祭只能稱作"奠";如果我們又認識到"奠"與"祭"雖然是同義詞,但在某些場合又絶不能隨意代換:葬前只能用"奠",葬後只能用"祭"。那麽,我們的問題也就迎刃而解了。因爲我們看到的棺木和花圈上的"奠"字,正是在下葬之前(儘管古代沒有花圈奠,這叫做"禮以義起",不過是新瓶裝舊酒罷了)。《現代漢語詞典》有"祭奠"一詞,這説明今人已經不再區分"祭"與"奠"的不同。但棺木和花圈上的這個"奠"字,不僅保留了"奠"字的古義,更重要的是,它還是古禮的遺存。所謂"禮失而求諸野",信乎哉!

以上所説,當否,不敢知,幸讀者有以教之。

本文末了,談一點感想。作爲一個中學語文教師,知識面太窄了恐怕不行,那樣就不足以應付學生提出的各種問題。本文涉及的問題,屬於經學方面的問題。看來,無論是綜合性大學還是師範性大學的大學生,還是應該學習一點經學。這裏所説的"學習一點經學",完全是從繼承優秀傳統文化遺產的角度,從完善中學語文教師素質的角度來説的,和所謂的"尊孔讀經"毫不搭界。范文瀾先生在其《經學講演録》中劈頭的一句話就是:"經學與中國文化的關係很密切。"把經學與中國文化的關係説得非常明白。反過來説,離開經學,中國文化就很難説得清楚。解放前,朱自清先生寫過一本叫做《經典常談》的小冊子,主要介紹的就是儒家經典。八十年代,三聯書店重印此書,葉聖陶先生寫了一篇《重印〈經典常談〉序》,其中寫道:"在高等教育階段,學習文史哲的學生就必需有計劃地直接跟經典接觸,閱讀某些經典的全部和另外一些經典的一部分。那一定要認認真真地讀,得到比較深入的理解。"竊以爲,葉聖陶先生的這個意見,值得我們認真考慮。

(原載《文史知識》2002 年第 11 期)

# 稱謂的誤解和亂用

## 一、"我的夫人"滿天飛

最近,我以"我的夫人"爲關鍵詞,用 google 引擎在互聯網上搜索,得到 6 170 項查詢結果。其中自然有重複。就是去掉重複,剩下的數字也不會小。這裏姑舉數例以明之。

《中華讀書報》2001 年 3 月 28 日第 12 版載有李蘊昌的文章,標題就是《我的夫人揚沫》;白岩松撰寫的《全方位球迷》中説:"我的夫人也是球迷。"著名體育節目主持人宋世雄説:"在我取得的許多成績中,我的夫人對我的幫助很大。"(見談健《夫人眼中的宋世雄》,載《中國讀書網》)2002 年 7 月 25 日《人民日報》海外版載有范寶龍《泰思河畔"清華之家"》一文,其中有云:"早在 1998 年初,我的夫人馮梅在清華畢業 5 年之後,來這裏攻讀博士學位。"這些都是見諸文字的,至於訴之口頭的,那就無法統計了,所以我説是"滿天飛"。

"夫人"一詞,古今都能用,問題是用的場合有講究。"夫人"只能用於他稱,不能用於自稱。説得再明白點,只能説"您的夫人"、"他的夫人",不能説"我的夫人"。"夫人"是尊稱,而尊稱只能用於他人,不能用於自己。這是幾千年的老規矩,老傳統。《論語・季氏》:"邦(一本作

151

“國”)君之妻,君稱之曰夫人,夫人自稱曰小童,邦人稱之曰君夫人。”《禮記·曲禮下》:“天子之妃曰后,諸侯曰夫人。”孔穎達疏云:“諸侯曰夫人者,夫人之名,唯諸侯得稱,《論語》曰‘邦君之妻,邦人稱之曰君夫人’是也。”難道上文執筆諸公都是以諸侯自居的嗎? 我想不會。《明史·職官志一》記載:“外命婦之號九: 公曰某國夫人。侯曰某侯夫人。伯曰某伯夫人。一品曰夫人,後稱一品夫人。二品曰夫人。三品曰淑人。四品曰恭人。五品曰宜人。六品曰安人。七品曰孺人。”清代外命婦的稱號,大體與明代相同,具見《清史稿》卷一一〇,此不贅。由此可知,只有封爵是公侯伯的妻子和一品、二品大員的妻子,才有資格被封贈爲“夫人”。請注意,這裏說的是公侯伯的妻子和一品、二品大員的妻子有資格被皇帝封贈爲夫人,並不意味着這些大員在對外的場合就自稱其妻子爲夫人。

清末梁章鉅寫了一部《稱謂錄》,該書卷五在“對人自稱妻”下面,一共列了六種稱呼:“內、內子、內人、室人、荊婦、山妻”,唯獨沒有“夫人”一詞;而在“稱人之妻”下面則列有“夫人”一詞。這說明,至少從孔夫子到清末,“夫人”總是用於他稱的。

在今天林林總總的辭書中,我認爲,惟有《現代漢語詞典》(修訂版)對“夫人”的釋義是正確的:“古代諸侯的妻子稱夫人。明清時一二品官的妻子封夫人,後采用來尊稱一般人的妻子。現在多用於外交場合。”說的是“尊稱一般人的妻子”,恐怕不包括自己的妻子在內。

再翻看《漢語大詞典》對“夫人”的釋義,共有五個義項,其第五個義項是:“對自己及他人妻子的尊稱。”看來,稱呼自己的妻子爲“我的夫人”是言之有據了。可是且慢,此條釋義下邊列舉的兩個書證並不支持這種提法。書證一是巴金《滅亡》第七章:“他底身邊坐着他底新婚夫人鄭燕華。”書證二是茅盾《子夜》三:“我看見他出去。吳夫人。”兩個書證,講的都不是“對自己妻子的尊稱”,而是對他人妻子的尊稱。看來,要想從規範的文學作品中找到“對自己的妻子”可以“尊稱”夫人書證也很難。蔡希芹《中國稱謂辭典》79頁:“夫人,對婦女的尊稱。《三國演義》第十六回:操曰:‘夫人識吾否?’鄒氏曰:‘久聞丞相威名,今夕幸得瞻拜。’操曰:‘吾爲夫人故,特納張繡之降,不然滅族矣!'後泛稱妻子爲夫人。"按:鄒氏是驃騎將軍張濟之妻,地位與諸侯之妻相當,曹操稱之爲夫人宜也,但不能由此而得出結論:"夫人"是"對婦女的尊稱";至於由此而引申出"後泛稱妻子爲夫人",則語義含混("妻子",誰的妻子? 包括不包括自己的妻子?),置之毋論可也。

對他人稱呼自己的妻子,一般人,甚至目不識丁者,可能用語粗俗,但絕對不會出錯。而用詞不當的恰恰是高學歷的知識分子,言之令人扼腕。竊以爲,如果我們要展示自己的談吐儒雅,"我老婆"、"我屋裹的"、"我媳婦"之類的稱呼略嫌土氣,可以不用;"拙荊"、"賤內"、"糟糠"之類的稱呼又迹近迂腐,也可棄置;權衡比較,不妨就稱"我太太",不是也很好嗎!《現代漢語詞典》(修訂版)對"太太"的一個釋義就是:"稱某人的妻子或丈夫對人稱自己的妻子(多帶人稱代詞做定語):我太太跟他太太原來是同學。"或者樸樸實實地來一句"我的妻子",也十分得體。

# 二、稱名稱字亂了套

古人,特別是士大夫階層,往往不僅有名,而且有字。這個傳統,在我們的老一輩中還較多保留着,到了像我這樣年齡的人(筆者虛度六十有五),有名有字的人,即令是有,怕也是微乎其微了。可能正是由於少見多怪的原因,於是就出現了稱名稱字亂了套的現象。這種現象,不少有識之士已經先我而談到了。例如,周汝昌先生説:"中華讀書人(知識分子也),對人不能直呼其名,那最無禮貌了,只稱表字。所以當面也好,背後也好,我總稱'啓元白'、'元白先生'——元白是啓功先生的表字,但現下很少講究此禮了。"(見《雅人深致——偶憶與啓功先生相交舊事》,載人民網 2002 年 12 月 29 日)

"現下很少講究此禮了",此話一點不假。這樣的例子很多。《中華讀書報》2002 年 12 月 18 日 12 版載有劉兆吉《劉文典先生遺聞軼事數則》一文,説的是 1929 年,劉文典先生任安徽大學校長,由於該校學生鬧學

潮,教育部下文"傳令劉文典,蔣委員長召見"。劉文典發牢騷:"我劉叔
雅(按:劉文典,字叔雅)並非販夫走卒,即是高官也不應對我呼之而來,
揮手而去!"這裏説"我劉叔雅"云云,恐怕不是實録。身爲大學校長的劉
文典,不會不知道,自稱只能稱名,不能稱字的道理。

　　幾千年來的讀書人當中,要説名氣大,地位尊,没有超過"聖人"孔丘
的,而孔夫子自稱也是自稱其名。試看,《論語·季氏》:"丘也聞有國有
家者,不患寡而患不均。"《論語·述而》:"丘也幸,苟有過,人必知之。"
《禮記·禮運》:"孔子曰:'大道之行也,與三代之英,丘未之逮也。'"皆其
例。我想,"我劉叔雅"這種稱謂,怕是文章作者的一時忘情,劉文典本人
斷不至於犯此常識性錯誤。這還不算完,往下看,文章寫劉文典走進蔣介
石的辦公室以後,"見蔣介石面帶怒容,既不起座,也不讓座,衝口即問:
'你是劉文典麼?'這對劉文典正如火上加油,也衝口而出:'字叔雅,文典
只是父母長輩叫的,不是隨便哪個人叫的。'這更激怒了蔣介石"。讀到這
裏,我感到,蔣介石直呼一位大學校長之名,確實有失禮貌,但也並非事出
無因:蔣對劉文典本來就不滿意嘛。再説,雖然當時是中華民國,可蔣介
石作爲國家最高統治者,腦子裏的封建思想怕也不少,如果援引"君父之
前稱名"(見《儀禮·士冠禮》賈疏)的古訓,也不能説毫無道理。這個是
非且不説它,使我困惑不解的是,作者劉兆吉,作爲劉文典先生執教西南
聯大時的學生,既然知道"字叔雅,文典只是父母長輩叫的,不是隨便哪個
人叫的"這種道理,爲什麼在整篇文章中,多次直呼乃師"劉文典"之名
呢? 連"蔣委員長"都不能直呼其名,你作爲學生怎麼可以呢? 你是他的
"父母長輩"嗎? 這不正應了"現下很少講究此禮了"的話嗎?

　　《禮記·檀弓上》:"幼名,冠字。"孔穎達疏云:"生若無名,不可分別,
故始生三月而加名,故曰'幼名'。'冠字'者,人年二十,有爲人父之道,
朋友等類,不可復呼其名,故冠而加字。"《禮記·冠義》:"已冠而字之,成
人之道也。"鄭注云:"字,所以相尊也。"《白虎通·姓名》:"人所以有字
何? 所以冠德、明功、敬成人也。"《顏氏家訓·風操》:"名以正體,字以表
德。"所以字又叫"表字"。陸游《老學庵筆記》卷二:"字所以表其人之德,

故儒者謂夫子曰仲尼。先左丞(按：謂其父陸佃)每言及荆公，只曰介甫；蘇季明書張橫渠事，亦只曰子厚。"以上所引文獻，可以看作是劉文典先生宣稱"文典只是父母長輩叫的，不是隨便哪個人叫的"的理論根據。

　　總而言之，稱人稱字，稱己稱名，前者表示敬人，後者表示自謙，這是幾千年來的老規矩。《禮記·曲禮上》："夫禮者，自卑而尊人。"《禮記·表記》："子曰：'卑己而尊人。'"這兩句話，願與亂用稱謂者共勉。

　　（原載《文史知識》2003 年第 10 期。此次刊出，略有修訂）

# 《經籍籑詁》是一部專門收集
# "唐代以前"各種古書
# 注解的字典嗎?

　　我寫這篇文章的目的有兩個。第一,試圖糾正一些權威教科書、工具書中的一個錯誤結論;第二,試圖以此個案爲例,揭示學風浮躁的某種具體表現。比較而言,後一目的更是我想要强調的。這是因爲,在學術研究中,或者是由於客觀條件的限制,或者是由於主觀認識的偏差,因而得出錯誤的結論,這很正常,不足爲怪。但是,錯誤結論的得出,如果不是由於上述原因,而是由於學風的浮躁,那就很不正常。一個錯誤的結論事小,而不良的學風事大。

　　下邊就切入正題。先説第一個問題:"唐代以前"這個結論究竟是對還是錯?

　　王力先生主編的《古代漢語》在介紹《經籍籑詁》一書時説:"這是一部專門收集唐代以前各種古書注解的字典。"(中華書局 1962 年 9 月第一版 69 頁,1980 年修訂本 76 頁,1999 年校訂重排本 80 頁)張永言在《中國語文》1981 年第 3 期發表了《讀王力主編〈古代漢語〉札記》一文,對此論述提出異議説:"這個論述是不夠準確的。《籑詁》所收集的古書注解不只是唐代以前的,也有不少唐代的,以及個別唐代以後的(如孫奭《孟子音義》)。"筆者認爲,張永言的批評是對的,儘管其批評語焉不詳,甚至其表述也有值得商榷之處(詳後)。而讓人感到不解的是,在張文發表十八年之後,1999 年中華書局又出版了王力《古代漢語》的校訂重排本,號稱"校訂",卻對《經籍籑詁》的介紹依然故我,一字未改。不知王力《古代漢語》的校訂者是由於一時疏忽,忘了修正呢(我注意到,張文的某些批評意見已爲校訂者所接受。例如,校訂重排本 28 頁對於"爵"字的注解,就是一個例子),還是堅持己見,認爲原來的論述正確而無須修正呢？這就須要說個明白了。下面,我就在張說的基礎上加以申說。

首先,張文認爲"《籑詁》所收集的古書注解,不只是唐代以前的,也有不少唐代的",這個論斷是完全正確的。可能是由於篇幅所限,張文沒有對此論斷稍加論證。今不揣冒昧,試爲論證如下。第一,《經籍籑詁》書前有一個《經籍籑詁姓氏》和《經籍籑詁補遺姓氏》。《經籍籑詁姓氏》,實際上是《經籍籑詁》正編的編纂人員名單及其收集古書注解的分工說明書;《經籍籑詁補遺姓氏》,實際上是《經籍籑詁》補遺的編纂人員名單及其收集古書注解的分工說明書。從這兩份說明書中可以看出,《經籍籑詁》收集的屬於唐代的訓詁資料書有：李鼎祚《周易集解》,殷敬順《列子釋文》,《文選》六臣注,釋玄應《一切經音義》,釋慧苑《華嚴經音義》,《史記》司馬貞索隱和張守節正義,《漢書》顏師古注,《後漢書》李賢注,何超《晉書音義》,《管子》房玄齡注,《荀子》楊倞注,封演《封氏聞見記》,《孝經》唐明皇注,顏師古《匡謬正俗》,《素問》王冰注(以上見於《經籍籑詁》正編);《周易》孔穎達疏,《尚書》孔穎達疏,《詩經》孔穎達疏,《周禮》賈公彥疏,《儀禮》賈公彥疏,《禮記》孔穎達疏,《左傳》孔穎達疏,《公羊傳》徐彥疏,《穀梁傳》楊士勳疏(以上見於《經籍籑詁》補遺,與正篇重複者不計),共計二十五種。張文說"也有不少唐代的",確乎如此。實際上,總數應當不止於此,因爲有些屬於唐代的訓詁資料書在這兩份說明書裏並無反映,而僅僅出現在《籑詁》的正文裏。你不翻檢正文,就無從得知。例如上平聲二冬"雝"字下："《詩·何彼襛矣》'曷不肅雝',《初學記》作'曷不肅雍'。"又上平聲七虞"憮"字下："《詩·巧言》'亂如此憮',《唐石經》

作‘亂如此幠’。”此《初學記》與《唐石經》也是唐代的書,而指出異文,可以看作是古書注解的一種特殊方式。第二,作爲該書主編,阮元在其“手訂”的《經籍籑詁·凡例》中,也已部分地透露了此中消息:“補遺采書,悉依舊例,前所失采,俱爲增入。又許氏《説文》及孔氏《易》、《書》、《詩》、《左傳》、《禮記》疏,賈氏《周禮》、《儀禮》疏,舊皆未采,今悉補籑。”可知《經籍籑詁》在作補遺工作時,所收集的古書注解,很大程度上是唐代學者(孔穎達、賈公彦等)所作的經疏。

其次,《籑詁》所收集的古書注解有没有唐代以後的呢? 答案是肯定的。第一,有五代的。例如:上平聲四支“私”字下:“《詩·碩人》‘譚公維私’,《説文繫傳》作‘譚公維厶’。”又“蚔”字下:“《孟子》‘蚔鼀’,《蜀石經》作‘琘鼀’。”此徐鍇《説文繫傳》與《蜀石經》二書,就是五代的。只不過此二書的名字,在兩份説明書中都没有出現,只出現在《籑詁》的正文中。第二,還有一定數量宋代的。何以見得? 首先,據阮元手訂《凡例》,知有《廣韻》、《集韻》二書。阮元在《凡例》中説:“《佩文韻府》未載之字,據《廣韻》補録;《廣韻》所無,據《集韻》補録。凡一字數體,通作、或作之類,皆據《集韻》附歸。”非獨此也,《籑詁》共計一百零六卷,卷末不止一次地提到:“以下據《廣韻》録”和“以下據《集韻》録”。此類情況極多,隨手可見,無庸舉例。總之,給人一種印象,《籑詁》的編籑,是相當借重《廣韻》、《集韻》二書的。而《廣韻》、《集韻》二書乃是宋代官方組織學者編籑的兩部大型工具書。其次,從書前的《經籍籑詁姓氏》中可以看出,屬於宋代的,還有孫奭的《孟子音義》(由周中孚負責收集其中的古書注解),有宋釋法雲的《翻譯名義集》(由倪綬負責收集),有洪适的《隷釋》、《隷續》(由吳東發負責收集)。再其次,從《籑詁》的正文中可以看出,還有大徐本的《説文新附》,有《太平御覽》,有洪興祖的《楚辭補注》。例如,“駛”字下云:“《説文新附》:駛,馬鼥也,從馬,夔聲。”“犝”字下云:“《説文新附》:犝,無角牛也,從牛,童聲。古通用僮。”“蓉”字下云:“《説文新附》:蓉,芙蓉也。從艸,容聲。”“塡”字下云:“《古今人表》大塡,《太平御覽》四百四引《韓詩外傳》作大顚。”“雍”字下云:“《詩·匏有苦葉》雍雍鳴雁,《太平御覽》三、洪氏《楚辭補注》並作噰噰鳴雁。"根據我的粗略統計,僅五代與兩宋的書,《籑詁》就使用了十一種,這是一個不很小的數目,而張文僅用"以及個別唐代以後的(如孫奭《孟子音義》)"一語輕輕帶過,不無縮小事實之嫌,所以我在本文的開頭說"其表述也有值得商榷之處"。

另外,從《經籍籑詁姓氏》和《經籍籑詁補遺姓氏》中還可以看出,阮元在組織人員編纂此書時,還采用了一些明清學者輯佚的書、考證的書。如明代孫瑴的《古微書》,清代周廣業的《孟子四考》、任大椿輯的《字林》等等。因爲這些書中涉及的古書注解是唐宋以前的,所以這裏存而不論。

如果上述論證不誤,那麼,我認爲"唐代以前"的結論是錯誤的。我建議將"唐代以前"四字,改爲"宋代以前(包括宋代)"八字,庶幾符合事實。

應該指出,本文的上述論證,並沒有使用什麼難得的證據。本文使用的證據,有的是來自該書的《凡例》,有的是來自該書前面的《經籍籑詁姓氏》和《經籍籑詁補遺姓氏》,有的是來自該書正文。一句話,都是内證。

下面談談學風問題。我爲什麼認爲這一個案是浮躁學風的反映?

首先,如果這個錯誤的結論僅僅存在于王力《古代漢語》一書中,那就是一個孤立的個案,那麼我的持論就是小題大做。不幸的是,這個錯誤的結論是如此廣泛地存在於我們的學術界,具體地說,第一,存在於多種《古代漢語》教科書中。管窺所見者:

1. 朱星主編的《古代漢語》:"這本書收集唐以前主要古書中本文和傳注的訓詁。"(天津人民出版社 1980 年版,248 頁)

2. 錢小雲等《古代漢語概要》:"《經籍籑詁》,就是把經籍裏的訓詁彙集起來。這裏所説的經籍,指唐以前的經、史、諸子、《楚辭》、《文選》以及字書、韻書等。"(江蘇人民出版社 1983 年版,91 頁)

3. 張之强主編的《古代漢語》:"這部書收集了唐代以前各種古籍的訓詁成説。"(北京師範大學出版社 1984 年版,673 頁)

4. 趙仲邑《古代漢語》:"《經籍籑詁》是一部主要收集唐代以前儒家經典和子史集的古注中對字的解釋的字典。"(廣西人民出版社 1984 年版,34 頁)

5. 程希嵐、吳福熙主編的《古代漢語》:"本書是彙集唐以前對古典文獻解釋的大型古漢語字典。"(吉林人民出版社 1984 年版,539 頁)

6. 董希謙、王松茂主編的《古漢語簡明讀本》:"它收集唐以前各種古書的文字訓詁。"(書目文獻出版社 1984 年版,411 頁)

7. 周緒全《古代漢語》:"《經籍籑詁》:本書是專門收集唐代以前各種古書注解的字典。"(西南師範大學出版社 1987 年版,168 頁)

8. 洪成玉主編《古代漢語》:"《經籍籑詁》,將先秦至唐代經史子集各部中的主要著作的注釋,以及漢晉以來各種字書的解釋,以單字爲條目編排在一起。"(中華書局 1990 年版,601 頁)

9. 張世祿主編的《古代漢語》:"《經籍籑詁》收集唐代以前古書中的訓詁和注解。"(復旦大學出版社 1991 年版,196 頁)

10. 許嘉璐主編的《古代漢語》:"《經籍籑詁》是一部專門彙集唐代以前各種古籍文字訓詁資料的著作。"(高等教育出版社 1992 年版,下冊 121 頁)

凡十種。手頭資料有限,如果深入調查下去,恐怕不止這些。

第二,存在於多種常用的、權威的工具書中。例如,存在於 1961 年以後的各種版本《辭海》中(包括 1989 年修訂版,見該書該版中冊 3052 頁),存在於 1981 年以後的各種修訂版《辭源》中(見該書第三冊 2437~2438 頁),存在於 1989 年出版的《中國大百科全書·語言文字卷》中(見該書 232 頁)。試想,王力等十種《古代漢語》的覆蓋面已經夠大了,再加上修訂版《辭海》、修訂版《辭源》和《中國大百科全書·語言文字卷》這三大權威工具書的加盟,其影響之大,難以估量。這多管齊下的結果,真所謂"衆口鑠金"、"積非成是",任你是聖人恐怕也不會無端起疑。舉例來説,來新夏先生《讀古書當讀清人著作》一文中就説:"阮元主持纂集的《經籍籑詁》幾乎將唐前舊注搜羅殆盡。"(見《學術界》2001 年第 1 期,174 頁)著名學者尚且信之不疑,遑論一般學子呢!

其次,"唐代以前"的提法,是從王力《古代漢語》開始的嗎?根據我的調查,"唐代以前"的提法,不是始于王力《古代漢語》,而是始於《辭海·語言文字分冊》(中華書局《辭海》編輯所 1961 年版。限於手頭資料，如果我的這個結論有誤，希望得到批評指正)該書"經籍籑詁"條下云："訓詁學書。清阮元等輯。一百零六卷。按平水韻分部，一韻爲一卷。將唐以前古籍正文和注解中的訓詁搜羅在一起，便於檢查。"此後，各種版本的《辭海》，包括 1989 年的修訂版《辭海》，都沿襲了"唐以前"的錯誤提法。而 1961 年以前的舊版《辭海》則無此錯誤提法。如果我的調查結果不誤，那麼《辭海·語言文字分冊》就是始作俑者。

再其次，1981 年張永言先生在《中國語文》上發表的文章已經對"唐代以前"這個錯誤的論述提出正確批評，而此後，王力《古代漢語》的校訂者竟然對之視若無睹，許多《古代漢語》的編寫者竟然對之視若無睹，修訂版《辭海》、修訂版《辭源》、《中國大百科全書·語言文字卷》的編寫者竟然對之視若無睹。這麼多的學者、編者無一例外地都對之視若無睹，説起來簡直令人不可思議。再説，張文如果是發表在不起眼的刊物上倒還罷了，現在是發表在國內最有權威的語文專業期刊上，竟然沒有引起有關的語言文字專業工作者的注意，這種現象很不正常。

(原載《歷史典籍和傳統文化研究》，方志出版社 2004 年版)

# 正確理解《隋書·經籍志》注中的"梁有"

　　《隋書·經籍志》(下簡稱《隋志》)注中的"梁有"字樣比比皆是,如果不能正確理解"梁有"的含義,恐怕到處都是窒礙,甚至可以毫不誇張地說,等於將近一半《隋志》沒有讀懂。年來讀書,發現一些爲我輩後生素所敬仰的學者在這個問題上也出了毛病,感到問題的嚴重性,看來這個問題需要說一說了。

　　先看幾個未能正確理解的例子。

　　《隋志》經部小學類著録"《説文》十五卷,許慎撰",注云:"梁有《演説文》一卷,庾儼默注,亡。"這條注中的"梁有",就被不少學者理解錯了。例如:

　　1. 周大璞教授主編的《訓詁學初稿》說,南北朝時期對前代訓詁專著進行研究的人很不少,其中就有"梁庾儼默的《演説文》一卷"。①

　　2. 趙振鐸教授《古代詞書史話》寫道,"研究《説文》的著作極多,早在梁朝就有庾儼默的《演説文》"。②

　　3. 錢劍夫教授《中國古代字典辭典概論》說,在《字林》以後《玉篇》成

---

① 周大璞《訓詁學初稿》,武漢大學出版社,1987年,296、302頁。
② 趙振鐸《古代詞書史話》,四川人民出版社,1986年,88頁。

書以前還有許多字書,其中有"南朝梁庾儼默的《演説文》一卷"。①

不難看出,上面三位先生都是望文生義,把"梁有"理解爲"南朝梁有",這就錯了。

《隋志》注中的"梁有"究竟是什麽意思呢? 第一個給出正確解釋的是南宋末年的王應麟。到了清代,知道的人就多了。延至近當代,知者也不乏其人。請看:

①《隋志》子部著録《黄帝素問》九卷,注云:"梁八卷。"這個"梁八卷",到了南宋王應麟《漢書藝文志考證》,就變成了:"《隋志》載梁《七録》云止存八卷。"這説明,王應麟是破解"梁有"的第一人。②

② 朱彝尊在其《經義考》中,凡是《隋志》的"梁有",他都改爲《七録》有。

③ 錢大昕擔心讀《隋志》者誤解這個"梁"字,就在《廿二史考異》中的《隋書·經籍志》考異中加上按語説:"按:阮孝緒《七録》撰于梁普通中,《志》所云'梁'者,阮氏書也。"③

④ 章學誠在《文史通義·説林》中説:"阮孝緒《七録》既亡,而闕目見于《隋書·經籍志》注。則引《七録》之文,必云'隋注'。"④

⑤《四庫提要》著録《爾雅注疏》云:"《七録》載犍爲文學《爾雅注》三卷。案《七録》久佚,此據《隋志》所稱'梁有',知爲《七録》所載。"⑤

⑥ 章宗源《隋書經籍志考證》云:"《隋志》依《七録》,凡注中稱'梁有'者,皆阮氏舊有。"

⑦ 黄侃在《論自漢訖宋爲説文之學者》一文中寫道:"《隋志》:'梁有《演説文》一卷,庾儼默注,亡。''梁有'者,謂梁《七録》有也。"⑥

① 錢劍夫《中國古代字典辭典概論》,商務印書館,1986 年,48 頁。
② 王應麟《漢書藝文志考證》,影印文淵閣四庫全書本,675 册,105 頁。
③ 錢大昕《廿二史考異》卷三四,上海古籍出版社,2004 年,553 頁。
④ 章學誠著、葉瑛校注《文史通義校注》,中華書局,1985 年,349 頁。
⑤《四庫全書總目》,中華書局,1965 年,339 頁。
⑥ 見《説文解字約注》附録,《張舜徽集》第一册,華中師範大學出版社,2009 年,3744 頁。

⑧ 余嘉錫《古書通例》卷一：“考《隋志》之例，凡阮孝緒《七録》有，而隋目録無者，輒注曰：‘梁有某書，亡。’”

以上八位學者，都是文獻學大家，他們對“梁有”的解釋，不約而同，竊以爲是正確的。

《演説文》的作者庾儼默，始末不詳，究竟是哪朝哪代人，難下定論。黃侃先生不愧爲國學大師，讀書精細，他就不説庾儼默是南朝梁人，而籠統地説是“南朝”，處理得很得體。

文章寫到這裏，似乎應該打住。但我覺得還有兩點與“梁有”有關的問題，也值得一説。第一點，姚振宗《隋書經籍志考證》引謝啓昆《小學考》云：“焦竑《經籍志》云‘梁有《演説文》一卷’，誤以‘梁有’爲姓名，黃虞稷《書目》及近人《補宋元藝文志》皆沿其誤。”這就是説，一些書目類著作誤把“梁有”當作姓名了。第二，好學深思者應該提出這樣的問題：爲什麼《隋志》在其注文中單單注明“梁有”呢？怎麼不注明“宋有”、“齊有”呢？吾蓄此疑久矣，後讀姚振宗《隋書經籍志考證・敍録》，只見姚氏云：“大抵宋、齊書目所有者，梁代諸家書目無不有之，故概以‘梁有’括之也。”讀到這裏，多年蓄疑，一旦冰釋。

# 從漢字構造來看奧運吉祥物的桂冠當落誰家

2008 年北京奧運會吉祥物的推選工作已經全面展開，據媒體披露，角逐奧運吉祥物桂冠的有中國龍、大熊貓、藏羚羊、丹頂鶴、華南虎、麋鹿、兔子等等。應該説，上述角逐者都各有各的優勢，但從中華民族傳統文化這一角度來看，從中華民族的心理積澱來看，奧運吉祥物的桂冠似乎非麋鹿莫屬。爲什麽這樣説呢？讓我們來分析一下有關漢字的構造及其含義。

先説"慶賀"的"慶"字。東漢許慎《説文解字·心部》："慶，行賀人也。從心從夊(音 zhǐ)。吉禮以鹿皮爲贄，故從鹿省。"所謂"行賀人"，意即去慶賀他人。可以看出，繁體"慶"字的結構，含有一個"鹿"字，只不過這個"鹿"字的下半截被簡化掉了，所以説是"從鹿省"。那麽，爲什麽要有一個"鹿"字呢？許慎也作了回答："吉禮以鹿皮爲贄。"這裏説的"吉禮"，實際上指的是嘉禮、賓禮。詳下。所謂"以鹿皮爲贄"，就是把鹿皮作爲交往時饋贈的禮物。

許慎對"慶"字構造的解釋正確不正確呢？我們認爲是正確的。之所以正確，是因爲：第一，有甲骨文、金文的證明；第二，有古代文獻的證明。

首先來看甲骨文、金文的證明。于省吾主編的《甲骨文字集林》1876頁有"慶"字，編者先引郭沫若説："卜辭亦有從心作之'慶'字。"這句話的

165

意思是説,"慶"字還有另外一種寫法,即"鹿"下不從"心夂",而從"文",見《秦公簋》和《秦公鐘》。接着又引李孝定説:"《説文》:'慶,行賀人也。從心從夂。吉禮以鹿皮爲贄,故從鹿省。'契文不從夂,郭氏(沫若)釋爲'慶'是也。惟據《秦公簋》'高弘有慶'之文,謂'慶'有二體,不知彼乃假借,此是正字也(按:意謂鹿下從文之"慶"是假借字,鹿下從心夂之"慶"是正字)。'慶'字在卜辭爲地名。"《漢語大字典》"慶"字下也收有"慶"字的甲骨文、金文字體多種。依郭、李、《漢語大字典》之説,鹿作爲中華民族的吉祥物,從殷周時期就已經開始了。

其次看古代文獻的證明。唐孔穎達《禮記正義》引譙周《古史考》云:"伏犧制嫁娶,以儷皮爲禮。"《世本》中也有類似的説法。我們認爲,以"以儷皮爲禮"始於伏犧,恐非信史。其可信者,當首推《十三經》中的《儀禮》一書。據《儀禮·士冠禮》記載,主人爲了表示對來賓的酬謝,要向來賓贈送"儷皮",鄭玄注曰:"儷皮,兩鹿皮也。"即兩張鹿皮。又據《儀禮·士昏禮》記載,在舉行"納徵"禮也就是訂婚禮時,男方要向女方贈送"儷皮"。又據《儀禮·聘禮》記載,使團到達所訪問的國家後,使團的副領隊也要向主國贈送"儷皮",鄭玄注云:"皮,麋鹿皮。"《士冠禮》、《士昏禮》,屬於嘉禮。嘉禮,就是俗話所説的喜事。《聘禮》屬於賓禮,是國與國之間的禮尚往來。作爲禮物的鹿皮一定要贈送兩張,用《儀禮》的説法,就是"儷皮"。儷者,兩也。兩是偶數之始,象徵好事成雙,所以夫婦又稱"伉儷"。以"儷皮"作爲訂婚時必備的禮物,這種習俗被長期保存了下來,從二十四史來看,最晚在《新唐書·禮樂志》中還有記載。

再説一個"禄"字。《説文解字·示部》:"禄,福也。從示,录聲。"問題是"禄"字何以有"福"義?陸宗達、王寧《訓詁方法論》對此有詳細論述,兹摘引如下:

> 比如,《説文·水部》"淥"或作"渌",《竹部》"簏"或作"籙",可知"鹿"與"録"作聲母時曾多次互換,並且古代慣於通用。《説文·示部》:"禄,福也。""禄"之訓"福",則從"鹿"得義。古代以鹿爲吉祥的動物。《説文·鹿部》"麗"字下説:"禮,麗皮納聘,蓋鹿皮也。"

《心部》"慶"字下說:"吉禮以鹿皮爲贄。"所以,"禄"的音義均來自"鹿"。(中國社會科學出版社,1983年,105~106頁。)

張舜徽先生《說文解字約注》在"禄"字下的說解,與陸、王之說有異曲同工之妙:

> "禄"、"鹿"二字,本有可通之迹。"禄"字在金文中,但作"录",不從"示"。知從示之"禄",乃後起增偏旁體也。古"鹿"、"録"聲通,或即一字。"簏",或體作"籙";"漉",或體作"渌";"睩",讀若鹿:皆其證也。本書《鹿部》"麗"下云:"禮,麗皮納聘,蓋鹿皮也。"可知鹿之爲物,于古爲重,聘問賞賜,悉取用焉。字既變而爲"禄",故"禄"亦有賞賜義。"禄"之得義,實源于"鹿"。(中州書畫社,1983年,上冊卷一,頁6。)

從"禄"字之得義可知,不但從鹿之字有吉祥之義,而且有些與"鹿"同音的字也有吉祥之義。

鹿有什麼特性以至於使我們的祖先如此鍾愛於它呢? 據古代文獻的記載,鹿的特性是關注伴侶,大而言之,就是關注對方,不是只顧自己。提高到原則上,可以說是不自私,與人共甘苦。特別是在發現了食物的時候,這種特性表現得尤其充分。空口無憑,下面我們就來看看有關文獻的記載。在《說文解字·鹿部》的"麗"字下,許慎解釋說:"麗,旅行也。鹿之性,見食急則必旅行。"請注意,此所謂"旅行",不是現代漢語的"旅行",而是"兩兩結伴而行"。這個"旅"字,後人寫作伴侶之"侶"。"鹿之性,見食急則必旅行",這是解釋麗字的結構中爲什麼有"鹿"字。段玉裁《說文解字注》對此的解釋是:"見食急而猶必旅行者,義也。《小雅》:'呦呦鹿鳴,食野之苹(按:一種可食的草)。'毛傳曰:'鹿得蓱,呦呦然鳴而相呼,懇誠發乎中,以興嘉樂賓客,當有懇誠相招呼以成禮也。'"段注所引的詩句,見於《詩經·小雅·鹿鳴》。就《鹿鳴》詩來說,是誰在"嘉樂賓客"呢? 據古人的解釋,是周文王在設宴招待賓客,與賓客同樂。再拿儒家經典《儀禮》來說,在舉行鄉飲酒禮、燕(通"宴")禮和大射儀這些嘉禮時,當宴席進行時,都要首先演唱《鹿鳴》。演唱《鹿鳴》的含義,漢代學者鄭玄在注解《儀禮》時説:"《鹿鳴》,君與臣下及四方之賓燕,講道修政之樂歌也。此采其已有旨酒,以召嘉賓,嘉賓既來,示我以善道,又樂嘉賓,有孔昭之明,德可則效也。"抛開鄭注的説教不提,展現在我們面前的,豈不是一個充滿了祥和氣氛、其樂融融、皆大歡喜的場面嗎!

　　一個"慶"字,一個"禄"字,從這兩個字的得義可以看出,自古以來,中華民族就視麋鹿爲吉祥物。請讀者注意,陸宗達、王寧兩位先生早在1983 年就通過他們的學術研究向社會宣告:"古代以鹿爲吉祥的動物。"張舜徽先生也早在 1983 年宣告:"鹿之爲物,於古爲重,聘問賞賜,悉取用焉。"那時候,我們國家恐怕還没有把申辦奧運會提到議事日程上來,更不要提什麽推選奧運吉祥物了。這就是説,這三位先生不約而同的結論,絶無倉促應景之嫌,而是實事求是的科學結論。正是根據這個科學的結論,我們認爲,從中華民族傳統文化這一角度來看,從中華民族的心理積澱來看,從向世界展現中華民族悠久文化來看,奧運吉祥物的桂冠似乎非麋鹿莫屬。

（原載《文史知識》2005 年第 5 期）

# 《古漢語語法學資料彙編》正誤一則
## ——《九經三傳沿革例》的作者不是岳珂

　　鄭奠、麥梅翹編《古漢語語法學資料彙編》有兩處徵引南宋岳珂《九經三傳沿革例》之說。一處在該書 209 頁（中華書局 1964 年版），是論述"句讀"的："監蜀諸本皆無句讀，惟建本始仿館閣校書式，從旁加圈點。開卷了然，於學者爲便，然亦但句讀經文而已。"一處在該書 195 頁，是論述"詞性轉變說"的，文長不錄。

　　上述兩段引文中，其論述"句讀"的一段，又被季永興《古漢語句讀》原封不動地轉引（商務印書館 2001 年版，27 頁），作者在頁下注中說："岳珂《九經三傳沿革例》，轉引自鄭奠、麥梅翹編《古漢語語法資料彙編》第209 頁，中華書局 1964 年。"不獨此也，季永興在其著作中又進一步坐實說："岳飛之孫，南宋岳珂在他的《九經三傳沿革例》中有專論'句讀'的篇章。"

　　今按：《九經三傳沿革例》的作者不是南宋相臺（今河南安陽）的岳珂，而是元代荆溪（今江蘇宜興）的岳浚。應該指出的是，誤認《沿革例》作者是岳珂的，並非自鄭奠、麥梅翹二先生始。筆者只是看到鄭奠、麥梅翹二先生之誤，以訛傳訛，已經影響到後來的學者，所以寫此短文，以期引起語言學界的注意。如果認真地盤點，豈止語言學界，史學界和古典文獻學界,誤解者亦大有人在。太遠的不説,包括《四庫全書總目》在内的衆多明清目録學著作,無不持此誤説。葉德輝《書林清話》卷二説:“刻本書之有圈點,始于宋中葉以後。岳珂《九經三傳沿革例》有‘圈點必校’之語,此其明證也。”葉德輝作爲著名的版本目録學家尚持論如此,則一般人可知。

著文糾正這一流傳甚廣甚久之誤説者是當代學者張政烺先生。1943年,張先生在重慶草成《讀〈相臺書塾刊正九經三傳沿革例〉》一文,當時沒有發表,只在友人中談論,所以知者很少。張説首次與讀者見面是通過其友人趙萬里之口,見於北京圖書館編《中國版刻圖録》(文物出版社1961年版)“《春秋經傳集解》”條:“卷後有‘相臺岳氏刻梓荆溪家塾’牌記兩行,前人因肯定相臺本群經爲宋時岳珂家刻本。別有《九經三傳沿革例》,亦肯定爲岳珂編著。張政烺先生謂相臺本群經乃元初宜興岳氏據廖瑩中世綵堂本校正重刻,與岳珂無涉。按張説甚確。”該條下文又説:“可以肯定,相臺本群經刻板負責人似非岳浚莫屬。宋咸淳間,廖瑩中世綵堂校刻九經,周密《癸辛雜識》、《志雅堂雜抄》記述甚詳。宜興岳氏據廖氏《總例》,增補成《九經三傳沿革例》,刻之家塾,自與宋時岳珂無涉。”《中國版刻圖録》的這番話並沒有引起文史學界的普遍注意,所以從上世紀六十年代至今,多數人仍持誤説。例如,1999年由北京大學出版社出版的標點本《十三經注疏》,其《整理説明》中還説:“南宋岳珂《九經三傳沿革例》所載建本附釋音注疏本,世稱‘宋十行本’,爲最古之版本。”由此可見一斑。

張氏《讀〈相臺書塾刊正九經三傳沿革例〉》,首先發表於《中國與日本文化研究》第一集,中國大百科全書出版社1991年6月出版。後收入《張政烺文史論集》(中華書局2004年版)。今撮述張文要點如下。張文第一部分標題是“論本無‘宋岳珂撰’四字”,結論是:今本“於《沿革例》補題‘宋岳珂撰’四字者,乃據後人推斷之辭,非載在本書也”。張文第二部分標題是“徵廖氏《九經總例》”,這一部分要解決的問題是,《沿革例》究竟是何人所作? 張氏的結論是:“《沿革例》向皆以爲岳珂所作,事既無據，而按其内容，則又《廖氏世綵堂刊正九經》之《總例》，除卷之前後相臺岳氏略有增附外，大抵保全原文，無所加減。"換句話説，我們今天看到的《沿革例》，除了卷首的"世所傳九經"至"舊有《總例》，存以爲證"一段和卷末的"《公羊》、《穀梁傳》"至"以附經傳之後"一段外，中間的主體部分，乃是廖氏世綵堂爲《刊正九經》所寫的《九經總例》。要理解這一點並非難事，只要我們細心閲讀《沿革例》，即不難得出同樣的結論。所以張氏有"自來學者習焉不察"之語，確是中肯的批評。《古漢語語法學資料彙編》所徵引的"句讀"和"詞性轉變説"都是出自《九經總例》。張文第三部分標題是"世綵堂與廖瑩中"，這一部分要解決的中心問題是，"廖氏世綵堂"之所指乃宋季廖瑩中，字群玉，號藥洲，爲賈似道幕客。確定這一點很重要，因爲岳珂生於孝宗淳熙十年（1183），而廖瑩中刊刻《九經》在理宗景定紀年（1260）以後，前後相隔近八十年，岳珂没有可能看到廖瑩中刊刻之《九經》，更談不上仿刻之事。張文第四部分標題是"《四庫提要》正誤"，因與本文關係不大，姑略。張文第五部分標題是"荆溪家塾與岳仲遠"，這一部分要解決的問題就是《沿革例》的真正作者是誰。作者得出結論，《沿革例》的真正作者是元初荆溪的岳浚（字仲遠）。荆溪岳氏與相臺岳氏本非同族，只是由於利害關係曾與岳飛後裔通譜，故其所刻《九經三傳》鈐有"相臺岳氏刻梓荆溪家塾"木記。此"相臺"乃郡望，非籍貫，猶如唐之韓愈是孟州人而自稱"昌黎韓愈"也。

　　總結張文，我們應該記住的結論是：《九經三傳沿革例》的作者不是南宋的岳珂，而是元初荆溪的岳浚。因爲《九經三傳沿革例》的主體是南宋廖瑩中的《九經總例》，而且一字不差，學者習慣引用的恰恰是《九經三傳沿革例》的主體部分，所以，與其説你徵引的是岳浚《九經三傳沿革例》，還不如説你徵引的是廖瑩中的《九經總例》，這樣更合乎實際。

（原載《中國語文》2007 年第 2 期）

# 試説《馬氏文通》與《文史通義》的
# 一段文字緣以及其中的訓詁問題

　　馬建忠《馬氏文通》與章學誠《文史通義》有一段文字緣,它對我們正確理解兩書中的某些問題有一定幫助。而種種迹象表明,迄今爲止,這段文字緣似乎鮮爲人知,故特爲表出。

　　《文史通義・説林》篇有云:"古者文字無多,轉注通用,義每相兼。諸子著書,承用文字,各有主義。如軍中之令,官司之式,自爲律例,其所立之解,不必彼此相通也。屈平之靈修,莊周之因是,韓非之參伍,鬼谷之捭闔,蘇張之縱橫,皆移置他人之書而莫知其所謂者也。"章氏自注云:"佛家之根、塵、法、相,法律家之以、准、皆、各、及、其、即、若,皆是也。"(呂按:標點依葉瑛《文史通義校注》,中華書局 1985 年版,354 頁)

　　這段文字,基本上都被馬建忠采入他的《馬氏文通・序》:

　　"天下之事可學者各自不同,而其承用之名,亦各有主義而不能相混。佛家之'根''塵''法''相',法律家之'以''准''皆''各''及其''即若',與夫軍中之令,司官之式,皆各自爲條例。以及屈平之'靈修',莊周之'因是',鬼谷之'捭闔',蘇張之'縱橫',所立之解均不可移置他書。"(呂按:標點依呂叔湘、王海棻《馬氏文通讀本》,上海教育出版社 1986 年版,5 頁。章錫琛《馬氏文通校注》,中華書局 1988 年版,標點同;商務印

172

書館 1983 年版的《馬氏文通》,標點同）

讀者兩相對比,可知予言不誣。

或曰：這是不是抄襲呢？答曰：恐怕不能這樣説。爲什麽呢？章學城本人在《説林》篇中就説："著作之體,援引古義,襲用成文,不標所出,非爲掠美,體勢有所不暇及也。考證之體,一字片言,必標所出。"馬建忠《馬氏文通》作爲我國有史以來的第一部系統研究漢語語法的書,説它是"著作之體",想必會被所有的學者一致首肯。既然是"著作之體",自然"襲用成文,不標所出,非爲掠美"。我們知道,《文史通義》是講究"會通"的,《馬氏文通》也是講究"會通"的,雖然會通的方面不一樣,但從兩家的著述宗旨來説,可謂英雄所見略同。章氏生前常嘆其《文史通義》缺少知音,我想,如果他的在天之靈有知,當許馬氏爲身後知己。

這段文字緣對我們理解兩書中的什麽問題有幫助呢？

首先是訓詁問題。讀者可能已經發現,對於法律家之"以、准、皆、各、及、其、即、若"八字,《馬氏文通讀本》等書與《文史通義校注》的標點不一樣：這八個字,在《馬氏文通讀本》等書那裏,是六個詞,六件事;而在《文史通義校注》那裏,是八個詞,八件事。那麽,何者爲是呢？我認爲,《文史通義校注》的標點爲是。何以見得呢？這就涉及這八個字的訓詁問題。

按王應麟《困學紀聞》卷一三："范蜀公曰：'律之例有八：以、准、皆、各、其、及、即、若。'"按：范蜀公,謂北宋范純仁,曾任成都路轉運使,故稱。這句話的出處,據翁元圻注,見《宋文鑒》卷一二四《策問》。翁注又引萬氏《考證》云："《律疏》'以'者,與真犯同;'准'者,與真犯有間;'皆'者,不分首從,一等科罪;'各'者,彼此各同科此罪;'其'者,變於先意;'及'者,事情連接;'即'者,意盡而復明;'若'者,文雖殊而會上意。"翁注所謂《律疏》,謂《唐律疏議》。翁注簡明扼要,無論我們是否全部理解,這八個字是八個意思應是毫無疑問的。

下面讓我們來看一看此八字在《唐律疏議》中的用例。

"以"字。《唐律疏議》卷一五："諸監臨主守,以官物私自貸,無文記（按：文記,猶如今天的白條）,以盜論;有文記,准盜論。"《疏議》曰："無文記,以盜論者,與真盜同。"按:監臨主守之官,私自將國家財物貸人,本非盜罪,而"以盜論者,與真盜同",這個"以"字就含有從重發落之意。故云"以者,與真犯同"。

"准"字。《唐律疏議》卷二七:"諸於官私田園,輒食瓜果之類,坐贓論;即持去者,准盜論。強持去者,以盜論。"《疏議》曰:"持將去者,計贓,准盜論,並徵所費之贓,各還官、主。強持去者,謂以威若力,強持將去者,以盜論,計贓同真盜之法,其贓倍徵。"按:以此條律文而論,如果"准盜論",則對犯者僅"徵所費之贓,各還官、主",即只要等價賠償即可;如果"以盜論",那就要"其贓倍徵",即做兩倍的賠償。可知凡言"准"者,隱含從輕發落之意。故云"准者,與真犯有間(有差別)"。

"皆"字。《唐律疏議》卷一七:"謀殺緦麻以上尊長者,流二千里;已傷者,絞;已殺者,皆斬。"《疏議》曰:"謀而殺訖者,皆斬,罪無首從。"又,卷五:"若本條言'皆'者,罪無首從;不言'皆'者,依首從法。"可知"皆者,不分首從,一等科罪"。

"各"字。《唐律疏議》卷一一:"諸有所請求(按:請求,謂說情)者,笞五十;主司許者,與同罪。已施行,各杖一百。"《疏議》云:"已施行,謂曲法之事已行,主司及請求之者各杖一百。"按:"各杖一百",謂主審法官和說情者"各杖一百",故云"各者,彼此各同科此罪"。

"其"字。《唐律疏議》卷二:"諸八議者,犯死罪,皆條所坐及應議之狀,先奏請議,議定奏裁。其犯十惡者,不用此律。"《疏議》曰:"其犯十惡者,死罪不得上請,故云'不用此律'。"按:凡符合八議條件的人犯死罪,可以享受上請的優待條款,一般都可以得到或減或免的處理;而如果犯了十惡,因爲十惡的情節特別惡劣,罪不容赦,就不得享受上請的優待條款。"其"字成了享受優待條款與不享受優待條款的轉捩點,故云"其者,變於先意"。

"及"字。《唐律疏議》卷一七:"諸殺一家非死罪三人,及支解人者,皆斬。"按:此條中"諸殺一家非死罪三人"爲一事,"支解人"爲一事,一個"及"字將二事連接,故云"及者,事情連接"。

"即"字。《唐律疏議》卷五："諸犯罪未發而自首者,原其罪。其輕罪雖發,因首重罪者,免其重罪。即因問所劾之事而別言餘罪者,亦如之。"《疏議》曰："假有已被推鞫,因問,乃更別言餘事,亦得免其餘罪,同'因首重罪'之義,故云'亦如之'。"按:此條是把在什麼情況下"原其罪",什麼情況下"免其重罪",都已經講清楚了,然後用一個"即"字,進一步説明類似的情況,故云"即者,意盡而復明"。

"若"字。《唐律疏議》卷四："諸犯罪時雖未老、疾,而事發時老、疾者,依老、疾論。若在徒年限内老、疾,亦如之。"按:依律,老、疾之人犯罪,可從輕發落,故律有此條。"若在徒年限内老、疾,亦如之",謂在服徒刑的刑期内達到了法定老年標準或生病,也可以享受前款的優待,得到從輕發落。故云"若者,文雖殊而會上意(情況雖然不同,但精神與前款一致)"。

至此我們已經明白,"以、准、皆、各、及、其、即、若"這八個字,確實是八件事,八個意思。《馬氏文通讀本》等書將此八字作爲六事來處理是錯誤的,究其原因,當是不明此八字之義所致。

這可不是普普通通的八個字,而是八字法律術語,各有其義,不得相混。它關係到如何判決,判重判輕,判與不判,可以説一字之差,生死攸關。因此,宋代范純仁把它稱做"律之例";清末沈曾植曾長期在刑部任職,在其《海日樓札叢》卷三中説:"以、准、皆、各、其、及、即、若,相傳謂之律母。"這八字法律術語,定型于唐、宋、元、明、清,一脈相承。例如,《明史・職官志一》刑部下云:"以名例攝科條,以八字括辭議。"注云:"以、准、皆、各、其、及、即、若。"《大清律例》卷一即有"例分八字之義:以、准、皆、各、其、及、即、若。"

對於這八字法律術語的説解,據我所知,有三家。按時代先後,一是元代王元亮《唐律疏議釋文纂例》(見《叢書集成》本《唐律疏議》卷六附),二是成書於乾隆年間的《大清律例》卷一,三是成書于道光五年的《翁注困學紀聞》卷一三所引。比較起來,王元亮的説解稍嫌囉嗦,而《大清律例》和《翁注困學紀聞》給此八字所下的定義,除個別字外,完全相同。例如,《大清律例》說:"以者,與實犯同。"《翁注》則說:"以者,與真犯同。"意思一樣。爲行文方便,本文僅取《翁注》。其他兩家,有意者可參看。現當代學者,對於此八字,似乎無人確知其義。在有關的著作中,不是不知蓋闕,就是强作解人。葉瑛《文史通義校注》對此八字没有注,章錫琛《馬氏文通校注》也没有注。洪誠《中國歷代語言文字學文選》選有《馬氏文通序》(江蘇人民出版社1982年版,287頁),其標點錯誤與《馬氏文通讀本》等書同。洪誠注了佛家的"根""塵""法""相"四字,未注法律家的八字,顯然是不知蓋闕之意。李綠園《歧路燈》第七十九回有這樣一句:"總緣'以准皆各其及即若'的學問,與'之乎者也耳矣焉哉'的學問,是兩不相能的。"該書校注者云:"以准皆各其及即若,舊日官場文牘中的習慣用語。"這就錯了。其實,李綠園這兩句話的意思是說儒法異趣,只不過語涉詼諧罷了。對於此八字法律術語,標點錯誤者有之,不知蓋闕者有之,强作解人者有之,原因何在呢? 蘇軾《戲子由》詩云:"讀書萬卷不讀律,致君堯舜知無術。"似乎值得玩味。

其次是校勘問題。校勘問題與訓詁問題息息相關。我認爲有兩點值得一談。

第一點,"以、准、皆、各、及、其、即、若"八字的先後順序問題。在王應麟《困學紀聞》、王元亮《唐律疏議釋文纂例》、《明史·職官一》、《大清律例》、沈曾植《海日樓札叢》中,甚至包括小説《歧路燈》中,都作"以、准、皆、各、其、及、即、若",即"其"在"及"前,只有《文史通義》、《馬氏文通》是"及"在"其"前。看來,當以"其"在"及"前者爲是。當然,這不是什麽大的原則問題。但話拐回來說,將"及其"二字誤標在一起,恐怕也和"及"在"其"前的誤導有關。

第二點,《文史通義》的"官司之式",《馬氏文通》作"司官之式",二者必有一誤。我認爲,當以《文史通義》爲是。何者? 蓋"官司"一詞乃章學誠著作中的常用詞。例如:

①《文史通義·經解中》:"至於術數諸家,均出聖門製作。及其官司失守,而道散品亡,則有習其說者,相與講貫而授受。"(同上校注本,

103 頁）

　　②《文史通義・原道中》:"其後治學既分,不能合一,天也。官司守一時之掌故,經師傳授受之章句,亦事之出於不得不然者也。"( 132 頁)

　　③《文史通義・史釋》:"東周以還,君師政教不合於一。於是人之學術,不盡出於官司之守。秦人以吏爲師,始復古制。"( 232 頁)

　　④《校讎通義・原道》:"後世文字,必溯源於六藝。六藝非孔氏之書,乃《周官》之舊典也。《易》掌太僕,《書》藏外史,《禮》在宗伯,《樂》隸司樂,《詩》領於太師,《春秋》存乎國史。夫子自謂述而不作,明乎官司失守,而師弟子之傳業,於是判焉。"( 951 頁)

　　⑤《校讎通義・漢志六藝》:"蓋官司典常爲經,而師儒講習爲傳,其體判然有別。"( 1022 頁)

　　在章學誠筆下,"官司"一詞乃"官府"、"官署"之義。苟如《馬氏文通》之作"司官",則無此義。洪誠把"司官"注解爲"官署職官",顯得迂曲累贅,蓋由於不知本當作"官司"之故。

（原載《學林漫録》十六集,2007 年 4 月）

# 杜詩、蘇詩、黃詩中"吏隱"
## 注的澄清①
### ——輯本《汝南先賢傳》學術價值表微

在杜甫、蘇軾、黃庭堅等三家的詩中，"吏隱"一詞不止一次地出現，但綜觀古今各家之注，似乎皆未得"吏隱"真諦。今不揣讕陋，略述管見，幸方家不吝指教。

## 一、杜甫、蘇軾、黃庭堅詩中的"吏隱"注

### 1. 杜甫詩中的"吏隱"注

宋郭知達《九家集注杜詩》卷二《白水縣崔少府十九翁高齋三十韻》："吏隱適情性，茲焉其窟宅。"趙次公云："《汝南先賢傳》：'鄭欽吏隱於蟻陂之陽。'"

《九家集注杜詩》卷二六《院中晚晴懷西郭茅舍》："浣花溪裏花饒笑，肯信吾兼吏隱名。"趙曰："《汝南先賢傳》：'鄭欽吏隱於蟻陂之陽。'"

宋黃希等《黃氏補注杜詩》卷二六《院中晚晴懷西郭茅舍》詩注亦引

———————
① 本文是教育部 2005 年人文社會科學基金項目《先秦漢魏晉南北朝時期散亡中原文獻的調查、評估與輯佚》(05JA770003)階段性成果之一。

趙説。

清仇兆鼇《杜詩詳注》卷一四《院中晚晴懷西郭茅舍》注云："《汝南先賢傳》：'鄭欽吏隱於蟻陂之陽。'"（中華書局 1979 年版，1172 頁）

**2. 蘇軾詩中的"吏隱"注**

舊題宋王十朋《東坡詩集注》卷一〇《過淮三首贈景山兼寄子由》："故人真吏隱，小檻帶岩偏。卻望臨淮市，東風笑語傳。"次公："《汝南先賢傳》：'鄭欽吏隱於蟻陂之陽。'"

《東坡詩集注》卷二七《次韻子由詩李伯時所藏韓幹馬》："伯時有道真吏隱，飲啄不羨山梁雌。"次公《汝南先賢傳》："鄭欽吏隱於蟻陂之陽。"

宋施元之《施注蘇詩》卷一六："故人真吏隱，小檻帶岩偏。"注云："《汝南先賢傳》：'鄭欽吏隱於蟻陂之陽。'"

《施注蘇詩》卷一一《吏隱亭》："吏隱，出《汝南先賢傳》鄭欽事。"

清王文誥輯注、孔凡禮點校《蘇軾詩集》卷一八《過淮三首贈景山兼寄子由》："故人真吏隱，小檻帶岩偏。"王注引《汝南先賢傳》："鄭欽吏隱於蟻陂之陽。"（中華書局 1982 年版，941 頁）

**3. 黄庭堅詩中的"吏隱"注**

宋任淵《山谷內集注》卷三《同錢志仲飯籍田錢孺文官舍》："帝籍開千畝，農功先九州。王孫守耒耜，吏隱極風流。"注："《汝南先賢傳》曰：'鄭欽吏隱於蟻陂之陽。'"

宋史容《山谷外集注》卷一〇《袁州劉司法亦和予摩字詩因次韻寄之》："遙知吏隱清如此，應問卿曹果是何。"注："《汝南先賢傳》曰：'鄭欽吏隱於蟻陂之陽。'"

# 二、須要澄清的問題

不難看出，上述杜、蘇、黄三家詩的所有注家，對"吏隱"一詞的注釋，皆引《汝南先賢傳》：'鄭欽吏隱於蟻陂之陽'"爲説。這些注家，從北宋的趙次公開始，到今人孔凡禮先生的點校爲止，衆口一詞，莫不如此。我們懷疑，後來的注家，大約都是沿襲趙次公之説，未曾細檢《汝南先賢傳》原書，以至於以訛傳訛。我們認爲，這裏須要澄清的有兩點：第一，鄭欽此人，當作"鄭敬"，趙次公作注時，由於避宋諱——宋太祖趙匡胤的祖父名敬，遂改"敬"爲"欽"。後人不知就裏，也就一路以"鄭欽"相稱。第二，説"鄭欽吏隱於蟻陂之陽"，説"吏隱，出《汝南先賢傳》鄭欽事"，完全是子虛烏有之事，換言之，"吏隱"的用典，和鄭欽毫不相干。究其致誤的原因，蓋誤讀《汝南先賢傳》所致。

爲了澄清這個問題，我們須要先稍作鋪墊，明白何謂"吏隱"。

我們認爲，"吏隱"的釋義是：官位不高，俸禄不低，職務清閑，可適意優遊，雖居官而猶如隱者。① 舉例來説，白居易曾任過的江州司馬，就是一個典型的"吏隱"官職。請看白居易在《江州司馬廳記》中的自白："江州左匡廬，右江湖，土高氣清，富有佳境。刺史，守土臣，不可遠觀遊；群吏，執事官，不敢自暇佚。惟司馬綽綽，可以從容於山水詩酒間。由是郡南樓山、北樓水、溢亭、百花亭、風篁、石巖、瀑布、廬宮、源潭洞、東西二林寺、泉石松雪，司馬盡有之矣。苟有志於吏隱者，舍此官何求焉？按《唐典》，上州司馬，秩五品，歲廩數百石，月俸六七萬，官足以庇身，食足以給家。州民康，非司馬功；郡政壞，非司馬罪。無言責，無事憂。噫，爲國謀，則尸素之尤蠹者；爲身謀，則禄仕之優穩者。"

明白了"吏隱"的含義，下面我們就來談《汝南先賢傳》。

《隋書·經籍志》史部雜傳類著録《汝南先賢傳》五卷，三國魏周斐撰。《唐書·經籍志》、《新唐書·藝文志》亦著録。鄭樵《通志·藝文略》亦著録。《宋志》不見著録，蓋佚于宋末。元末陶宗儀《説郛》（宛委山堂本）卷五八輯有《汝南先賢傳》十九條，清末侯康《補三國藝文志》著録《汝南先賢傳》，提供了十一人的線索，但均未涉及鄭敬吏隱事。由於我們正

① 《辭源》（修訂版）"吏隱"條的釋義是"舊時士大夫常以官職低微，自稱吏隱，意思是隱於下位"（1/0474）。《辭海》（修訂版）"吏隱"條的釋義是"舊謂不以利禄縈心，雖居官而與隱者同"（縮印本54頁）。《漢語大詞典》"吏隱"條的釋義是"謂不以利禄縈心，雖居官而猶如隱者"（1/523）。我們認爲，《辭源》的釋義是錯誤的，《辭海》和《漢語大詞典》的釋義不到家，故自行釋義如上。

在從事《中州文獻鈎沉》這一科研項目，輯出《汝南先賢傳》乃是題中應有之義。又由於我們可以利用文淵閣《四庫全書》的電子版，所以我們的輯本，不論是條數、人數都遠遠超過前人。當然，鄭敬的資料也搜集得比較完備，其中值得我們注意的是下面兩條：

1. 新蔡鄭敬，字次都，爲郡功曹。都尉高懿廳事前有槐樹白露類甘露者，懿問掾屬，皆言是甘露，敬獨曰：“明府政未能致甘露，但樹汁耳。”懿不悦，托疾而去。（見《水經注》二一、《書鈔》三七、《御覽》一二、二六四、九五四引《汝南先賢傳》）

2. 鄭敬去吏，隱居於蟻陂之陽，以漁釣自娛，彈琴詠詩，常方坐於陂側。（見《類聚》四、《類聚》九、《御覽》七二引《汝南先賢傳》）

第1條資料表明，鄭敬是當過“郡功曹”這類小官的，但由於好説實話，不會拍馬，不爲上司所喜，就藉口有病辭職了。第2條資料表明，鄭敬辭官之後，隱居於家鄉的“蟻陂之陽”。蟻陂，大約是一個水塘的名字。這第2條資料尤其要緊，“鄭敬去吏，隱居於蟻陂之陽”十一個字，從北宋的趙次公開始，不知是什麽原因，竟變成了“鄭欽吏隱於蟻陂之陽”九字。關鍵的“去吏”二字被無端删掉了，意思隨之大變。須知所謂“去吏”者，謂辭官也。以上兩條資料表明，第一，“鄭欽”，應作“鄭敬”；第二，鄭敬沒有“吏隱”過，他與“吏隱”毫不相干，上述古今注家將“吏隱”的出典歸之于鄭敬，是錯誤的。

爲了證明我們的這個觀點，請看以下旁證。

鄭敬，正史無傳，范曄《後漢書》卷二九《郅惲傳》略載其事云：“敬，字次都，清志高世，光武連徵不到。”這表明鄭敬是東漢初年人。又，同卷李賢注引《謝沈書》曰：“敬閑居不修人倫，新遷都尉逼爲功曹，廳事前樹時有清汁，以爲甘露。敬曰：‘明府政未能致甘露，此清木汁耳。’辭病去，隱處精學蛾陂中。陰就、虞延並辟，不行。同郡鄧敬因折芰爲坐，以荷薦肉，瓠瓢盈酒，言談彌日，蓬廬蓽門，琴書自娛。光武公車徵，不行。”請讀者注意，謝沈《後漢書》也説“辭病去，隱處精學蛾陂中”，所謂“辭病去”，就是藉口身體有病而辭去官職，這和上文所引兩條《汝南先賢傳》佚文的意思是完全一致的。

總之,無論是求之于《汝南先賢傳》,還是求之于謝沈《後漢書》,鄭敬都是與"吏隱"毫不相干的。

# 三、"吏隱"出典試探

"吏隱"之典既然與《汝南先賢傳》中的鄭敬無關,那麼,出典究在何處呢? 我們認爲,杜詩中"吏隱"的用典出自《漢書·梅福傳》。何以見得呢? 杜甫有《送裴二虬作尉永嘉》詩,其詩云:"孤嶼亭何處,天涯水氣中。故人官就此,絕境與誰同。隱吏逢梅福,遊山憶謝公。扁舟吾已具,把釣待秋風。"詩中的"隱吏逢梅福"一句,如果不計較律詩的對仗,也可以寫作"吏隱逢梅福",這就準確無誤地傳達出老杜的這樣的一則消息,即"吏隱"之典,出自梅福。《九家集注杜詩》卷一八注此句云:"漢梅福,九江人,補南昌尉。家居,常讀書養性爲事。至元始中,王莽專政,梅福一朝棄妻子,去九江。其後人有見福於會稽者,更名姓,爲吳市門卒,所謂隱於吏矣。"浦起龍《讀杜心解》卷三之一注云:"《漢書》:梅福補南昌尉,棄妻子去,隱於會稽,至今傳爲仙。"仇兆鰲《杜詩詳注》卷三注與浦注略同。按,梅福,字子真,九江人,《漢書》卷六七有傳。以上三家杜詩注所引文字,大體上皆本之《漢書·梅福傳》。至於蘇軾詩、黃庭堅詩中的"吏隱"典出何處,尚難斷言,但我們傾向於和杜詩一樣,也是典出《漢書·梅福傳》。這樣說的一個旁證就是,《建炎以來繫年要錄》卷五三紹興二年閏四月己未:"封漢南昌尉梅福爲吏隱真人。"既然宋代的皇帝有此封典,那麼包括蘇軾、黃庭堅在內的宋代臣工諒也不會和皇帝唱反調。

(原載《淮北煤炭師範學院學報》2008 年第 1 期。按:撰寫此文時,雖然已經初步輯出《汝南先賢傳》佚文,但尚未出版。2015 年,重新搜集國內外有關資料,形成新的輯佚文本,并加以注譯,以《汝南先賢傳注譯》之名,由中州古籍出版社出版)

# 《禮記》“刑不上大夫”舊解發覆

## ——兼答司馬君實《進士策問》

### 一

《禮記·曲禮上》:“禮不下庶人,刑不上大夫。”①這兩句很有分量的話究竟是什麽意思?兩千多年來,儘管有不少學者爲此問題絞盡腦汁,但結果還是見仁見智,未能一致。例如東漢許慎的《五經異義》説:“《禮戴》説:‘刑不上大夫。’古《周禮》説:‘士尸肆諸市,大夫尸肆諸朝。’是大夫有刑。謹案:《易》曰:‘鼎折足,覆公餗,其形渥,凶。’無刑不上大夫之事,從《周禮》之説。”②而鄭玄《駁五經異義》則説:“凡有爵者,與王同族,大夫以下,適甸師氏,令人不見,是以云刑不上大夫。”③一個是五經無雙的許叔重認爲“無刑不上大夫之事”;一個是遍注群經的鄭康成認爲有其事。二人就相持不下。二人爭論的焦點實際上是在“刑不上大夫”的第三個字“上”字上,許慎認爲“上”,鄭玄認爲“不上”。此後的學者,或質疑,或辨析,也都是以“上”字爲切入點。例如司馬光,他曾經在進士策問中這樣發問:

---

① 孔穎達等著,呂友仁點校《禮記正義》卷四,上海古籍出版社,2008 年,101 頁。
② 同上書,103 頁。
③ 同上。

《曲禮》曰："禮不下庶人，刑不上大夫。"按《王制》："修六禮以節民性；冠、婚、喪、祭、鄉、相見。"此庶人之禮也。《舜典》："五服三就，大夫於朝，士於市。"此大夫之刑也。夫禮與刑，先王所以治群臣萬民，不可斯須偏廢也。今《曲禮》乃云如是，必有異旨，其可見乎?①

不知當時應舉的進士是如何回答的。但從這道策問中可以看出兩點：第一，這是一個讓北宋學者普遍感到困惑的問題；第二，就"刑不上大夫"來說，提問的切入點仍然是在第三個字"上"字上。當代學者探討這個問題的論文也不少，②而這些論文考慮問題的切入點，就"刑不上大夫"一句來說，也仍舊都是放在第三個字"上"字上。換言之，都是圍繞這個"上"字做文章。因爲都是圍繞"上"字做文章，其結論大體上不外乎兩種：一是"刑不上大夫"這句話成立，二是這句話不成立。筆者認爲，不管你的結論是什麼，只要你是圍繞這個"上"字做文章，其結論都是錯誤的，都是在不同程度上曲解了"刑不上大夫"的本義。

筆者認爲，要正確理解"刑不上大夫"這句話，必須調整看問題的切入點。具體地説，就是必須首先圍繞"刑不上大夫"這句話的第一個字"刑"字來做文章。説起來實在是卑之無甚高論，但在我們看來，這實在是解決問題的不二法門。"刑"字的問題解決了，其他問題也就迎刃而解。

二

"刑不上大夫"的"刑"字，過去一直是當作"五刑"之刑、"刑名"之刑

---

① 司馬光《傳家集》卷七五《進士策問十五首》，影印文淵閣四庫全書本，1094 冊，685 頁。

② 據我們所知，有下列這些：1. 鍾肇鵬：《"禮不下庶人，刑不上大夫"說》，《學術月刊》1963 年第 2 期；2. 謝維揚《"禮不下庶人，刑不上大夫"辨》，《學術月刊》1980 年第 8 期；3. 陳一石《"禮不下庶人，刑不上大夫"辨》，《法學研究》1981 年第 1 期；4. 王占通《奴隸社會法律制度中不存在"禮不下庶人，刑不上大夫"的原則》，《吉林大學學報》1987 年第 5 期；5. 李弋飛《"禮不下庶人，刑不上大夫"質疑》，《法學論叢》1988 年 3 期；6. 宋鴎《淺析"禮不下庶人，刑不上大夫"》，《江漢大學學報（綜合版）》1988 年第 4 期；7. 王志固《"刑不上大夫"考辨》，《文史知識》1989 年第 4 期；8. 葉程義《"刑不上大夫"說》，《國文天地》1990 年 1 月 5 卷 8 期〔總 56 期〕；9. 楊展倫《"禮不下庶人，刑不上大夫"的含義是什麼》，《中國古代法律三百題》，上海古籍出版社，1991 年；10. 劉信芳《"禮不下庶人，刑不上大夫"辨疑》，《中國史研究》2004 年第 1 期。

來理解的。拿先秦來説,當時的五刑是墨刑、劓刑、剕刑、宫刑、大辟。於是問題就來了。質疑者認爲,翻看先秦的典籍,大夫受刑的事例史不絶書,司空見慣,怎麽能説"刑不上大夫"呢?而贊成者則多方論證以自圓其説。我們認爲,千古聚訟不决的原因,首先在於選錯了切入點。而切入點的選錯,則與對"刑"字的誤解密切相關。我們認爲,這個"刑"字當作"刑辱"解,即種種刑訊手段給當事人帶來的羞辱。所謂種種刑訊手段,例如當衆辱駡、繩捆索綁、腳鐐手銬、鞭抽棍打、剃光頭、著囚服等等。詳下。對於習慣於養尊處優的大夫來説,這種羞辱給他們帶來的難堪之劇烈可想而知。"刑不上大夫"這句話的意思是,大夫犯了罪,該殺就殺,該劓就劓,而由種種刑訊手段給當事人帶來的羞辱不能施之於大夫。用現代的話來説,就是刑事追究是不能豁免的,但在作法上應該給當事人留點面子。我們之所以能有這樣的理解,實在是受惠於古人、前賢之所賜。古人、前賢之中對這句話作出正確闡釋的近乎代不乏人,他們的闡釋也並不冷僻,但大概是由於人們有了先入之見的緣故,以至於使得我們對這些正確的闡釋視而不見,置若罔聞。請看:

1. 西漢初年的賈誼在上政事疏中説:"臣聞之,履雖鮮不加於枕,冠雖敝不以苴履。夫嘗已在貴寵之位,天子改容而體貌之矣,吏民嘗俯伏以敬畏之矣,今而有過,帝令廢之可也,退之可也,賜之死可也,滅之可也。若夫束縛之,係緤之,輸之司寇,編之徒官,司寇小吏詈駡而榜笞之,殆非所以令衆庶見也。夫卑賤者習知尊貴者之一旦吾亦乃可以加此也,非所以習天下也,非尊尊貴貴之化也。夫天子之所嘗敬,衆庶之所嘗寵,死而死耳,賤人安宜得如此而頓辱之哉!……故古者禮不及庶人,刑不至大夫,所以屬寵臣之節也。古者大臣有坐不廉而廢者,不謂'不廉',曰'簠簋不飾';坐污穢淫亂男女亡別者,不曰'污穢',曰'帷薄不修';坐罷軟不勝任者,不謂'罷軟',曰'下官不職'。故貴大臣定有其辠矣,猶未斥然正以諯之也,尚遷就而爲之諱也。故其在大譴大何之域者,聞譴何則白冠氂纓,盤水加劍,造請室而請辠耳,上不執縛係引而行也。其有中罪者,聞命而自弛,上不使人頸盭而加也。其有大辠者,聞命則北面再拜,跪而自裁,上不使捽抑而刑之也。"①細讀此節,可知賈誼所説的"刑不至大夫"的"刑",不是五種刑名之刑,而是指使用各種刑訊手段令罪人受辱,即所謂"束縛之,係緤之,輸之司寇,編之徒官,司寇小吏詈罵而榜笞之"之類是也。按:賈誼此疏是有爲而上,《漢書·賈誼傳》交待背景説:"是時,丞相絳侯周勃免就國,人有告勃謀反,逮係長安獄治,卒亡事,復爵邑,故賈誼以此譏上。上深納其言,養臣下有節。是後大臣有罪,皆自殺不受刑。"②證以《漢書·周勃傳》之勃被逮下獄後"吏稍侵辱之……勃既出,曰:'吾嘗將百萬軍,安知獄吏之貴也'"。③可知此所謂"皆自殺不受刑"之"刑",非"五刑"之刑,乃"刑辱"之刑。

2. 司馬遷《報任安書》説:"太上不辱先,其次不辱身,其次不辱理色,其次不辱辭令,其次詘體受辱,其次易服受辱,其次關木索被箠楚受辱,其次鬄毛髮嬰金鐵受辱,其次毁肌膚斷支體受辱,最下腐刑,極矣。傳曰'刑不上大夫',此言士節不可不厲也。……今交手足,受木索,暴肌膚,受榜箠,幽於圜牆之中。當此之時,見獄吏則頭槍地,視徒隸則心惕息。何者?積威約之勢也。及已至此,言不辱者,所謂彊顏耳,曷足貴乎!且西伯,伯也,拘牖里;李斯,相也,具五刑;淮陰,王也,受械于陳;彭越、張敖,南鄉稱孤,繫獄具罪;絳侯誅諸吕,權傾五伯,囚于請室;魏其,大將也,衣赭,關三木;季布爲朱家鉗奴;灌夫受辱居室。此人皆身至王侯將相,聲聞鄰國,及罪至罔加,不能引決自財,在塵埃之中,古今一體,安在其不辱也!"④我們認爲,司馬遷的這段闡釋與賈誼完全一致,都是强調種種刑訊手段給當事人帶來的莫大羞辱。司馬遷不愧爲史學家,在他的筆下,刑辱被描繪得淋漓盡致。這段話的權威性還在於,司馬遷不僅"常厠下大夫之列",⑤而且身受宮刑,對於牢獄之災有切身體會。那個"刑"字該當何解,他最有發言權。

---

①　《漢書》卷四八《賈誼傳》,中華書局,1962 年,2256～2257 頁。
②　同上書,2260 頁。
③　《漢書》卷四〇《周勃傳》,2056 頁。
④　《漢書》卷六二《司馬遷傳》,2732～2733 頁。
⑤　同上書,2727～2728 頁。

3.《資治通鑑》卷二八三後晉天福八年十二月："閩主曦嫁其女,取班簿閲視之,朝士有不賀者十二人,皆杖之於朝堂。以御史中丞劉贊不舉劾,亦將杖之。贊義不受辱,欲自殺。諫議大夫鄭元弼諫曰:'古者刑不上大夫。中丞儀刑百僚,豈宜加之箠楚?'曦正色曰:'卿欲效魏徵邪?'元弼曰:'臣以陛下爲唐太宗,故敢效魏徵。'曦怒稍解,乃釋贊。"①

4. 張方平《恩貸之罰》説:"《禮》曰:'刑不上大夫。'蓋謂不虧傷其體,皆非謂不入罰科也。故內則有放、奪、殺、刺之典,外則有紬爵、削地、眚伐之制。漢氏之法,則有免罷、謫徙、完舂、輸作之令。"按:張方平之"蓋謂不虧傷其體,皆非謂不入罰科也"一語,深得其旨。②

5. 蘇軾説:"天下之議者曰:'古者之制,刑不上大夫,大臣不可以法加也。'嗟夫!刑不上大夫者,豈曰大夫以上有罪而不刑歟?古之人君,責其公卿大臣至重,而待其士庶人至輕也。責之至重,故其所以約束之者愈寬;待之至輕,故其所以堤防之者甚密。夫所貴乎大臣者,惟不待約束而後免於罪戾也,是故約束愈寬而大臣益以畏法。何者?其心以爲人君之不我疑,而不忍欺也。苟幸不疑而輕犯法,則固已不容於誅矣。故夫大夫以上有罪,不從於訊鞫論報如士庶人之法,斯以爲刑不上大夫而已矣。"③按:蘇軾之言稍多,然大旨與張方平不異,所謂智者所見略同也。

6.《宋史·刑法志三》:"熙寧二年,比部郎中、知房州張仲宣嘗檄巡檢體究金州金坑無甚利,土人憚興作,以金八兩求仲宣不差官。及事覺,法官坐仲宣枉法贓,應絞。援前比,貸死杖脊,黥配海島。知審刑院蘇頌言:'仲宣所犯,可比恐喝條。且古者刑不上大夫,仲宣官五品,有罪得乘車,今刑爲徒隸,其人雖無足矜,恐污辱衣冠爾。'遂免杖黥,流賀州。自是命官無杖黥法。"④

7.《元史·不忽木傳》:"樞密臣受人玉帶,徵贓不敍。御史言罰太

① 《資治通鑑》卷二八三,中華書局,1956年,9260頁。
② 張方平《樂全集》卷六,影印文淵閣四庫全書本,1104冊,60頁。
③ 蘇軾《蘇東坡全集·應詔集》卷二《策別第六》,中國書店,1986年,734頁。
④ 《宋史》卷二〇一《刑法三》,中華書局,1977年,5018頁。

輕。不忽木曰：'禮，大臣貪墨，惟曰簠簋不飾。若加笞辱，非刑不上大夫之意。'人稱其平恕。"①

8.《元史·趙孟頫傳》："桑哥鐘初鳴時即坐省中，六曹官後至者則笞之。孟頫偶後至，斷事官遽引孟頫受笞。孟頫入訴於都堂，右丞葉李曰：'古者刑不上大夫，所以養其廉恥，教之節義。且辱士大夫，是辱朝廷也。'桑哥亟慰孟頫使出。自是，所笞唯曹史以下。"②

9.《明史·刑法志三》："太祖常與侍臣論待大臣禮。太史令劉基曰：'古者公卿有罪，盤水加劍，詣請室自裁，未嘗輕折辱之，所以存大臣之體。'侍讀學士詹同因取《小戴禮》及賈誼疏以進，且曰：'古者刑不上大夫，以勵廉恥也。必如是，君臣恩禮始兩盡。'帝深然之。"③

10. 查繼佐《罪惟錄》卷一一上《王鏊傳》："當是時，瑾權傾中外，然見鏊開誠與言，或亦聽用。尚寶卿璿等三人忤瑾，瑾拳之。鏊正色言：'古者刑不上大夫，幸勿過折辱。'得免。"④

11. 今人韓國磐先生說："'刑不上大夫'之說從何而來呢？試讀《漢書·賈誼傳》，在賈誼的上疏中，有專門談到不應戮辱大臣的一段。……由於當時戮辱大臣，賈誼才上疏，借古事以諷喻當世。"⑤

根據以上十一例文獻所載，我們認爲，"刑不上大夫"的本義已經浮出水面，"刑"字的確詁也清晰可見。那末，刑辱不施于大夫是不是一項大夫享受的特權呢？答曰：是。但這與大夫免於任何刑事追究的傳統解釋相差不可以道里計。

## 三

"刑不上大夫"的本義既如上所述，下面我們須要進一步探索的是

① 《元史》卷一三○《不忽木傳》，中華書局，1976年，3172頁。
② 《元史》卷一七二《趙孟頫傳》，4020頁。
③ 《明史》卷九五《刑法志三》，中華書局，1974年，4020頁。
④ 查繼佐《罪惟錄》卷一一上《王鏊傳》，《續修四庫全書》本，322冊，488頁。
⑤ 韓國磐《中國古代法制史研究》，人民出版社，1993年，214~216頁。

"刑不上大夫"産生的精神基礎是什麼。説來巧了,其精神基礎也在《禮記》。《禮記·儒行》云:"儒有可親而不可劫也,可近而不可迫也,可殺而不可辱也。"①由於這三句話是孔子説的,所以其爲士大夫所服膺也就非常自然。三句話中對後世影響最大的是"可殺而不可辱"一句。在古代,士農工商,所謂四民,儒居四民之首。由於儒者的社會地位與士相近,所以"儒"字就變成了"士"字,於是乎就有了"士可殺而不可辱"這句話。請注意,"士可殺而不可辱"這句話中的"士",不是與大夫相對立的最低級爵位之稱,而是"士大夫"的通稱,也可以説是"大臣"、"高官"的通稱。司馬遷在《報任安書》中説:"傳曰'刑不上大夫',此言士節不可不厲也。"上句言"大夫",下句變文言"士";下文的舉例中,有三品大員亦稱"士"者,均可證。"士可殺而不可辱"這句話,對歷代士大夫的品格塑造所産生的影響非常大,以至於成爲士大夫的一個揮之不去的心結,從而構成了"刑不上大夫"的精神基礎。爲了證明這一點,請看:

1.《三國志·魏書·何夔傳》:"太祖性嚴,掾屬公事,往往加杖。夔常畜毒藥,誓死無辱,是以終不見及。"②從中不難看出"士可殺而不可辱"這一信念對何夔的影響。

2.《資治通鑑》卷二一二唐開元十年十一月乙未:"前廣州都督裴伷先下獄,上與宰相議其罪。張嘉貞請杖之。張説曰:'臣聞"刑不上大夫",爲其近於君,且所以養廉恥也。故士可殺不可辱。臣向巡北邊,聞杖姜皎於朝堂。皎官登三品,亦有微功,有罪應死則死,應流則流,奈何輕加箠辱,以皂隸待之!姜皎事往,不可復追。伷先據狀當流,豈可復蹈前失。'上深然之。"③

3. 元陶宗儀《説郛》卷四一下引宋代高文虎《蓼花洲閑録》云:"神宗時,以陝西用兵失利,内批出令斬一漕官。明日,宰相蔡確奏事。上曰:'昨日批出斬某人,今已行否?'確曰:'方欲奏知。'上曰:'此人何疑?'確

---

① 《禮記正義》卷六六,2222 頁。
② 《三國志·魏書·何夔傳》,中華書局,1959 年,378 頁。
③ 《資治通鑑》卷二一二,6754 頁。

曰:'祖宗以來,未嘗殺士人。臣等不欲自陛下始。'上沉吟久之,曰:'可與刺面配遠惡處。'門下侍郎章惇曰:'如此,即不若殺之。'上曰:'何故?'曰:'士可殺,不可辱。'上聲色俱厲曰:'快意事更做不得一件!'惇曰:'如此快意,不做得也好。'"①

4. 明夏原吉《夏忠靖公集·附録·夏忠靖公遺事》:"刑部金尚書以疾在告,蹇忠定公有會,乃赴之。上聞之不樂,曰:'以疾不朝,而宴於私,可乎?'命繫之。公言:'進退大臣當以禮,可殺而不可辱。金某老矣而繫辱之,非刑不上大夫之意。'上即宥之。"②

5. 明袁袠《世緯》卷上《貴士》:"《記》曰:'刑不上大夫。'此言士可殺而不可辱也。秦、漢以來,士也日賤。李斯,相也,具五刑;蕭何,侯也,縛縲紲;勃如條、絳,材如遷、向,幽囚械繫,宮腐髡鉗,辱已甚矣。"按:"《記》曰:'刑不上大夫。'此言士可殺而不可辱也"二句,説得何等明快!③

6. 明劉宗周《劉蕺山集》卷四《敬陳聖學疏》:"至於廷杖一節,原非祖宗故事,辱士尤甚。士可殺,不可辱。仍願陛下推敬禮大臣之心以及群臣,與廠衛一體並罷,還天下禮義廉恥之坊。"④

7. 《世宗憲皇帝上諭內閣》卷八七記載:"李紱、蔡珽著交刑部訊取確供,倘再支吾掩飾,即加刑訊。古人云'士可殺而不可辱',若李紱等奸猾之徒,有不得不辱之勢,亦其所自取也。"⑤

8. 清陳立《白虎通疏證》卷九在徵引賈誼《新書·階級》"廉恥禮節,以治君子。故有賜死而無僇辱。是以繫縛榜笞,髡刖黥劓之罪,不及士大夫,以其離主上不遠也"之後,加按語説:"故《儒行》云:'士可殺而不可辱。'"⑥

以上八例,尤以第 5 例、第 8 例説得最爲明白。實際上,司馬遷所説

① 陶宗儀《説郛》卷四一下,影印文淵閣四庫全書本,878 册,273 頁。
② 夏原吉《夏忠靖公集·附録遺事》,影印文淵閣四庫全書本,1240 册,558 頁。
③ 袁袠《世緯》卷上,影印文淵閣四庫全書本,717 册,10 頁。
④ 劉宗周《劉蕺山集》卷四《敬陳聖學疏》,影印文淵閣四庫全書本,1294 册,377 頁。
⑤ 《世宗憲皇帝上諭內閣》卷八七,影印文淵閣四庫全書本,415 册,348 頁。
⑥ 陳立《白虎通疏證》,上海書店,1988 年,《清經解續編》本,5 册,562 頁上。

的:“傳曰‘刑不上大夫’,此言士節不可不屬也。”所謂“士節不可不屬也”,可以視爲“士可殺而不可辱也”的另外一種表述。

在封建社會裏,一件事情能否行得通,決定的因素是它能不能給最高統治者帶來好處。“刑不上大夫”作爲一項對犯罪官員有所照顧的措施之所以能夠行得通,也必須遵循這一原則。賈誼把這層道理説得很透:“其有大辜者,聞命則北面再拜,跪而自裁,上不使捽抑而刑之也,曰:‘子大夫自有過耳! 吾遇子有禮矣。’遇之有禮,故群臣自意;嬰以廉恥,故人矜節行。上設廉恥禮義以遇其臣,而臣不以節行報其上者,則非人類也。故化成俗定,則爲人臣者主耳亡身,國耳亡家,公耳亡私,利不苟就,害不苟去,唯義所在,上之化也。故父兄之臣誠死宗廟,法度之臣誠死社稷,輔翼之臣誠死君上,守圉扞敵之臣誠死城郭封疆。故曰聖人有金城者,比物此志也。彼且爲我死,故吾得與之俱生;彼且爲我亡,故吾得與之俱存。夫將爲我危,故吾得與之皆安。顧行而忘利,守節而仗義,故可以托不御之權,可以寄六尺之孤,此屬廉恥行禮誼之所致也,主上何喪焉!”①原來給犯罪官員以適當照顧,留點面子,這還是演給群臣看的一出戲,它可以感化群臣,讓他們心存感激,更忠實地爲最高統治者賣命出力。這是一個俗話説的“得了便宜還要賣乖”的買賣,對於聰明的統治者來説,何樂而不爲! 這可以看作是“刑不上大夫”得以實行的一個外部條件。

# 四

《郭店楚墓竹簡·尊德義》篇的第 31、32 簡云:“埶不隸於君子,禮不隸於小人。”②整理者裘錫圭按:“隸,讀爲‘逮’。”按《説文》:“逮,及也”。我們認爲,《尊德義》這兩句話的用詞雖然與“刑不上大夫,禮不下庶人”有所不同,但意思並無二致,可以視爲不同的表述形式。它的出現爲我們認識“刑不上大夫,禮不下庶人”提供了新的資料,很有價值,值得注意。

---

① 《漢書》卷四八《賈誼傳》,2257~2258 頁。
② 《郭店楚墓竹簡·尊德義》,文物出版社,1998 年,57 頁,174 頁。

例如,宋代學者黄敏求《九經餘義》爲了破解這兩句話,就在分章上打主意。他認爲"禮不下庶人"和"刑不上大夫"並不是同一章的内容,不能相提並論。"禮不下庶人"與上文"國君撫式,大夫下之。大夫撫式,士下之"爲一章,"謂乘車之禮不爲庶人而下,故曰禮不下庶人者也"①。今人也頗有雷同黄説者,就我們所見的有王占通《奴隷社會法律制度中不存在"禮不下庶人,刑不上大夫"的原則》、②郭建等著《中國法制史》和曾代偉主編《中國法制史》。例如,郭建等著《中國法制史》就説"'禮不下庶人',講的是乘車的禮儀"。③ 曾代偉主編《中國法制史》説:"可見'禮不下庶人'的原意是指的'相見禮'這一局部,將其擴大到禮的全部,在邏輯上是不能成立的。"④今得竹簡本《尊德義》此二句作證,則上述各家所持"分章不同"之説不攻自破。

"坓"字不見於《説文》。按《説文·井部》:"荆,罰辠也。從井從刀。《易》曰:'井者,法也。'井亦聲。"段玉裁注:"按此荆罰正字也。今字改用'刑'。刑者,剄也,見《刀部》,其義其音皆殊異。"⑤又《説文·刀部》:"刑,剄也。從刀,开聲。"段玉裁注:"按荆者,五荆也。凡荆罰、典荆、儀荆皆用之。刑,剄也,横絶之也。此字本義少用,俗字乃用刑爲荆罰、典荆、儀荆字,不知造字之旨既殊,井聲、开聲各部。"⑥據此可知,《尊德義》之"坓",與《説文·井部》之"荆"是異體字關係,二者同義,本義皆爲"罰罪"。而"刑不上大夫"的"刑"字,據段玉裁説是俗字;據王筠《説文句讀》,則是"荆"的通假字。⑦ "坓不隷於君子"的"坓",在此使用的同樣不是"坓"的本義,而是其遠引申義"刑辱"。關於這一點,上文已經論證,此處不煩贅言。

我們認爲,"坓不隷於君子"的"君子",就是"刑不上大夫"的"大

① 衛湜《禮記集説》卷七引,影印文淵閣四庫全書本,117 册,155 頁。
② 王説見《吉林大學學報》1987 年第 5 期,4 頁。
③ 郭建等《中國法制史》,上海人民出版社,2000 年,16 頁。
④ 曾代偉主編《中國法制史》,法律出版社,2006 年,32 頁。
⑤ 段玉裁《説文解字注》,上海古籍出版社,1988 年,216 頁。
⑥ 同上書,第 182 頁。
⑦ 王筠《説文句讀》卷八"刑"字下,中華書局影印,1988 年,153 頁上。

夫",二者是同義詞,都是指有一定社會身份地位的人。例如:

《禮記·禮器》:"是故君子大牢而祭謂之禮。"鄭玄注:"君子,謂大夫以上。"①

《禮記·玉藻》:"君子狐青裘。"鄭玄注:"君子,大夫士也。"②

《禮記·鄉飲酒義》:"鄉人、士、君子尊于房戶之間。"鄭玄注:"君子,謂卿大夫士。"③

因此,我們在理解《曲禮上》和《尊德義》的這兩句話時,既不應拘泥於一隅,也不必強生區別。

《郭店楚墓竹簡》含有儒家著作十四篇(包括《尊德義》在内),這十四篇的目録學歸類在學者中尚未取得一致看法。有的認爲應該歸入子部儒家類,有的認爲應該歸入經部《禮記》類。我們同意後者。今本《禮記》四十九篇,就是一個《記》的選本。先秦時期,單篇別行的《記》究竟有多少,現在很難説得清。《郭店楚墓竹簡》中的這十四篇儒家著作,由於其内容與今本《禮記》往往互有包容,所以我們認爲歸入經部《禮記》類來認識較好。這就是説,《曲禮上》是一篇《記》,《尊德義》也是一篇《記》,身份是一樣的。由於傳聞異詞的緣故,《曲禮上》的記者將這兩句話記作"刑不上大夫,禮不下庶人",《尊德義》篇的記者將這兩句話記作"垩不隸於君子,禮不隸於小人",用詞雖有不同,意思卻是一樣。同樣的意思出現在兩篇《記》文中,這表明這兩句話在先秦時期是一個流傳面相當廣的常用語。

劉信芳先生《"禮不下庶人,刑不上大夫"辨疑》一文(下稱"劉文")認爲:"郭店楚簡《尊德義》簡31:'刑不逮于君子,禮不逮於小人。'我們認爲,這才是'禮不下庶人,刑不上大夫'在先秦禮經中的原貌。"④我們認爲,説哪個是原貌很不容易,要有根據,不能靠一廂情願地推論。這個根據就是,首先要證明哪個在前,哪個在後,然後才可以説在前的就是原貌。

---

① 《禮記正義》卷三二,979頁。
② 同上書,1212頁。
③ 同上書,2287頁。
④ 劉文見《中國史研究》2004年第1期,第27頁。

但劉文完全撇開了這一點,避而不談,這就缺乏説服力。現在我們就來考查一下這個"原貌"問題。李學勤先生《先秦儒家著作的重大發現》一文説:"説郭店一號墓是西元前四世紀末的墓葬,是合適的。至於墓中竹簡典籍的書寫時間,可能還更早一些。"①又説:"郭店一號墓的年代,與孟子活動的後期相當,墓中書籍都爲孟子所能見。《孟子》七篇是孟子晚年撰作的,故而郭店竹簡典籍均早於《孟子》的成書。"②我們同意李學勤先生的看法。那末,《曲禮上》又是何時成書呢? 沈文倬先生《略論禮典的實行和〈儀禮〉書本的撰作》一文對此作過考證。沈先生看到《孟子·公孫丑下》:"《禮》曰: 父召無諾。"而"父召無諾"見於《禮記·曲禮上》(涉及《禮記》他篇的考證從略),從而得出結論:"由此可證,小戴輯《禮記》的《曲禮》、《玉藻》、《祭統》、《禮器》是早於《孟子》成書的。"③我們也同意沈先生的這個結論。不過,沈先生的例證只有一個,顯得單薄。我們狗尾續貂,略作補充。根據我們的考查,《孟子》徵引《曲禮上》四次,徵引《曲禮下》三次,合計七次。因爲"刑不上大夫"是出於《曲禮上》,所以我們只補充《孟子》徵引《曲禮上》的另外三例:

1.《公孫丑上》:"孟子曰:'否,我四十不動心。'"④

按: 趙岐注:"孟子言《禮》'四十强而仕',我志氣已定,不妄動心有所畏也。"又按:"四十曰强,而仕",《禮記·曲禮上》文。

2.《離婁上》:"男女授受不親,《禮》也。"⑤

按:《禮記·曲禮上》:"男女不親授,嫂叔不通問。"

3.《盡心上》:"放飯流歠,而問無齒決。"⑥

按:《禮記·曲禮上》:"毋放飯,毋流歠。……濡肉齒決,乾肉不齒決。"

---

① 李文見《郭店楚簡研究》,遼寧教育出版社,1999 年,13 頁。
② 同上書,15 頁。
③ 沈文倬文先見《文史》第十六輯,後見《宗周禮樂文明考論》,浙江大學出版社,1999年,44 頁。
④ 《孟子·公孫丑上》,十三經注疏本,中華書局影印,1980 年,2685 頁中。
⑤ 同上書,2722 頁中。
⑥ 同上書,2771 頁上。

　　我們相信,經過補充例證,説《曲禮上》"是早於《孟子》成書的"這個結論就更具有説服力了。行文至此可知,《郭店楚墓竹簡》的《尊德義》篇是早於《孟子》成書的,今本《禮記》的《曲禮上》也是早於《孟子》成書的,換言之,《尊德義》和《曲禮上》是在同一時代成書的。在這種情況下,我們怎好説那個是原貌、哪個不是呢? 今本《禮記·緇衣》有這麽五句:"下之事上也,不從其所令,從其所行。上好是物,下必有甚者矣。"①這五句話,在《郭店楚墓竹簡》的《緇衣》篇是這樣:"下之事上也,不從其所以命,而從其所行。上好此物也,下必有甚焉者矣。"②而在《郭店楚墓竹簡》的《尊德義》篇又是這樣:"下之事上也,不從其所命,而從其所行。上好是物也,下必有甚焉者。"③試加比較,同是出自《郭店楚墓竹簡》的兩篇,就有三處文字不一樣,你説哪個是原貌呢? 須知傳聞異詞是先秦典籍中常見的現象。

　　劉信芳先生,還有之前的韓國磐先生,他們都把《禮記》的成書排在賈誼《新書》之後,是搞錯了。須知,四十九篇的《禮記》雖然是戴聖在漢宣帝是編選成的,但那四十九篇原來單篇別行的《記》卻基本上都是先秦的作品。二者不可混淆。上文我們已經證明了《曲禮上》的成書早於《孟子》,則早於賈誼《新書》自不待言。

# 五

　　如果我們對"刑不上大夫"的本義以及相關問題的論證無誤,反過來,那就表明傳統的舊解是錯誤的。傳統的舊解延續了兩千年,其影響不可低估。因此,竊不自量,接着想探討一下我們有哪些撥亂反正的工作要做。我們想到的有,第一,傳統的舊解是怎樣形成的? 第二,傳統舊解引發的法制混亂應予釐清;第三,傳統舊解引發的學術混亂應予釐清。第

---

① 《禮記正義》卷六二,2105頁。
② 《郭店楚墓竹簡》,129頁。
③ 同上書,174頁。

四,當今高等學校的不少教材還在不同程度地宣揚舊説,應予釐清。下面依次談談我們的看法。

第一個問題。我們認爲,傳統的舊解始于東漢章帝建初四年(79)的白虎觀會議,這可謂始作俑者。此後,由於經學家何休、鄭玄的推波助瀾,"刑不上大夫"的傳統舊解遂牢不可破。

據《後漢書》的《章宗紀》、《班固傳》,建初四年的白虎觀會議,是模仿漢宣帝甘露三年(前51)石渠會議而舉行的"講議《五經》同異"的一次會議。參加會議的人不少,班固是其中的一個。儘管與會者都可以發表意見,但哪種意見對,哪種意見錯,要由漢章帝來作裁決,這叫作"帝親稱制臨決"。今傳世之《白虎通義》就是這次會議的一個總結,一個決議。《白虎通義》的作者雖然署名是班固,但班固不過是奉命行事而已,書中的内容都是得到皇帝認可的。按照清代的命名習慣,就要叫作《欽定白虎通義》才對。現在我們就來看看《白虎通》是怎麽説的。《白虎通》卷下《五刑》:"聖人治天下,必有刑罰何? 所以佐德助治,順天之度也。……刑所以五何? 法五行也。科條三千者,應天地人情也。五刑之屬三千,大辟之屬二百,宫辟之屬三百,腓辟之屬五百,劓、墨辟之屬各千。……刑不上大夫何? 尊大夫。禮不下庶人,欲勉民使至於士。故禮爲有知制,刑爲無知設也。……刑不上大夫者,據禮無大夫刑。或曰: 撻笞之刑也。"①"刑不上大夫何"中的"刑"字,既然是放在《五刑》條目下,自然是"五刑"之刑,不是"刑辱"之刑。至於爲什麽"刑不上大夫"? 回答也很乾脆:"尊大夫"。至此,《白虎通》已經爲流傳兩千年的傳統舊解定下了基調。值得注意是下面三句話:"刑不上大夫者,據禮無大夫刑。或曰: 撻笞之刑也。"這一個"或曰",表明了會議上是有不同意見的。據理推測,多數人主張"據禮無大夫刑",意思是説五刑中的任何一種刑都不上大夫。少數人主張"撻笞之刑也",意思是説不上大夫的只有"撻笞之刑"而已,五刑還不能豁免。我們認爲,實際上,這個少數人的意見是對的,是得到了"刑

---

① 《白虎通義》卷下,影印文淵閣四庫全書本,850 册,59 頁。

不上大夫"的真諦的。何者？從上文可知，"撻笞之刑"不屬於五刑，然則此"撻笞之刑"的含義就是用"撻笞"使當事人受到刑辱，這與賈誼、司馬遷的看法是一致的。遺憾的是，兩千年來，學者們基本上都忽略了這個"或曰"，唯一能夠破解此"或曰"本義者，據我們所知只有清代學者陳立一人。陳立《白虎通疏證》卷九在此"或曰"句下說："《漢書·賈誼傳》云：'故古者禮不下庶人，刑不上大夫，所以厲寵臣之節也。……其有大罪者，聞命則北面再拜，跪而自裁，上不使人捽抑而刑之也。'是大夫有罪，得加刑，但不得撻笞以辱之。"①

為什麼說何休、鄭玄是推波助瀾者呢？《公羊傳》宣公元年何休注："古者刑不上大夫，蓋以為摘巢毀卵，則鳳凰不翔；刳胎焚夭，則麒麟不至。刑之則恐誤刑賢者，死者不可復生，刑者不可復屬。故有罪放之而已，所以尊賢者之類也。"②這是把"刑不上大夫"解釋作既不受肉刑，又不受死刑，有罪只是流放而已。而流放不屬於五刑。鄭玄注《曲禮上》"刑不上大夫"云："不與賢者犯法。其犯法則在八議，輕重不在刑書。"在這裏，鄭玄首先肯定大夫都是賢者，賢者能夠自律，一般不會犯法。萬一犯法，他們享有八議的特權，往往可以大罪化小，小罪化了。鄭玄注與何休注雖然有所不同，但均認為大夫在五刑的追究上享有特權，在這一點上，他們肯定了"刑不上大夫"。在經學領域，鄭玄的影響比何休要大得多。魏晉以後，士人中彌漫着"寧道孔聖誤，諱聞鄭、服非"③的空氣，於是"刑不上大夫"的傳統舊解就變得牢不可破。

第二個問題，傳統舊解引發的法制混亂。例如《唐律疏議》卷一《名例》："八議。《疏議》曰：《周禮》云：'八辟麗邦法。'今之八議，周之八辟也。《禮》云'刑不上大夫'，犯法則在八議，輕重不在刑書也。"④我們知道，《唐律》在封建社會的法律體系中具有承前啓後的意義，而所謂《疏

---

① 陳立《白虎通疏證》，《清經解續編》本，5 册，562 頁。
② 《公羊傳》宣公元年何休注，十三經注疏本，2277 頁中。
③ 《舊唐書》卷一〇二《元行沖傳》，中華書局，1975 年，3176 頁。
④ 《唐律疏議》，中華書局，1983 年，16~17 頁。

議》相當於今天的司法解釋。看來,《唐律疏議》全盤接受了鄭玄的觀點。我們認爲,"刑不上大夫"也不是不可以寫入法典,這要看寫入法典的哪一部分。拿《唐律疏議》來説,如果不把它寫入《名例》,而寫入《斷獄》,那就意味着在刑訊時大夫享有優待,則也不違背"刑不上大夫"的本義。再如顧炎武《日知録》卷一三《除貪》:"宣德中,都御史劉觀坐受贓數千金,論斬。上曰:'刑不上大夫。觀雖不善,朕終不忍加刑。'命遣戍遼東。正統初,遂多特旨曲宥。"①看來,明宣宗在處理貪官劉觀的問題上,其做法與何休的《公羊傳》注吻合。這樣的例子很多。總之,傳統舊解給犯罪的官員提供了一把保護傘,在這把保護傘的庇護下,大罪化小,小罪化了。

第三個問題,傳統舊解引發的學術混亂。例如,《周禮·秋官·條狼氏》:"誓大夫曰:'敢不關,鞭五百。'"②譯成現代漢語就是:條狼氏對大夫高聲重複説:"該請示的事情不請示,抽五百皮鞭!"這本來很正常,但由於有"刑不上大夫"的舊解作梗,明明是"誓大夫",王安石偏偏把它解釋作"爲大夫誓其屬也"。③ 之所以這樣地牽強附會,就是爲了避開那句"刑不上大夫"。王安石的這種牽強解釋不爲學者所接受。於是清代學者惠士奇説:"《條狼氏》有'誓大夫,鞭五百'之文,與《曲禮》'刑不上大夫'之言相反,於是學者疑《周官》非聖人之書。"④問題變得更嚴重了。

第四個問題。當今高等學校的不少教材還在不同程度地宣揚舊説。例如,翦伯贊主編《中國史綱要》第一册:"西周時是'禮不下庶人,刑不上大夫'。即使是貴族、官吏犯法,他們也完全可以按'金作贖刑'的規定而交納金貨以免罪。"⑤郭沫若主編《中國史稿》第一册:"周朝的刑律主要是用來鎮壓奴隸的。……只有奴隸主貴族是例外的,'禮不下庶人,刑不上大夫',道破了奴隸制刑罰的階級實質。"⑥張國華《中國法律思想史新

① 顧炎武《日知録集釋》卷一三《除貪》,中州古籍出版社,1990 年,320 頁。
② 《周禮·秋官·條狼氏》,十三經注疏本,888 頁上。
③ 見王志長《周禮注疏删翼》卷二五,影印文淵閣四庫全書本,97 册,770 頁。
④ 惠士奇《禮説》卷一三,影印文淵閣四庫全書本,101 册,635 頁。
⑤ 翦伯贊主編《中國史綱要》,人民出版社,1979 年,44 頁。
⑥ 郭沫若主編《中國史稿》,人民出版社,1979 年,271 頁。

編》:“‘禮不下庶人,刑不上大夫’是西周禮治的基本特徵。……‘刑不上大夫’主要指刑罰的鋒芒不是針對大夫以上的貴族。”①劉新主編《中國法律思想史》:“‘禮不下庶人,刑不上大夫’是從‘親親’與‘尊尊’原則派生出的另一項原則,也是西周禮治的基本特徵。……所謂‘刑不上大夫’,是指刑罰主要是用來對付奴隸和平民的。”②

(原載《裴汝誠教授八秩壽慶論文集》,中華書局 2011 年版)

---

① 張國華《中國法律思想史新編》,北京大學出版社,1998 年,31 頁。
② 劉新主編《中國法律思想史》,中國人民大學出版社,2000 年,14 頁。

# 《漢語大詞典》"禮不下庶人" 釋義糾謬

《漢語大詞典》:

> 【禮不下庶人】禮不下達庶人。謂對庶人不必責求完禮。《禮記·曲禮上》:"禮不下庶人,刑不上大夫。"鄭玄注:"爲其遽於事且不能備物。"游桂注:"庶人不廟祭,則宗廟之禮所不及也;庶人徒行,則車乘之禮所不及也;庶人見君子不爲容,則朝廷之禮所不及也。不下者,謂其不下及也。"清龔自珍《春秋決事比答問第二》:"禮不下庶人者,禮至庶人而極。"①

"禮不下庶人"究竟是什麼意思? 從爲《禮記》作注的東漢鄭玄(127~-200)算起,已經將近兩千年了,企圖破解這道難題的學者,不絕如縷。其中雖不乏有一二真知灼見者,但由於說理不夠充分,被強大的主流學者的解釋所遮蔽。《漢語大詞典》的釋義及其書證,就是這種主流解釋的反映。

"禮不下庶人"兩千年來未得正解的原因何在? 答曰:切入點選錯了。人們把切入點都選在"下"字上,以至於走進一個死胡同,無論如何都走不出去。筆者最初也是這種思路,結果當然也是碰壁。碰了幾次,才有

---

① 《漢語大詞典》第 7 册,1991 年 6 月第 1 版,第 958 頁。

所省悟。原來這是古人的一個“腦筋急轉彎”命題。當你按照通常思維把切入點放在“下”字上時，你就開始進入死胡同了；而當你改變切入點，把切入點放在“禮”字上時，就全盤皆活了。

## 一、我的發覆思路

《中國經學》第五輯發表了拙作《〈禮記〉“刑不上大夫”舊解發覆》。我在該文的内容提要中寫道：

> “刑不上大夫”，傳統解讀是以“上”字爲切入點，由於切入點選錯了，所以兩千年來一直不得其解。本文則把切入點放在“刑”字上，論證了“刑”是刑辱之義，“刑不上大夫”的本義是大夫犯了罪，該殺就殺，該剮就剮，而由種種刑訊手段給當事人帶來的羞辱則不能施之于大夫。論證了“刑不上大夫”産生的精神基礎是“士可殺而不可辱”。論證了《郭店楚墓竹簡·尊德義》篇的“坓不逮于君子”是“刑不上大夫”的不同表述形式，論證了傳統舊解的形成過程。通過以上四個方面的論證，這一持續兩千年的歷史公案庶幾有望得以澄清。①

本文可以説是《〈禮記〉“刑不上大夫”舊解發覆》的姊妹篇，我寫作此文的思路，一仍舊貫。我認爲，要澄清這一持續兩千年的歷史公案，再也不能糾纏於“下”字，而必須把切入點放在“禮”字上。爲什麽不能再糾纏於“下”字？因爲“禮不下庶人”是個僞命題。一旦糾纏於“下”字，就勢必誤入歧途，就不得不挖空心思、千方百計去證明這一僞命題。於是乎一些違背常識的解讀層出不窮。試想，要想把一個僞命題證明成立，能做得到嗎？

## 二、“禮不下庶人”是一個僞命題

本文説“禮不下庶人”是一個僞命題，有一個前提。這個前提就是，這

① 彭林主編《中國經學》第五輯，廣西師範大學出版社，2009年，191頁。

個“禮”字的含義,或者是與“刑”字相反相成的“禮”(《論語·爲政》:“子曰:‘道之以政,齊之以刑,民免而無恥。道之以德,齊之以禮,有恥且格。’”①),或者是與“樂”字相輔相成的“禮”。(《孝經·廣要道章》:“子曰:‘移風易俗,莫善於樂;安上治民,莫善於禮。’”②)換言之,這個“禮”字的含義是抽象的而不是具體的。

據我所知,在我之前,已經有三位學者對“禮不下庶人”這個命題提出質疑。在歷史長河中,在絕大多數人致力於如何千方百計地證明這一命題時,這三位學者的質疑就顯得非常難能可貴。

第一位學者是北宋的李覯(1009~1059),他在《旴江集》卷二《禮論第六》中説:

> 《王制》曰:“庶人縣封,葬不爲雨止,不封不樹,喪不貳事。”此亦庶人之喪禮也;“庶人春薦韭,夏薦麥,秋薦黍,冬薦稻,韭以卵,麥以魚,黍以豚,稻以雁。”此亦庶人之祭禮也。既庶人喪、祭皆有其禮,而謂“禮不下庶人”者,抑述《曲禮》者之妄也。③

按:“妄”者,亂説一通也。敢對“禮不下庶人”下一個“妄”字的評語,這是需要膽識的。但把這頂帽子扣到“述《曲禮》者”的頭上是不公正的,因爲“述者”並不誤,誤的是解者。是《白虎通義》强作解人,害得後人幾乎無不被牽着鼻子走。

第二位學者是司馬光(1019~1086),他在《進士策問十五首》中急切地發問道:

> 《曲禮》曰:“禮不下庶人,刑不上大夫。”按《王制》:“修六禮以節民性;冠、昏、喪、祭、鄉、相見。”此庶人之禮也。《舜典》:“五服三就,大夫於朝,士於市。”此大夫之刑也。夫禮與刑,先王所以治群臣萬民,不可斯須偏廢也。今《曲禮》乃云如是,必有異旨,其可見乎?④

① 何晏《論語集解》,十三經注疏本,中華書局影印,1980 年,2461 頁。
② 唐玄宗《孝經注》,十三經注疏本,2556 頁。
③ 李覯《旴江集》卷二,影印文淵閣四庫全書本,1095 册,28 頁。
④ 司馬光《傳家集》卷七五《進士策問十五首》,影印文淵閣四庫全書本,1094 册,685 頁。

按：所謂"必有異旨"，就是必有不同於舊有解讀的解讀。這四個字傳遞出來的信息是，司馬光對此前的所有的解讀，包括《白虎通義》、鄭玄等學者的解讀在內，都持否定的態度，統統不予認可。而正確的解讀是什麼，他還在困惑中。於是通過進士策問的形式發出求教的呼籲。

第三位學者是清代的姚際恒，他在《禮記通論》中説：

> "禮不下庶人"，此語若鶻突，賴有注疏爲之斡旋。鄭氏曰"爲其遽於事，且不能備物"，孔氏曰"酬酢之禮不及庶人"，皆是也。①

按："鶻突"者，悖理之謂也。實際上，"禮不下庶人"一句並不鶻突，説句不好聽的俗話，經是好經，只是讓歪嘴和尚念歪了。姚氏的卓識在於，他認爲鄭注、孔疏的彌縫是對的。儘管姚氏的這個表述並非無可挑剔，但我仍然覺得很了不起，可惜的是他只有結論而沒有對結論的論證。

以上三位學者，可以説是先知先覺者。我的任務是在他們指出的方向上繼續往前走，解決他們尚未解決和尚未完滿解決的問題。具體地説，這些問題是：第一，必須充分證明"禮不下庶人"是一個僞命題，爲撥亂反正奠定堅實基礎；第二，在改變切入點的基礎上，揭示"異旨"是什麼。具體地説，本文認爲"禮不下庶人"的"禮"是指"酬酢之禮"。第三，充分論證"禮（酬酢之禮）不下庶人"的合理性。

# 三、對"禮不下庶人"這個僞命題的論證

我的論證原則是以經證經。具體地説，分爲下列五個方面。1. 以《禮記·曲禮》篇的禮下庶人之例爲證；2. 以《禮記》其餘四十八篇的禮下庶人之例爲證；3. 以他經中的禮下庶人之例爲證；4. 以鄭玄注中的禮下庶人之例爲證；5. "禮不下庶人"與儒家對禮的全民適用性的表述不相容。

### 1. 以《禮記·曲禮》篇的禮下庶人之例爲證

"禮不下庶人"一句出自《禮記·曲禮上》。《禮記》一書凡四十九篇，

---

① 杭世駿《續禮記集説》，《續修四庫全書》本，101 册，84 頁。

這四十九篇並非成篇於同一個時代。我以《禮記·曲禮》篇的禮下庶人之例爲證,實際上是以本篇證本篇。

(1)《禮記·曲禮上》:"凡爲人子之禮,冬溫而夏凊,昏定而晨省。"①

(2)《曲禮上》:"爲天子削瓜者副之,巾以絺。爲國君者華之,巾以綌。爲大夫累之,士疐之,庶人齕之。"孔疏:"此削瓜等級不同,非謂平常之日,當是公庭大會之時也。"②

(3)《曲禮下》:"天子穆穆,諸侯皇皇,大夫濟濟,士蹌蹌,庶人僬僬。"孔疏:"此一節論天子至庶人行容之貌。"③

(4)《曲禮下》:"天子之妃曰后,諸侯曰夫人,大夫曰孺人,士曰婦人,庶人曰妻。"④

(5)《曲禮下》:"問天子之年,對曰:'聞之:始服衣若干尺矣。'問國君之年,長,曰'能從宗廟社稷之事矣';幼,曰'未能從宗廟社稷之事也'。問大夫之子,長,曰'能御矣';幼,曰'未能御也'。問士之子,長,曰'能典謁矣';幼,曰'未能典謁也'。問庶人之子,長,曰'能負薪矣';幼,曰'未能負薪也'。"⑤

(6)《曲禮下》:"問國君之富,數地以對,山澤之所出。問大夫之富,曰有宰食力,祭器衣服不假。問士之富,以車數對。問庶人之富,數畜以對。"⑥

(7)《曲禮下》:"天子死曰崩,諸侯曰薨,大夫曰卒,士曰不禄,庶人曰死。"⑦

(8)《曲禮下》:"凡摯,天子鬯,諸侯圭,卿羔,大夫雁,士雉,庶人之摯匹。"⑧

---

① 《禮記正義》,上海古籍出版社,2008年,29頁。
② 同上書,72~73頁。
③ 同上書,194頁。
④ 同上書,195頁。
⑤ 同上書,201頁。
⑥ 同上書,202頁。
⑦ 同上書,209頁。
⑧ 同上書,215頁。

**2. 以《禮記》其餘四十八篇中的禮下庶人之例爲證**

（1）《王制》：“天子七日而殯，七月而葬。諸侯五日而殯，五月而葬。大夫、士、庶人，三日而殯，三月而葬。”①

按：是庶人亦有殯葬時日之禮。

（2）《王制》：“三年之喪，自天子達。”鄭注云：“下通庶人，於父母同。”②

（3）《王制》：“庶人縣封，葬不爲雨止，不封不樹。”鄭注云：“縣封，當爲‘縣窆’。縣窆者，至卑，不得引綍下棺。雖雨猶葬，以其禮儀少。封，謂聚土爲墳。不封之，不樹之，又爲至卑無飾也。”③

（4）《王制》：“喪不貳事，自天子達於庶人。”孫希旦《禮記集解》：“父母之喪，三年不從政，則大夫士亦不貳事矣，非獨庶人也。”④

（5）《王制》：“天子七廟，三昭三穆，與太祖之廟而七。諸侯五廟，二昭二穆，與太祖之廟而五。大夫三廟，一昭一穆，與太祖之廟而三。士一廟。庶人祭於寢。”⑤

按：此言庶人亦有其祭祖之禮，異於士已上者，無廟，祭於寢而已。

（6）《王制》：“天子社稷皆大牢，諸侯社稷皆少牢。大夫、士宗廟之祭，有田則祭，無田則薦。庶人春薦韭，夏薦麥，秋薦黍，冬薦稻。韭以卵，麥以魚，黍以豚，稻以雁。”鄭注：“庶人無常牲，取與新物相宜而已。”孔疏：“此一節論天子、諸侯祭用牲牢及庶人所薦之物。”⑥

（7）《王制》：“諸侯無故不殺牛，大夫無故不殺羊，士無故不殺犬豕，庶人無故不食珍。”鄭注：“故，謂祭饗。”⑦

按：此謂庶人亦有祭饗食珍之禮。

---

① 《禮記正義》，512頁。
② 同上書，512~513頁。
③ 同上書，513頁。
④ 孫希旦《禮記集解》，中華書局，1989年，342頁。
⑤ 《禮記正義》，513頁。
⑥ 同上書，529~530頁。
⑦ 同上書，530頁。

（8）《王制》："司徒修六禮以節民性。……六禮：冠、昏、喪、祭、鄉、相見。"①

按：司馬光云："此庶人之禮也。"②

（9）《文王世子》："五廟之孫，祖廟未毀，雖爲庶人，冠、取妻者，必告；死，必赴；練、祥則告。……至於贈賻承含，皆有正焉。"孔疏："此論族人雖或至賤，吉凶必須相告，弔賻含贈，皆當有正禮。"③

（10）《內則》："大夫燕食，有膾無脯，有脯無膾。士不貳羹胾，庶人耆老不徒食。"鄭注："尊卑差也。"孔疏："此一經接上人君燕食，因明大夫、士、庶人燕食不同。"④

（11）《內則》："羹食，自諸侯以下至於庶人無等。"⑤

（12）《祭法》："王立七廟……諸侯立五廟……大夫立三廟二壇……適士二廟一壇……官師一廟……庶士、庶人無廟。"孔疏："此一經明天子以下尊卑既異，上祭祖廟多少不同之事。"⑥

（13）《祭法》："王爲群姓立七祀……諸侯爲國立五祀……諸侯自爲立五祀。大夫立三祀：曰族厲，曰門，曰行。適士立二祀：曰門，曰行……庶士、庶人立一祀，或立戶，或立竈。"

按：七祀之祭，尊卑有差。庶人立一祀，數少而已，非無其禮也。

（14）《祭法》："王下祭殤五：適子、適孫、適曾孫、適玄孫、適來孫。諸侯下祭三，大夫下祭二，適士及庶人祭子而止。"孔疏："此明天子以下祭殤之差也。"⑦

按：是庶人亦有祭殤之禮。

（15）《祭義》："天子有善，讓德於天。諸侯有善，歸諸天子。卿、大夫

---

① 《禮記正義》，545頁、588頁。
② 司馬光《傳家集》卷七五，影印文淵閣四庫全書本，1094冊，685頁。
③ 《禮記正義》，855頁。
④ 同上書，1141頁。
⑤ 同上書，1146頁。
⑥ 同上書，1792~1793頁。
⑦ 同上書，1802頁。

有善,薦于諸侯。士、庶人有善,本諸父母,存諸長老。"①

按:是庶人亦有有善讓於尊上之禮。

(16)《中庸》:"斯禮也,達乎諸侯、大夫及士、庶人。"鄭注云:"斯禮達於諸侯、大夫、士、庶人者,謂葬之從死者之爵,祭之用生者之禄也。"②

(17)《中庸》:"父母之喪,無貴賤,一也。"《欽定禮記義疏》卷六六:"'父母之喪,無貴賤,一也',唯父母之喪,無問天子及士庶人,其服並同,故云'無貴賤,一也'。"

(18)《大學》:"自天子以至於庶人,壹是皆以修身爲本。"孔疏:"'壹是皆以修身爲本'者,言上從天子,下至庶人,貴賤雖異,所行此者,專壹以修身爲本。"③

### 3. 以《禮記》以外他經中的禮下庶人之例爲證

(1)《尚書·洪範》:"汝則有大疑,謀及乃心,謀及卿士,謀及庶人,謀及卜筮。汝則從、龜從、筮從、卿士從、庶民從,是之謂大同。"④

按:是亦有"謀及庶人"之禮。

(2)《周禮·春官·大宗伯》:"以禽作六摯,以等諸臣:孤執皮帛,卿執羔,大夫執雁,士執雉,庶人執鶩,工商執雞。"⑤

按:是庶人亦有執摯之禮。

(3)《周禮·春官·巾車》:"服車五乘:孤乘夏篆,卿乘夏縵,大夫乘墨車,士乘棧車,庶人乘役車。"⑥

按:是庶人亦有乘車之禮。

(4)《儀禮·士相見禮》:"庶人見於君,不爲容,進退走。"⑦

按:是庶人亦有見君之禮。

---

① 《禮記正義》,1858 頁。王引之《經義述聞》謂"存,當作薦",是也。
② 《禮記正義》,2007 頁。
③ 同上書,2241 頁。
④ 《尚書正義》,上海古籍出版社,2007 年,467 頁。
⑤ 《周禮注疏》,十三經注疏本,762 頁。
⑥ 同上書,825 頁。
⑦ 《儀禮注疏》,十三經注疏本,977 頁。

（5）《儀禮·士相見禮》："凡自稱於君,士大夫則曰下臣。宅者在邦,則曰市井之臣;在野,則曰草茅之臣,庶人則曰刺草之臣。"①

按:是庶人亦有如何自稱於君之禮。

（6）《儀禮·喪服》："疏衰裳,齊,牡麻絰,無受者。庶人爲國君。"②

按:是庶人亦有爲國君服齊衰三月之禮。

（7）《左傳》桓公二年："師服曰:'吾聞國家之立也,本大而末小,是以能固。故天子建國,諸侯立家,卿置側室,大夫有貳宗,士有隸子弟,庶人、工商,各有分親,皆有等衰。'"③

按:"皆有等衰",即皆有等差。此"皆",皆天子至庶人也。是庶人亦有"固本"之禮。

（8）《左傳》襄公十四年："是故天子有公,諸侯有卿,卿置側室,大夫有貳宗,士有朋友,庶人、工商、皂隸、牧圉皆有親昵,以相輔佐也。"④

按:孔疏:"此言天子以下皆有臣僕以輔佐其上。"

（9）《左傳》襄公十四年："大夫規誨,士傳言,庶人謗。"孔疏:"庶人卑賤,不與政教,聞君過失,不得諫爭,得在外誹謗之。謗,謂言其過失,使在上聞之而自改,亦是諫之類也。"⑤

按:是庶人亦有批評國君之禮。

（10）《左傳》哀公二年："克敵者,上大夫受縣,下大夫受郡,士田十萬,庶人工商遂。"⑥

按:是庶人亦有克敵受賞之禮。

（11）《孝經》前六章標題:《開宗明義章》第一,《天子章》第二,《諸侯章》第三,《卿大夫章》第四,《士章》第五,《庶人章》第六。⑦

按:是庶人亦有爲孝之禮。

---

① 《儀禮注疏》,978頁。
② 同上書,1110頁。
③ 《左傳注疏》,十三經注疏本,1744頁。
④ 同上書,1958頁。
⑤ 同上書,1958頁。
⑥ 同上書,2156頁。
⑦ 《十三經注疏》之《十三經注疏目録》,25頁。

（12）《孝經·庶人章》第六："用天之道,分地之利,謹身節用,以養父母,此庶人之孝也。故自天子至於庶人,孝無終始而患不及者,未之有也。"①

按：是爲庶人如何爲孝之禮。

（13）《爾雅·釋水》："天子造舟,諸侯維舟,大夫方舟,士特舟,庶人乘泭。"②

按：是庶人亦有其渡河所用工具之禮。

（14）《孟子·公孫丑下》："古者棺槨無度,中古棺七寸,槨稱之,自天子達於庶人。"③

按：趙岐注："中古,謂周公制禮以來。"是庶人之棺槨規格亦有禮的規定。

（15）《孟子·滕文公上》："孟子曰：吾嘗聞之矣,三年之喪,齋疏之服,飦粥之食,自天子達於庶人,三代共之。"④

按：朱熹《孟子集注》："此古今貴賤通行之禮也。"⑤

（16）《孟子·萬章下》："庶人不傳質爲臣,不敢見於諸侯,禮也。"⑥

按：是庶人有傳質爲臣乃見於諸侯之禮。

（17）《孟子·萬章下》：曰："'敢問招虞人何以?'曰：'以皮冠。庶人以旃,士以旗,大夫以旌。'"⑦

按：是有以旃召喚庶人之禮。

### 4. 以鄭玄注中的禮下庶人之例爲證

（1）《詩·鄭風·丰》："衣錦褧衣,裳錦褧裳。"毛傳："衣錦褧裳,嫁者之服。"鄭箋云："褧,禪也。蓋以禪縠爲之中衣,裳用錦而上加禪縠焉,

① 《孝經注疏》,2549 頁。
② 《爾雅注疏》,2619 頁。
③ 《孟子注疏》,2697 頁。
④ 同上書,2701 頁。
⑤ 朱熹《孟子集注》,中華書局,1983 年,252 頁。
⑥ 《孟子注疏》,2745 頁。
⑦ 同上。

爲其文之大著也。庶人之妻嫁服也,士妻紒衣纁袡。"①

按:據鄭注,是有庶人之妻出嫁服裝規格之禮。

(2)《毛詩·唐風·蟋蟀》:"蟋蟀在堂,役車其休。"鄭箋云:"庶人乘役車。役車休,農功畢,無事也。"②

按:是庶人亦有乘車之禮。《周禮·春官·巾車》:"服車五乘:孤乘夏篆,卿乘夏縵,大夫乘墨車,士乘棧車,庶人乘役車。"此鄭箋所本也。

(3)《周禮·春官·冢人》:"以爵等爲丘封之度與其樹數。"鄭注:"別尊卑也。王公曰丘,諸臣曰封。《漢律》曰:列侯墳高四丈,關内侯以下至庶人各有差。"③

按:鄭以《漢律》比況,是庶人之墳高自有禮之規定也。

(4)《儀禮·喪服》"子嫁反在父之室爲父三年"鄭注:"凡女,行于大夫以上曰嫁,行于士、庶人曰適人。"④

(5)《禮記·檀弓下》:"天子崩,三日,祝先服。五日,官長服。七日,國中男女服。"鄭注:"祝佐含斂,先服。官長,大夫、士。國中男女,庶人。"⑤

按:據鄭注,是庶人亦有爲天子服喪之禮。

(6)《禮記·禮器》:"君子之于禮也,有經而等也。"鄭注:"謂若天子以下至士、庶人,爲父母三年。"⑥

按:孔疏云:"謂上自天子,下至庶人,雖尊卑有異,而服其父母,則貴賤同等也。"

(7)《禮記·内則》:"子事父母,雞初鳴,咸盥、漱、櫛、縰、笄、總、拂髦、冠、緌、纓、端、韠紳、搢笏。"鄭注:"咸,皆也。……端,玄端,士服也。庶人深衣。"⑦

---

① 《毛詩注疏》,344 頁。
② 同上書,361 頁。
③ 《周禮注疏》,786 頁。
④ 《儀禮注疏》,1102 頁。
⑤ 《禮記正義》,427 頁。
⑥ 同上書,987 頁。
⑦ 同上書,1115 頁。

按:據鄭注,是庶人亦有早起問安父母之禮。與士不同者,唯着深衣而已。

(8)《禮記·內則》:"凡接子擇日,冢子則大牢,庶人特豚,士特豕,大夫少牢,國君世子大牢。其非冢子,則皆降一等。"鄭注:"謂冢子之弟及衆妾之子生也。天子、諸侯少牢,大夫特豕,士特豚,庶人猶特豚也。"①

按:據鄭注,是庶人之長子、庶子誕生亦皆有接子之禮。

(9)《禮記·雜記下》:"三年之喪,祥而從政。期之喪,卒哭而從政。九月之喪,既葬而從政。小功、緦之喪,既殯而從政。"鄭注:"以《王制》言之,此謂庶人也。從政,從爲政者教令,謂給繇役。"孔穎達疏:"案《王制》云:'父母之喪,三年不從政。齊衰、大功,三月不從政。'此云'期之喪,卒哭而從政。九月之喪,既葬而從政',與《王制》不同者,此庶人依士禮,卒哭與既葬同三月,故《王制》省文,總云'三月'也。"②

按:據鄭注孔疏,是庶人亦有服喪從政之禮。

(10)《禮記·雜記下》:"晏平仲祀其先人,豚肩不揜豆,賢大夫也,而難爲下也。"鄭注:"言其偪士、庶人也。"③

按:鄭注既云"言其偪士、庶人也",説明庶人祭祀先人亦有用牲之禮。

(11)《禮記·喪大記》:"男女改服,屬纊以俟絶氣。"鄭注:"爲賓客來問病,亦朝服也。庶人深衣。"④

按:據鄭注,是庶人亦有改服之禮。

(12)《禮記·喪大記》:"君大棺八寸,屬六寸,椑四寸。上大夫大棺八寸,屬六寸。下大夫大棺六寸,屬四寸。士棺六寸。"鄭注:"上公革棺不被,三重也。諸侯無革棺,再重也。大夫無椑,一重也。士無屬,不重也。庶人之棺四寸。"⑤

---

① 《禮記正義》,1158頁。
② 同上書,1660頁。
③ 同上書,1671頁。
④ 同上書,1696頁。
⑤ 同上書,1764頁。

按：據鄭注，庶人之棺，其厚薄亦自有禮。

(13)《禮記·喪大記》：“凡封，用綍去碑負引。君封以衡，大夫、士以緘。”鄭注：“大夫、士旁牽緘而已。庶人縣窆，不引綍也。”①

按：據鄭注，“庶人縣窆”，即庶人之葬禮。

(14)《禮記·喪大記》：“君松椁，大夫柏椁，士雜木椁。”鄭注：“椁，謂周棺者也。天子柏椁，以端長六尺。夫子制於中都，使庶人之椁五寸。五寸，謂端方也。此謂尊者用大材，卑者小材耳。自天子、諸侯、卿、大夫、士、庶人六等，其椁長自六尺而下，其方自五寸而上，未聞其差所定也。”②

按：據鄭注，“庶人之椁五寸”，即庶人葬具之禮。

(15)《禮記·祭法》：“大夫以下成群立社，曰置社。”鄭注：“群，衆也。大夫以下，謂下至庶人也。”孔穎達疏：“‘大夫以下成群立社曰置社’者，大夫以下，謂包士、庶。成群，聚而居，其群衆滿百家以上得立社。”③

按：據鄭注孔疏，是庶人群居滿百家以上亦得立社也。

(16)《禮記·三年問》：“孔子曰：‘子生三年，然後免於父母之懷。夫三年之喪，天下之達喪也。”鄭注：“達，謂自天子至於庶人。”④

(17)《禮記·深衣》：“善衣之次也。”鄭注：“善衣，朝、祭之服也。自士以上，深衣爲之次。庶人吉服，深衣而已。”⑤

按：據鄭注，是庶人亦有着何等吉服之禮。

### 5.“禮不下庶人”與儒家對禮的全民適用性的表述不相容

任何一種社會，統治者都是少數，被統治者都是多數。就“禮不下庶人，刑不上大夫”來說，其中的庶人就是被統治者，其中的大夫，包括了士已上的統治者。我們很難想象，如果把占人口大多數的庶人排除在禮之外，那將是一種什麼樣的場面。統治者絕對不會弱智到這個地步。“禮不下庶人”，是某些學者不得其解而產生的烏托邦幻想，它不僅現實中不存

---

① 《禮記正義》，1776 頁。
② 同上書，1778 頁。
③ 同上書，1798 頁。
④ 同上書，2190 頁。
⑤ 同上書，2194 頁。

在,而且理論上也不成立。

先看孔子對禮的論述。

《論語·爲政》:"子曰:'道之以政,齊之以刑,民免而無恥;道之以德,齊之以禮,有恥且格。'"朱熹《論語精義》引程頤曰:"格,至也,至於善。有恥且格,此謂庶民、士則行己有恥,不待上之命而然。"①

按:根據程頤的解釋,這個"禮"是包括庶人在内的。

《孝經·廣要道章》:"子曰:'移風易俗,莫善於樂;安上治民,莫善於禮。'"②

按:句中的"民"是"治"的對象,且與"安上"之"上"對文,顯然包括庶人在内。

再看其他儒家著作對禮的論述。

《左傳》莊公二十三年:"曹劌曰:'夫禮,所以整民也。'"③

按:孔疏:"夫禮者,所以整理天下之民。民謂甿庶,貴賤者皆是也。"

《晏子春秋》卷二:"晏子曰:'君子無禮,是庶人也。庶人無禮,是禽獸也。'"校注:"言人無貴賤,無禮即是禽獸。"④

《荀子·大略》:"故禮之生,爲賢人以下至庶民也,非爲成聖也。"⑤

# 四、對東漢學者解讀"禮不下庶人"的平議

在我尋求解讀的閱讀中,我很希望幸運能夠再次降臨到我的頭上。因爲在撰寫《〈禮記〉"刑不上大夫"舊解發覆》的過程中,我讀到了賈誼的解讀,讀到了司馬遷的解讀。他們的解讀恰如醍醐灌頂,令人豁然開朗,迷途知返。包括筆者在内的後人被《白虎通》、鄭玄的誤讀牽着鼻子走了

---

① 朱熹《論語精義》,影印文淵閣四庫全書本,198 册,34 頁。
② 《孝經注疏》,2556 頁。
③ 《左傳注疏》,1778 頁。
④ 張純一《晏子春秋校注》,《諸子集成》本,66 頁。
⑤ 王先謙《荀子集解》,《諸子集成》本,323 頁。

兩千年,豈知正確的解讀早在西漢就有了,只怪我們自己讀書不細心。幸運之神會再次降臨嗎? 尋求的結果,我失望了。於是不得不退而求其次,把希望的目光投向東漢的學者。按照時代的先後,他們依次是班固、許慎、鄭玄、何休和張逸。下面依次説之。

### 1. 班固(32~92)

今本《白虎通義》署班固撰,非其實。據《後漢書》的《章宗本紀》、《班固傳》以及其他有關者的傳記記載,東漢章帝建初四年(79)的白虎觀會議,是模仿西漢宣帝甘露三年(前51)的石渠會議而舉行的"講議《五經》同異"的一次會議。參加會議的人很多,據姚振宗《隋書經籍志考證》,僅僅有名有姓的就有十五人,即廣平王羨、魏應、淳于恭、班固、賈逵、桓郁、李育、魯恭、樓望、成封、丁鴻、張酺、召馴、趙博及楊終。[1] 這十五個人各自承擔的角色也不一樣。據《章帝紀》:"使五官中郎將魏應承制問,侍中淳于恭奏,帝親稱制臨決。"[2]可知魏應和淳于恭是漢章帝的傳話人,魏應負責把皇帝提出的問題傳達給會議參加者,而淳于恭負責把會議參加者對皇帝提出的問題的討論答案回饋給皇帝,然後由皇帝對討論答案作出裁決。而班固的角色,據《班固傳》:"天子會諸儒講論《五經》,作《白虎通德論》,令固撰集其事。"[3]"撰集"者,編輯之謂也。就是把"天子會諸儒講論《五經》"的全部會議資料加以編輯。這部書,按照《四庫全書總目》命名的慣例,應該稱作《欽定白虎通義》才對。它代表的不是班固的觀點,而是皇帝認可的觀點。

下面我們就來審視一下《白虎通義》中與"禮不下庶人"有關的資料。

> 刑不上大夫何? 尊大夫。禮不下庶人何?[4] 欲勉民使至於士。
> 故禮爲有知制,刑爲無知設也。庶人雖有千金之幣,不得弗服刑也。
> 刑不上大夫者,據禮無大夫刑。或曰: 撻笞之刑也;禮不下庶人者,

---

① 姚振宗《隋書經籍志考證》,《二十五史補編》本,5184 頁。
② 《後漢書》,中華書局校點本,1965 年,138 頁。
③ 《後漢書》,1373 頁。
④ 愚按:"何"字原脱,據《白虎通義》全書文例補。

謂酬酢之禮也。①

這段文字很重要，因爲它不僅是最早的解讀，而且是最權威的解讀，對後世的影響很大。這段文字，以“或曰”二字爲標誌，分爲前後兩部分。陳立《白虎通疏證》對“或曰”二字這樣解釋：“《白虎通》雜論經傳，多以前一説爲主。‘或曰’皆廣異聞也。”②綜觀《白虎通》的“或曰”，我基本同意陳立的解釋，只是想稍微做一點補充，即“或曰”以上之説是表示與會者中多數人的看法，“或曰”以下之説是表示與會者中少數人的看法。就上面這段文字的“或曰”來説，陳立在“或曰：撻笞之刑也”下加注説：“此古説也。”以某之淺見，不若改作“此又一説也”，以表示這是與會者中少數人之説，因爲古人並無“撻笞之刑也”這樣的成文表述。這是一個小問題，尚無關大局。問題是陳立没有在“禮不下庶人者，謂酬酢之禮也”下加注，以表明這也是屬於“或曰”的内容，這就爲解讀帶來了不便。試想，陳立作爲研究《白虎通》的專家尚且識不及此，遑論一般讀者。

上面這段文字，以“或曰”爲界，反映了兩種不同的解讀。一種是多數人的解讀，他們的解讀方法是以“下”、“上”二字爲切入點，把“禮”解讀爲“禮樂”並稱的“禮”，把“刑”解讀爲“五刑”的“刑”，所以才有了這樣的表述：“刑不上大夫何？尊大夫。禮不下庶人何？欲勉民使至於士。”一種是少數人的解讀，他們的解讀方法是以“禮”、“刑”二字爲切入點。他們認爲，那個“禮”字，指的僅僅是“酬酢之禮”；那個“刑”字，指的僅僅是“撻笞之刑”。我們常説，真理往往在少數人手裏。這裏就是一個活生生的例子。

我推想，“禮不下庶人，刑不上大夫”這兩句話究竟是什麼意思，對於當時的學者來説，是一個普遍的難題。首先，皇帝心裏就打鼓，拿不准。拿不准的原因是，無論是書本上，還是現實生活中，都找不到這兩句話的例證。這是一個方面。另一方面，要説這兩句話説得有毛病吧，又怕擔當“誣經”的惡名。於是就派魏應帶着這兩個問題去問與會的學者。學者們

---

① 陳立《白虎通疏證》，上海書店影印《清經解續編》本，5册，562頁。
② 同上書，499頁。

對這兩句話的理解,其實是彼此彼此,並不比皇帝高明。但皇帝既然提出來了,硬着頭皮也得回答呀,總不能說個"不知道"吧。於是,多數人交出的答卷是:"刑不上大夫何? 尊大夫。禮不下庶人何? 欲勉民使至於士。"實際上,這是不顧事實,强作解人,自欺欺人。試問,庶人無禮,便是禽獸。"欲勉民使至於士",實質上就是"欲勉禽獸使至於士",可能嗎?"欲勉民使至於士",聽起來冠冕堂皇,實際上沒有可行性。再說,既然"禮不下庶人何? 欲勉民使至於士"是一種鼓勵上進的有效做法,何不推而廣之,乾脆士禮也不要有了,大夫禮也不要有了,一律取消,以期"勉士使至於大夫"、"勉大夫使至於卿",豈不妙哉! 我這樣説,只不過是"以子之矛,攻子之盾"罷了。

寫到這裏,不禁想説兩句讚揚漢章帝的話。以皇帝之尊,稱制臨决,竟然不搞一言堂,允許保留少數人的不同意見,使得後人能夠看到正反兩面的意見,可謂無量功德。否則,筆者今日必然尚在懵懂之中,何有於舊解發覆哉!

"或曰:撻笞之刑也"説的成立,在拙作《〈禮記〉"刑不上大夫"舊解發覆》已有論證,兹不復贅。"禮不及庶人者,謂酬酢之禮"説的成立,其論證詳後。

説來奇怪,多數人的解讀在這裏鄭重其事地肯定"禮不下庶人"的成立,而在《白虎通義》的其他地方卻頻頻出現禮下庶人的文字,讓我們看到一幅在同一書内自相矛盾的景象。試看:

(1)《白虎通·考黜》:"《王度記》曰:天子鬯,諸侯薰,大夫苣蘭,士蕭,庶人艾。"①

按:《白虎通義》所載《王度記》文有誤字。《廣雅·釋天》:"天子祭以鬯,諸侯以薰,卿大夫以苣蘭,士以蕭,庶人以艾。"王念孫《疏證》云:"此逸禮《王度記》文,見《白虎通義》及《周官·鬱人》疏。"②當以《廣雅》文為正。

---

① 陳立《白虎通疏證》,542頁。
② 王念孫《廣雅疏證》,中華書局,2004年,291頁。

(2)《白虎通·蓍龜》:"《尚書》曰:'女則有大疑,謀及卿士,謀及庶人,謀及卜筮。'定天下之吉凶,成天下之亹亹者,莫善於蓍。"①

(3)《白虎通·瑞贄》:"《曲禮》曰:'卿羔,大夫以雁,士以雉爲贄,庶人之贄疋。'疋謂鶩也。"②

(4)《白虎通·五經》:"夫孝者,自天子下至庶人,上下通。"③

(5)《白虎通·五經》:"妻者何?謂妻者齊也,與夫齊體。自天子下至庶人,其義一也。"④

(6)《白虎通·喪服》:"《禮》,庶人國君服齊衰三月。"⑤

(7)《白虎通·喪服》:"禮不下庶人,所以爲民制服何?禮不下庶人者,尊卑制度也。服者,恩從内發,故爲之制也。"⑥

(8)《白虎通·喪服》:"王者崩,臣下服之有先後何?恩有深淺遠近,故制有日月。《檀弓》記曰:天子崩,三日,祝先服。五日,官長服。七日,國中男女服。"陳立《疏證》:"鄭彼注云:祝佐含斂,先服。官長,大夫、士。國中男女,庶人。"⑦

(9)《白虎通·崩薨》:"天子曰崩,諸侯曰薨,大夫曰卒,士曰不禄,庶人曰死。"⑧

(10)《白虎通·崩薨》:"《春秋含文嘉》曰:'天子墳高三仞,樹以松;諸侯半之,樹以柏;大夫八尺,樹以欒;士四尺,樹以槐;庶人無墳,樹以楊柳。'"⑨

上述十例,説的都是禮下庶人。這些實例反證了"禮不下庶人,欲勉民使至於士"説的不能成立。令人不解的是,與會者都是經學專家,何以面對如此嚴重的自我矛盾現象卻視而不見?

---

① 陳立《白虎通疏證》,545 頁。
② 同上書,549 頁。
③ 同上書,562 頁。
④ 同上書,568 頁。
⑤ 同上書,571 頁。
⑥ 同上。
⑦ 同上。
⑧ 同上書,575 頁。
⑨ 同上書,578 頁。

## 2. 許慎(58？～147？)

《後漢書・許慎傳》:"初,慎以《五經》傳說臧否不同,於是撰爲《五經異義》。"①《隋志》、兩《唐志》皆著録《五經異義》十卷,後佚。此書的散佚,尤令人惋惜。須知《白虎通義》是舉朝廷之力來"講議《五經》同異"的記録,而《五經異義》則是許慎舉一己之力對"《五經》傳說臧否不同"發表看法的,其學術價值不言而喻。清人有此書輯本,而陳壽祺《五經異義疏證》尤爲學者所重,所以我的徵引即以《五經異義疏證》爲主:

> 《五經異義》曰:"謹按《周禮》説五玉,贊自孤卿以下執禽,尊卑有差也。禮不下庶人,工商又無朝儀,《五經》無説庶人、工商有贊。"
> (《太平御覽》卷五三九引)②

陳壽祺《疏證》云:"按:《周禮・大宗伯》:'以禽作六摯,以等諸臣。孤執皮帛,卿執羔,大夫執雁,士執雉,庶人執鶩,工商執雞。'《曲禮》曰:'卿羔,大夫以雁,士以雉爲贊,庶人之贊匹。'然《周禮》言六摯,下及庶人、工商。《儀禮・士相見禮》言'庶人見於君'。《曲禮》亦言庶人之摯。《周禮・小司寇》詢萬民之位,'百姓北面'。則庶人、工商有朝儀、有摯明矣。《異義》援《周禮》説,但云五摯,又云'五經無説庶人、工商有摯'何也? 疑《太平御覽》所引文有脱誤。五摯者,《尚書》説也。《堯典》曰:'五玉、三帛、二生、一死,摯,如五器。'"③

按:從《太平御覽》所引《五經異義》來説,白紙黑字,許慎是認可"禮不下庶人"的。但陳壽祺又懷疑這不像"《五經》無雙"的許慎所説的話,就懷疑《太平御覽》所引文有脱誤。

我們再來看看皮錫瑞《駁五經異義疏證》是怎麽説的:

---

① 《後漢書》,2588 頁。
② 陳壽祺《五經異義疏證》,上海書店影印《清經解》本,7 冊,185 頁。
③ 同上。呂按:黃以周不同意陳壽祺此説。黃氏在《禮書通故》卷四七説:"以周按:《大宗伯》言六摯,下及庶人工商,《曲禮》亦言庶人之摯,許云《五經》無説者,據見君之朝儀言也。《士相見禮》言'庶人見於君,不爲容,進退走',《孟子》言'庶人不傳質爲臣',是臣有摯,庶人見其君無摯也。上引《周禮》説明《大宗伯》所言庶人工商之摯,非以朝其君,乃其平夷所用也。陳氏《異義疏證》疑其文有誤奪,未是。"(《續修四庫全書》本,112 冊,370 頁)備參。

218

　　錫瑞按：《周禮》詢萬民之法,春秋時猶行之。《左氏》哀元年傳：
"懷公朝國人而問焉,曰：'欲與楚者右,欲與吳者左。'"定八年傳：
"王孫賈曰：'苟衛國有難,工商未嘗不爲患,使皆行而後可。'公以告
大夫,乃皆將行之。行有日,公朝國人,使賈問焉。"據此,則衛靈公之
朝,國人工商亦必在列。此尤工商有朝儀、有贄之明證。許君《異義》
多從古《周禮》、《左氏》説,乃云庶人、工商無朝儀、無贄,不可解。惜
鄭駁無可考。①

　　按：皮氏的看法與陳壽祺如出一轍,也表示許慎的這個看法反常,不
可理解。我的看法,第一,同意陳壽祺、皮錫瑞的看法,《太平御覽》的引文
不太可靠;第二,補充一個證據,證明許慎認可"禮不下庶人"的説法非常
值得懷疑。這個證據就是許慎《五經異義》對"刑不上大夫"的看法：

　　《禮戴》説："刑不上大夫。"古《周禮》説："士尸肆諸市,大夫尸肆
諸朝。"是大夫有刑。謹案：《易》曰："鼎折足,覆公餗,其形渥,凶。"
無"刑不上大夫"之事,從《周禮》之説。②

　　請注意,許慎認爲"無'刑不上大夫'之事,從《周禮》之説"。我認爲,
"刑不上大夫"和"禮不下庶人"就像是一對孿生兄弟,按照常理,要麽兩
者均予以肯定,要麽兩者均予以否定,而肯定二者之一、否定二者之一的
作法,是違背邏輯的。許慎既然明確地根據《周禮》否定"刑不上大夫",
忽然一反常態,駁斥《周禮》,説出"《五經》無説庶人、工商有贄"的昏話,
實在匪夷所思。皮錫瑞説："惜鄭駁無可考。"我則大膽假設,很可能鄭玄
壓根就無駁。而鄭玄之所以無駁,是因爲鄭玄的看法與許慎基本相同。
請往下看。

### 3. 鄭玄(127~200)

　　鄭玄,《後漢書》有傳。今本《十三經注疏》中有四經是鄭玄作注,即
《毛詩》的鄭箋和《三禮》的鄭注。就"禮不下庶人"一句的解讀來説,既見
於《禮記》鄭注,又見於《毛詩》鄭箋。先看鄭注：

---

①　皮錫瑞《駁五經異義疏證》,《續修四庫全書》本,171冊,256頁。
②　《禮記正義》,103頁。

《禮記·曲禮上》:"禮不下庶人。"鄭玄注:"爲其遽於事,且不能備物。"孔疏:"禮不下庶人者,謂庶人貧,無物爲禮,又分地是務,不暇燕飲,故此禮不下與庶人行也。《白虎通》云:'禮爲有知制,刑爲無知設。禮謂酬酢之禮,不及庶人,勉民使至於士也。'故《士相見禮》云'庶人見於君,不爲容,進退走'是也。張逸云:'非是都不行禮也,但以其遽務,不能備之,故不著於經文三百,威儀三千耳。其有事,則假士禮行之。'"①

按:鄭注只是解讀"禮不下庶人"的原因何在,而於"禮"字的含義並無一字涉及。我們暫時作爲一個懸而未決的問題,稍安勿躁。孔疏如果僅有"禮不下庶人者,謂庶人貧,無物爲禮,又分地是務,不暇燕飲,故此禮不下與庶人行也"這幾句爲止,那將是一個十分精彩的善解人意的解讀。遺憾的是他又加上了"《白虎通》"云云以下的申釋文字,畫蛇添足,成了敗筆。這反映了孔穎達的胸無主見。

按:鄭注中的"遽"字是"劇"的通假字。知者,《淮南子·詮言訓》:"神勞於謀,智遽於事。"俞樾《諸子平議》卷三一《淮南內篇三》:"'遽'讀爲'劇'。《說文·力部》:'勞,劇也。'然則劇亦勞也。劇於事,謂勞於事也。'遽'、'劇'古通用。《公羊》宣六年傳《釋文》曰:'劇'本作'遽'。"②然則鄭注之"爲其遽於事",意謂"因爲庶人勞於事"。通俗點說,即庶人一年到頭都在爲生計忙碌。至於"且不能備物"的"物"何所指,還是個謎。要破這個謎,就要先弄清楚"禮不下庶人"的"禮"在鄭玄的心目中究竟是什麼意思?是"禮樂"並稱的"禮"呢,還是某種具體的禮?這個問題解決了,這個"物"字的問題也就迎刃而解。謝天謝地,《毛詩》鄭箋爲我們提供了我們想要知道的東西:

《毛詩·小雅·瓠葉》:"有兔斯首,炮之燔之。君子有酒,酌言獻之。"鄭箋:"飲酒之禮,既奏酒於賓,乃薦羞。每酌言'言'者,禮不

---

① 《禮記正義》,101 頁、103 頁。
② 俞樾《諸子平議》,《續修四庫全書》本,1162 册,234 頁。

下庶人,庶人依士禮,立賓主爲酌名。"①

我對鄭箋的理解是:"按照飲酒之禮,已經把酒進獻給賓,接着就要獻上佐酒的美味。《瓠葉》一詩凡四章,每章説到酌酒時都使用'言'字(言者,我也)的原因在於,禮(按:謂飲酒之禮)不下庶人,庶人按照士禮的規格辦,這樣才能夠體現出我是主人,爲客人酌酒。"如果我的理解不誤,現在就明白了,"禮不下庶人"的"禮",在鄭玄這裏指的是"飲酒之禮",很具體,不是抽象的禮,不是"禮樂"並稱的"禮"。鄭玄的"飲酒之禮"與《白虎通義》中少數人的解讀"酬酢之禮"是一個意思,只不過表述不同罷了。而令人惋惜的是,鄭箋還有"庶人依士禮"一句,純屬多餘。可是仔細想想,這一句又必須得有。爲什麼?因爲鄭箋在這裏必須同時顧及兩頭。一頭是《毛傳》。《毛傳》説:"瓠葉,庶人之菜也。"爲了顧及《毛傳》,鄭玄不得不把《瓠葉》詩中"君子有酒"的君子釋作"此君子,謂庶人之有賢行者也"②。一頭是《左傳》。《左傳》昭公元年:"夏,四月,趙孟、叔孫豹、曹大夫入於鄭,鄭伯兼享之。子皮戒趙孟,禮終,趙孟賦《瓠葉》。子皮遂戒穆叔,且告之。穆叔曰:'趙孟欲一獻,子其從之。'"楊伯峻《春秋左傳注》:"《禮記·樂記》鄭玄注:'一獻,士飲酒之禮。'"③這就是説,《瓠葉》詩講的是士的飲酒之禮,這是文獻已經證明了的,鄭玄也必須顧及。兩頭都要顧及,於是就有了"庶人依士禮"這句話。

從説《詩》的角度來説,後世之説《詩》者,在《瓠葉》這首詩是講飲酒之禮這一點上没有分歧,但這個飲酒之禮是士人之禮還是庶人之禮,在這個問題上就有分歧了。少數人同意鄭箋之説,多數人反對鄭箋之説。舉例來説,馬瑞辰《毛詩傳箋通釋》同意鄭説:"此詩以庶人而行一獻之禮,箋云'庶人依士禮'是也。"④而胡承珙《毛詩後箋》反對鄭説:

"幡幡瓠葉,采之亨之。"傳:"幡幡,瓠葉貌,庶人之菜也。"按:

---

① 《毛詩注疏》,499 頁。
② 同上。
③ 楊伯峻《春秋左傳注》,中華書局,1981 年,1208 頁。
④ 馬瑞辰《毛詩傳箋通釋》,中華書局,1989 年,786 頁。

《傳》以瓠葉爲庶人之菜者，不過極言其物之微薄，以見維其禮不維其物，如蘋蘩蘊藻可以薦鬼神而羞王公之意，未嘗以全詩皆言庶人之禮也。鄭箋泥於傳義，遂歷言庶人之事，以君子爲“庶人之有賢行者”。……然《既夕》注云：“士臘用兔。”詩三章皆言“兔首”，又焉知非士禮而必以庶人之禮乎？①

陳奐《詩毛氏傳疏》認爲：“胡説是也。”②今人黄焯《毛詩鄭箋平議》也贊成胡説。③

在這個問題上，我贊成胡承琪的看法，不贊成鄭箋的解讀。鄭玄“禮不下庶人，庶人依士禮”這兩句的解讀，比起《白虎通義》的“禮不下庶人何？欲勉民使至於士”的解讀，是一個退步，是在錯誤的道路上走得更遠。在《白虎通義》那裏僅僅是一個希望，在鄭玄這裏儼然已經是毋庸置疑的規定。

鄭玄這樣的解讀，既無理論根據，也無事實根據。非獨此也，這個解讀還和他自己所説的“爲其遽於事，且不能備物”相抵觸。讓我們試作推論：如果禮下庶人，庶人之禮的規格肯定要低於士禮。之所以禮不下庶人，就是因爲庶人“遽於事，且不能備物”。這就是説，庶人由於貧困，你就是給它制定了禮，也難以施行。既然庶人施行庶人之禮還有困難，現在忽然改作“庶人依士禮”，豈不是施行起來難上加難！《晉書·惠帝紀》有云：“天下荒亂，百姓餓死，帝曰：‘何不食肉糜？’”④此“庶人依士禮”，亦“何不食肉糜”之類也。

總而言之，鄭玄在“禮不下庶人”的解讀上，有功也有過。他認爲“禮不下庶人”的“禮”是飲酒之禮，而飲酒之禮之所以不下庶人，是“爲其遽於事，且不能備物”。這是功。他認爲“禮不下庶人，庶人依士禮”，這是過。鄭玄之功，除了姚際恒外，似乎大家都沒有注意；而鄭玄的過，卻爲許多説《禮》之家所接受。後人之持“庶人依士禮”説者甚夥，究其從來，皆

① 胡承琪《毛詩後箋》，《續修四庫全書》本，67 册，573 頁。
② 陳奐《詩毛氏傳疏》，《續修四庫全書》本，70 册，305 頁。
③ 黄焯《毛詩鄭箋平議》，上海古籍出版社，1985 年，287~288 頁。
④ 《晉書》，中華書局，1974 年，108 頁。

從鄭玄出。

### 4. 何休(129～182)

何休,《後漢書·儒林傳》有傳,主要著作是《春秋公羊解詁》。請看:

> 《公羊傳》桓公八年:“君子之祭也,敬而不黷。疏則怠,怠則忘。士不及兹四者,則冬不裘,夏不葛。”何休注:“禮本下爲士制。兹,此也。四者,四時祭也。”徐彦疏:“言此者,欲道庶人無禮篇,故傳家偏舉言之。即《曲禮》上篇‘禮不下庶人’,鄭注云:‘爲其遽於事,且不能備物。’義亦通於此。”①

按:何休注云“禮本下爲士制”,實際上就是《白虎通義》所載的多數人的解讀的另外一種表述。换言之,何休是贊成“禮不下庶人”這一僞命題的。至於徐彦疏把鄭玄的《曲禮》注也拉扯上,説“義亦通於此”,那是没有看懂鄭注。

### 5. 張逸(生卒年不詳)

張逸是鄭玄的弟子,他的名字頻繁地出現在《鄭志》中。據《後漢書·鄭玄傳》,知《鄭志》乃模仿《論語》而作,記録了鄭玄對諸弟子提出的經學問題的回答,其中也有少量的弟子之間的互相問答。此書散佚,後人有輯本。予所據者,皮錫瑞《鄭志疏證》:

> 張逸云:“非是都不行禮也,但以其遽務,不能備之,故不著於經文三百,威儀三千耳。其有事,則假士禮行之。”②

按:張逸這幾句話,顯然是從鄭玄的《禮》注和《詩》箋那裏學來的,但走樣了。“禮不下庶人”的“禮”,在鄭玄那裏是指飲酒之禮,在張逸這裏似乎變成了無所不包的禮了。“經文三百”是指代《周禮》,“威儀三千”是指代《儀禮》。“不著於經文三百,威儀三千”,也就是“不著于《周禮》、《儀禮》”。而我在上文已經指出,無論是《周禮》和《儀禮》,都載有庶人之禮。鄭玄説的“庶人依士禮”,還局限於飲酒之禮。在張逸這裏,没有這個限制了。將“庶人依士禮”的含義由局部擴展到整體,張逸是第一人。看

---

① 《公羊傳注疏》,十三經注疏本,2218頁。
② 皮錫瑞《鄭志疏證》,《續修四庫全書》本,171册,369頁。

來,他並没有真正領會乃師的《禮》注和《詩》箋。

清理小結:《白虎通》所載多數人的解讀是錯誤的,少數人的解讀是正確的。許慎的解讀,由於懷疑所據文本有脱誤,無從確知許慎的真意,姑且存疑。鄭玄的解讀,既有成功的一面,又有失敗的一面。何休的解讀與《白虎通》所載多數人的解讀同調,不可取。張逸的解讀,没有繼承乃師成功的一面,反倒繼承了乃師失敗的一面。總而言之,我對這個清理結果是滿意的,試想,從最早的、最權威的《白虎通義》中我們就可以得到正確的解讀,這就夠了!

# 五、對魏晉以後諸家解讀的平議

魏晉以後諸家對"禮不下庶人"的解讀,大體上都是沿襲東漢學者之説。其中,真知灼見者少,隨波逐流者多。二者之區分,大致在於切入點的不同。其有真知灼見者,本文將表而出之,不隱其善;其隨波逐流者,本文將擇其尤者,略加點評。

## 1. 三國魏王肅(? ~256)的解讀

《孔子家語·五刑解》:"所謂'禮不下庶人'者,以庶人遽其事而不能充禮,故不責之以備禮也。"[1]

按:今本《孔子家語》十卷,自唐以來,學者多以爲王肅偽作。如肅所言,則是經文當作"禮不求備於庶人",概念已經被置換。又,"以庶人遽其事而不能充禮",與鄭注文字何其相似乃爾!而王肅《家語序》批評鄭注云:"鄭氏學行五十載矣,然尋文責實,考其上下,義理不安違錯者多。"[2]然則何爲復襲鄭氏之文邪?

## 2. 唐孔穎達(574~648)的解讀

孔穎達在《五經正義》中四次談到"禮不下庶人",二次見於《禮記正義》,二次見於《毛詩正義》。綜觀孔氏的解讀,有兩點值得注意。

---

[1] 《孔子家語》,影印文淵閣四庫全書本,695 册,70 頁。
[2] 同上書,3 頁。

第一,孔疏往往把幾種互不相容的解讀攪拌在一起,給人一種胸無主見的感覺。上文《禮記·曲禮上》"禮不下庶人"的孔疏是其例,茲不贅。

第二,在《毛詩正義》中,孔疏除了表示對鄭箋的順從以外,曲終奏雅,也吞吞吐吐地表示了自己的異議。例如,孔疏在《毛詩·小雅·瓠葉》中説:"禮不下庶人,不制篇卷耳(意謂没有形成文字),其庶人執鷙,庶人見國君走,亦往往見於禮焉。"①試與上文的《禮記》孔疏對照,顯然是换了一副腔調。

賈公彦《周禮疏》,徐彦《公羊傳疏》也有此病,爲省篇幅,例略。

### 3. 宋代學者的解讀

宋代學者對"禮不下庶人"的解讀,除了李覯、司馬光之外,無足稱者。宋代學者勇於提出新解,但由於選擇的切入點不對,所以終難掙脱誤讀之怪圈。就拿一代大儒朱熹來説,他在《論語精義》卷三下引用謝良佐説云:"禮不下庶人,故其容多偯偯。君子攝以威儀,故其容多濟濟。"②顯然未脱傳統舊解的窠臼。儘管這不是朱熹自己的解讀,但卻是他認可的解讀。

黄敏求説:"謂乘車之禮,不爲庶人而下,故曰禮不下庶人者也。其文連續上文爲乘車之節,則厥義明矣。先儒誤認'禮不下庶人'與'刑不上大夫'辭句相對,而廣爲敷引,義無所歸。"③

按:此黄氏解讀,另闢蹊徑,在分節上做文章,後人從之者頗多。但由於他仍是選擇"下"字爲切入點,所以,看似解有新義,實則離題愈來愈遠。清人姜兆錫在《禮記章義》中就質疑説:"或説此承上文而言,君撫式以禮大夫則大夫下車,大夫撫式以禮士則士下車,庶人則否,是不下庶人也。但禮刑二句相連,今見《家語·五刑解》,乃再有所問於孔子而答之者,顧牽上文而爲詞,可乎?"④又《郭店楚墓竹簡·尊德義》篇的第31、32簡云:"垄不逮於君子,禮不逮於小人。"⑤這是"禮不下庶人,刑不上大夫"

① 《毛詩注疏》,499頁。
② 朱熹《論語精義》,影印文淵閣四庫全書本,198册,140頁。
③ 衛湜《禮記集説》卷七引,影印文淵閣四庫全書本,117册,155頁。
④ 姜兆錫《禮記章義》,《續修四庫全書》本,98册,653頁。
⑤ 《郭店楚墓竹簡》,文物出版社,1998年,57頁、174頁。

的不同表述形式,意思完全一樣。《尊德義》這兩句話的順序是"蛬不逮於君子"在前,"禮不逮於小人"在後,再加上"蛬不逮於君子"的上文是"治樂和哀,民不可惑也。反之,此往矣",並非"國君撫式,大夫下之。大夫撫式,士下之"。然則,黃氏此説,不攻自破。

游桂曰:"'禮不下庶人',古注詳矣。如庶人不廟祭,則宗廟之禮所不及也;庶人徒行,則車乘之禮所不及也;……不下者,謂其不下及也。然非庶人舉無禮也,特自士以上之禮所不及耳。"①

按:《王制》"庶人祭於寢",②是宗廟之禮所及也,特所祭之處不同耳。《周禮·春官·巾車》:"大夫乘墨車,士乘棧車,庶人乘役車。"③則車乘之禮所及也。白紙黑字,安得言"所不及"邪?"不下者"云云,邏輯混亂。試問,既然庶人有庶人之禮,庶人自然安分守己,行庶人之禮而已,何爲自家之禮不講,反倒覬覦士以上之禮邪!

邵淵曰:"世俗之説曰:'禮不下庶人,則庶人不足以行禮。刑不上大夫,則大夫有罪不可以加刑。'如此,則棄衆人於禮法之外,爲大夫者可以率意妄行而無忌憚矣。夫不下庶人,猶曰不以庶人爲下而使之廢禮;不上大夫,猶曰大夫不以刑爲上而當待以禮義廉恥云耳。"④

按:這是從語法上分析"下""上"二字。邵氏認爲,"下""上"二字不是及物動詞"逮"之義,而是名詞的意動用法。用心雖巧,但由於切入點未變,仍然未得《曲禮》經文之原義。

### 4. 元代學者的解讀

元代學者的解讀,往往爲模棱兩可之論,但終無一是。例如:

吳澄先於《禮記纂言·曲禮上》云:"澄曰:禮,謂禮書。禮書所制之禮,上自天子,始而下及諸侯,又下及卿大夫,又下及士而止,不下及庶人也。"⑤又於《禮記纂言·哀公問》云:"澄曰:禮不下庶人,隨其所得行者

① 衛湜《禮記集説》卷七引,156 頁。
② 《禮記正義》,516 頁。
③ 《周禮注疏》,825 頁。
④ 衛湜《禮記集説》卷七引,157 頁。
⑤ 吳澄《禮記纂言》,影印文淵閣四庫全書本,121 册,44 頁。

行之,不責其備也。”①

按:吳氏先後兩解皆非。其先解云:“禮,謂禮書。”如其言,《周禮》、《儀禮》、《禮記》非禮書邪?此三種禮書所載庶人之禮班班可考,何得言“禮書所制之禮不下及庶人”邪!其後解云“隨其所得行者行之,不責其備也”,然則經文當作“禮不下責庶人”,此王引之《經義述聞》所謂“增字解經”也:“經典之文,自有本訓。得其本訓,則文義適相符合,不煩言而已解;失其本訓而强爲之説,則阢陧不安。乃於文字之間增字以足之,多方遷就而後得申其説,此强經以就我,而究非經之本義也。”②

陳澔《禮記集説》的分節是:“國君撫式,大夫下之;大夫撫式,士下之。禮不下庶人。”這是乾脆把“禮不下庶人”歸并到“國君撫式”節了。然後解讀説:“君與大夫或同途而出,君過宗廟而式,則大夫下車。士于大夫,猶大夫與君也。庶人卑賤,且貧富不同,故經不言庶人之禮。古之制禮者,皆自士而始也。先儒云:‘其有事則假士禮而行之。’一説:此爲相遇於途,君撫式以禮大夫,則大夫下車;大夫撫式以禮士,則士下車。庶人則否,故云禮不下庶人也。”③

按:陳氏之説兩解,亦皆無新義。將“禮不下庶人”併入“國君撫式”節,此宋人黃敏求説也;“其有事則假士禮而行之”,鄭玄、張逸説也。

**5. 清代學者的解讀**

清代學者的解讀,除姚際恒一家外,其餘皆乏善可陳。中華書局擬定出版的《十三經清人注疏》,屬於《禮記》類的有兩家:孫希旦《禮記集解》和朱彬《禮記訓纂》,屬於通禮類的有一家:黃以周《禮書通故》。就“禮不下庶人”一句的解讀來説,以上三家的解讀都令人難以首肯。朱彬的解讀先是完全沿用鄭注,這没問題。至於孔疏,則摘引爲:“《白虎通》云:‘禮爲有知制,刑爲無知設。’故《士相見禮》云‘庶人見於君,不爲容,進退

---

① 吳澄《禮記纂言》,影印文淵閣四庫全書本,121 册,584 頁。
② 王引之《經義述聞》卷三二,《續修四庫全書》本,175 册,361 頁。
③ 陳澔《禮記集説》,中國書店,1994 年,20 頁。

走'是也。"①看過以後，令人扼腕。蓋所摘引者皆不足取，而孔疏之精華則被删除淨盡。黃以周的解讀是沿用張逸之説。② 孫希旦倒是有自己的看法，但模棱游移，也了無新義。試看：

> 愚謂庶人非無禮也，以昏則緇幣五兩，以喪則四寸之棺，五寸之椁，以葬則懸棺而窆，不爲雨止，以祭則無廟而薦於寢，此亦庶人之禮也。而曰禮不下庶人者，不爲庶人制禮也。制禮自士已上，《士冠》、《士昏》、《士相見》是也。庶人有事，假士禮以行之，而有所降殺焉。③

按：既説"庶人非無禮"，又説"不爲庶人制禮"，豈不前後矛盾？而"假士禮以行之"云云，也是襲用鄭玄、張逸之故智，並非孫氏之發明。

"假士禮以行之"之説，在清代是主流解讀。持此説者，除了孫希旦外，前後還有姜兆錫《禮記章義》、任啓運《禮記章句》、汪紱《禮記章句》三家。此三家書具在，不贅引。

王夫之《禮記章句》："'禮不下庶人'，有士禮，無庶人禮，聽其自盡而上不責之。"④

按：王氏的解讀，與元代吳澄"禮不下庶人，隨其所得行者行之，不責其備也"的解讀意思相同。納蘭性德《陳氏禮記集説補正》的解讀就完全襲用吳澄的解讀，一字不差。⑤

# 六、何謂"酬酢之禮"

《白虎通義·五刑》："或曰：禮不下庶人者，謂酬酢之禮也。"⑥本文認爲，"禮不下庶人"的"禮"，其正確解讀就是"酬酢之禮"。在我之前，明代的楊慎在《丹鉛餘錄》卷九就明確地説："禮不下庶人，謂酬酢之禮也。

---

① 朱彬《禮記訓纂》，中華書局，1996年，39頁。
② 黃以周《禮書通故》卷二一《相見禮》，《續修四庫全書》本，111冊，534頁。
③ 孫希旦《禮記集解》，中華書局，1989年，81頁。
④ 王夫之《禮記章句》，《續修四庫全書》本，第98冊，24頁。
⑤ 納蘭性德《陳氏禮記集説補正》，影印文淵閣四庫全書本，127冊，235頁。
⑥ 陳立《白虎通疏證》，562頁。

《白虎通德論》之説,勝諸家矣。"①可謂卓識。

　　然則何謂"酬酢之禮"? 答曰: 即鄭玄所説的"飲酒之禮"。因爲飲酒之禮是用於招待賓客,所以又叫"賓客之禮"。而賓客之禮是分等級的:"賓客之禮,士一獻,卿大夫三獻,子男五獻,侯伯七獻,上公九獻。"②因爲士的飲酒之禮級别最低,只有一獻,所以士的飲酒之禮又叫"一獻之禮"。《禮記·樂記》:"壹獻之禮,賓主百拜,終日飲酒而不得醉焉。"鄭注"壹獻,士飲酒之禮"是也。③ 一獻之禮之所以叫作"酬酢之禮",是因爲一獻之禮的完成,必須先一獻,次一酢,次一酬,才算禮成。《詩·小雅·彤弓》:"鐘鼓既設,一朝酬之。"箋云:"飲酒之禮,主人獻賓,賓酢主人,主人又飲而酌賓謂之酬。"④凌廷堪《禮經釋例》總結説:"凡主人進賓之酒謂之獻,凡賓報主人之酒謂之酢,凡主人先飲以勸賓之酒謂之酬。"⑤也就是説,一獻之禮是由主人獻、客人酢、主人酬三個連續性的動作組成的,故稱"酬酢之禮"。

　　總而言之,"酬酢之禮",即"賓客之禮",亦即"一獻之禮",即士的飲酒之禮。相對於三獻之禮,五獻之禮、七獻之禮和九獻之禮,一獻之禮的級别最低,開銷最小。

# 七、爲什麽"酬酢之禮"不下庶人?

　　對這個問題的回答,鄭注的兩句話可謂言簡意賅:"爲其遽於事,且不能備物。"

　　"遽於事"者,忙於生計也。説的是時間問題。《國語·魯語》下:"自

---

①　楊慎《丹鉛餘録》,影印文淵閣四庫全書本,855 册,42 頁。吕按: 明焦竑《焦氏筆乘續集》卷五"禮不下庶人"條:"禮不下庶人,謂酬酢之禮也。《白虎通德論》之説,勝諸家矣。"與楊慎的説法一字不差。《四庫全書總目》著録焦竑《焦氏筆乘》時,對其剽襲行爲廣泛舉證,嚴詞撻伐。焦氏"禮不下庶人"條,可斷爲抄襲之作,故正文中不及之。
②　陳祥道《禮書》卷八五,影印文淵閣四庫全書本,130 册,538 頁。
③　《禮記正義》,1497 頁。
④　《毛詩注疏》,十三經注疏本,422 頁。
⑤　凌廷堪《禮經釋例》卷三,中研院校點本,165 頁。

庶人以下,明而動,晦而休,無日以怠。"①天天起早摸黑,終年如此,沒有這份時間。西漢的鼂錯説:"今農夫五口之家,其服役者不下二人。春耕夏耘,秋穫冬藏,伐薪樵,治官府,給繇役,春不得避風塵,夏不得避暑熱,秋不得避陰雨,冬不得避寒凍,四時之間,亡日休息。"②説的雖然是西漢初年的情況,而先秦的情況大體可以推知。

"不能備物",説的是財力問題。要備哪些物呢? 鄭玄注《士冠禮》云:"一獻之禮,有薦有俎,其牲未聞。"③可知至少需要置備三樣物品:第一是酒,第二是薦,第三是俎。薦,即脯醢;俎,即牲肉。什麼牲畜的肉? 鄭玄説"未聞",我們此刻也無須深究。因爲不管是哪種牲肉,反正是不可或缺。這三樣東西容易置備嗎? 鄭玄説"不能"。我認爲鄭玄説得符合實情。讓我們把目光拉回先秦時期,看看那時的庶人(主體是農民)的生活狀況是什麼樣子。

《鹽鐵論·散不足》:"古者庶人,春夏耕耘,秋冬收藏,昏晨力作,夜以繼日。《詩》云:'晝爾于茅,宵爾索綯。亟其乘屋,其始播百穀。'非腰臘不休息,非祭祀無酒肉。……古者庶人糲食藜藿,非鄉飲酒、腰、臘祭祀,無酒肉。"④這是説的一般情況。其具體的情況,姑以戰國時的魏國爲例。魏文侯(前 445～前 396 在位)時,李悝曾經爲魏國農民一年的收入支出算過一筆細賬:

> 今一夫挾五口,治田百晦,歲收晦一石半,爲粟百五十石,除十一之税十五石,餘百三十五石。食,人月一石半,五人終歲爲粟九十石,餘有四十五石。石三十,爲錢千三百五十,除社閭嘗新,春秋之祠,用錢三百,餘千五十。衣,人率用錢三百,五人終歲用千五百,不足四百五十。不幸疾病死喪之費,及上賦斂,又未與此。⑤

可以看出,算來算去,即令是按照最低的生活標準來算,還是入不敷出。

---

① 《國語》,上海古籍出版社,1978 年,205 頁。
② 《漢書》,中華書局,1962 年,1132 頁。
③ 《儀禮注疏》,十三經注疏本,953 頁。
④ 桓寬《鹽鐵論》,《諸子集成》本,33 頁。
⑤ 《漢書》,1125 頁。

這還没有算上疾病、喪葬等事所須的費用。到了魏文侯的孫子魏惠王（即梁惠王）在位時（前 369～前 319），情況有没有改善呢？看來没有。請看《孟子·梁惠王上》的記載：

> 是故明君制民之産，必使仰足以事父母，俯足以畜妻子，樂歲終身飽，凶年免於死亡，然後驅而之善，故民之從之也輕。今也制民之産，仰不足以事父母，俯不足以畜妻子，樂歲終身苦，凶年不免於死亡，此惟救死而恐不贍，奚暇治禮義哉？王欲行之，則盍反其本矣。五畝之宅，樹之以桑，五十者可以衣帛矣；雞豚狗彘之畜，無失其時，七十者可以食肉矣。百畝之田，勿奪其時，八口之家可以無飢矣。①

可以看出，魏惠王時的實際情況是，庶人“仰不足以事父母，俯不足以畜妻子，樂歲終身苦，凶年不免於死亡”。試想，在魏文侯、魏惠王統治時期，庶人連自己的生存都成問題，自顧不暇，哪裏談得上有餘力置備酒、脯醢和牲肉招待客人呢？

再舉幾個實例。

《左傳》莊公十年：“春，齊師伐我。公將戰。曹劌請見。其鄉人曰：‘肉食者謀之，又何間焉？’劌曰：‘肉食者鄙，未能遠謀。’”杜預注：“肉食，在位者。”孔穎達疏：“蓋位爲大夫乃得食肉也。”②

《晉書·陶侃傳》：“侃早孤貧，爲縣吏，鄱陽孝廉范逵嘗過侃，時倉卒無以待賓，其母乃截髮得雙髮以易酒肴，樂飲極歡。”③可知到了晉代，賓客之禮亦非貧家所能辦。

余生也晚，爲上世紀之 30 後。先人世居中原，以務農爲業，家道尚稱殷實。回憶兒時，最盼過年，蓋過年始得吃肉也。家中有客來，皆以自家所種蔬菜相饗，未見有肉有酒也。二十世紀上半葉之殷實農家尚如此，遑論先秦之農民也。

現在明白了，“刑不上大夫”的“刑”是指撻笞之刑，産生“刑不上大

---

① 《孟子注疏》，十三經注疏本，2671 頁。
② 《左傳注疏》，十三經注疏本，1767 頁。
③ 《晉書》，1768 頁。

夫"的精神基礎是"士可殺而不可辱"。"禮不下庶人"的"禮"是指酬酢之禮,産生"禮不下庶人"的物質基礎是庶人貧窮,無力承擔。《禮記·坊記》:"禮者,因人之情而爲之節文,以爲民坊者也。"①《管子·心術上》:"禮者,因人之情,緣義之理,而爲之節文者也。"②既然制禮的原則是"因人之情而爲之節文",那麼,士大夫不缺錢花,要的是面子;而庶人恰恰相反,面子事小,没錢事大。於是,"禮(酬酢之禮)不下庶人,刑(撻笞之刑)不上大夫"這樣的節文就"因人之情"而産生了。這條節文既因應了士大夫的特殊需要,又照顧到庶人的貧窮處境難;既堅持了原則性(大夫不能免刑,庶人不能無禮),又表現了靈活性(大夫的面子和庶人的貧窮都可以得到照顧),反映了制禮者的大智慧。這是禮的人性化的表現。

---

① 孔穎達《禮記正義》,1954 頁。
② 《管子》,《諸子集成》本,221 頁。

# 《漢語大詞典》若干禮制詞目釋義獻疑

　　《漢語大詞典》收録詞語三十七萬五千餘條,是當今世界上收録漢語詞語最多的一部詞典。就其總體品質而論,如果説它是中國文化建設史上的一座豐碑,達到了當代世界的最高水準,絶非溢美之辭。但是,任何一部詞典都不可能做到十全十美,尤其是像《漢語大詞典》這樣的大型文化建設工程,"由於詞目浩繁,時間緊迫,疏漏、錯誤在所難免"(《漢語大詞典·前言》)。筆者年來閲讀《三禮》,遇到難解之處,經常求助於《大詞典》。求助當中,時而得到疑竇頓開之樂,時而亦有困惑不解之疑。今拈出所疑者二十二條,試抒一孔之見,名曰獻疑,敬請方家賜教。

　　[龍衮] ① 天子禮服。上繡龍紋。《禮記·禮器》:"禮有以文爲貴者:天子龍衮,諸侯黼,大夫黻。"(第 12 卷,1477 頁)

　　按:儘管這個釋義有一定的根據,但並不準確。例如,鄭玄注《玉藻》:"龍卷,畫龍於衣。字或作'衮'。"陳澔《禮記集説》也説:"龍衮,畫龍於衮衣也。"這都可以視爲此處釋義的根據。但此處釋義也有走樣的地方,依鄭、陳之説,當云"上畫龍紋",而不是"上繡龍紋",這在上古是有區別的,詳後。實際上,龍衮上的圖案,並非只有龍紋,而是有九種圖案,所以王夫之《禮記章句》説:"龍衮九章。""九章"者,九種圖案也。據《周禮‧春官‧司服》,這九種圖案是：第一是龍,第二是山,第三是蟲(一説即雉),第四是火,第五是宗彝(指虎與蜼),第六是藻(即水草),第七是粉米(即白米),第八是黼(黑白相間的花紋),第九是黻(黑青相間的花紋)。前五種圖案是畫到上衣上,後四種圖案是繡在下裳上。清代學者認爲,天子不僅有九章的袞衣,而且有十二章的袞衣:九章之外,再加上日、月、星三種圖案。詳孫詒讓《周禮正義‧春官‧司服》。既然龍袞上的圖案共有九種(或十二種),並非只有龍一種,爲什麼叫做龍袞呢? 孔穎達《禮器》疏云:"衣有日、月、星辰、山、龍,今云'龍袞'者,舉多文爲首耳,日、月之文不及龍也。"戴震《記冕服》云:"皆以其文特顯,而龍章爲至焕。"綜合孔、戴之説,就是因爲在九章(或十二章)之中,龍章最爲顯眼,惹人注目,故稱"龍袞"。

[受服] ④ 猶持服。謂穿喪服,守孝。清夏炘《學禮管釋‧釋喪服》:"大功、小功既葬以後,有受服,殤服無受。"(第 2 卷,883 頁)

按:釋義誤。如其言,則是大功、小功親屬去世,等到埋葬以後親屬才爲之"穿喪服守孝",這豈非咄咄怪事。據《儀禮‧士喪禮》:"三日成服。"即大殮之後,亦即人死後的第三天,死者的親屬就按照血緣關係的遠近穿好了喪服,絶不會拖到"既葬以後",因爲那樣做將是駭人聽聞的。問題就在於釋義錯了。我認爲,釋義或當如此:根據古代喪禮的規定,在服喪的不同階段,由於隨着時間的流逝,悲哀逐漸減輕,表現在喪服(俗稱孝服)上,服喪者則由穿較重較粗的喪服改穿較輕較細的喪服,謂之受服。試看聶崇義《三禮圖》卷一五是怎麼説的:"凡喪,制服以表哀。哀有盛時、殺(音曬,衰也)時,其服乃隨哀隆殺。故初服粗惡,至葬後、練(今俗稱一周年)後、大祥(今俗稱兩周年)後,漸細加飾,是以冠受。此是葬後、祥後皆更以輕服受之,故有受冠、受服之名。"聶氏所説"漸細加飾,是以冠受"是什麼意思呢? 其意蓋謂,在整個服喪期中,每一階段新受之服,均較上一階段所穿喪服較輕較細,而逐漸變輕變細的標準,都是以上一階段喪冠(今俗稱孝帽)用布的粗細爲準。聶氏以斬衰爲例説:"斬衰裳,初(指葬前)三升,冠六升。既葬,以其冠受,受衰六升,冠七升。小祥,又以冠爲

受,受衰七升,冠八升。"按:古人以升數的多少來分别布的精粗。八十縷
爲一升。布的升數愈多,其布愈細愈密。反之則愈粗愈疏。今更以大功
爲例:爲大功親屬所穿喪服,葬前,衰用七升之布,冠用十升之布。既葬
以後,"以其冠受",衰布改爲十升,冠布改爲十一升。小祥以後,又"以其
冠受",衰布又改爲十一升,冠布改爲十二升。這就是爲大功親屬所穿的
受服。各種喪服的受服,都可依此類推。《禮記·間傳》云:"斬衰三升,
既虞、卒哭(二者都是葬後之祭),受以成布六升,冠七升。爲母,疏衰四
升,受以成布七升,冠八升。"這裏所説的"受",就是指受服。如果我們把
受服理解錯了,這段話就無法讀懂。

　　[繐衰] 古代小功五月之喪服。用細而疏的麻布治成。《儀禮·喪
服》:"繐衰者何?以小功之繐也。"鄭玄注:"凡布細而疏者謂之繐。"(第9
卷,1016頁)

　　按:釋義誤。蓋編者未翻檢此節上下文也。小功五月之喪服,尚在
《儀禮·喪服》此節的下文,此處尚未出現。因爲繐衰是輕于大功九月而
重於小功五月之喪服,所以在《喪服》篇中,被列在大功喪服之後、小功喪
服之前。《喪服》具在,可覆按也。竊以爲,釋義當云:繐衰,諸侯之大夫
爲天子服喪所穿之喪服,服喪七月,天子葬後即除。爲什麽這樣釋義呢?
因爲《喪服》經文明言:"繐衰裳,既葬除之者,諸侯之大夫爲天子。"何以
知道"服喪七月"呢?因爲賈疏云:"天子七月而葬。"此處釋義之所以錯
誤,大概是誤會了"繐衰者何?以小功之繐也"這兩句話。這兩句話的含
義是什麽呢?鄭玄注云:"治其縷如小功,而成布四升半。細其縷者,以恩
輕也;升數少者,以服至尊也。凡布細而疏者謂之繐。"鄭玄注又是什麽意
思呢?意思是説,繐衰這種喪服所用的布,其縷要加工得像小功布那樣的
細,而其密度則僅是四升半(八十縷爲一升。小功布的密度則有十升、十
一升、十二升三種,見《儀禮·喪服》及《禮記·間傳》),比小功布稀疏得
多。爲什麽縷要細得像小功呢?因爲諸侯之大夫從天子那裏得到的恩惠
比較輕微。恩輕則關係疏遠,所以用小功之縷;升數爲什麽要大大少於小
功布呢?因爲是給至尊的天子服喪。爲了照顧死者是天子至尊的面子,

布又不能像小功布那樣的密(太密了意味着哀淺),所以就用四升半的稀疏之布。"凡布細而疏者謂之緦"是什麽意思呢?段玉裁《說文解字注》云:"按小功十升、十一升成布,而此用小功之緦四升半成布,是謂緦細而布疏。其名曰緦者,布本有一種細而疏者曰緦,但不若緦衰之太疏,而緦衰之名緦,實用其意,故鄭舉'凡布'以名之。"

[一獻] 古代祭祀和宴飲時進酒一次爲一獻。《儀禮·士昏禮》:"舅姑共饗婦以一獻之禮。"賈公彦疏:"舅獻姑酬,共成一獻。"(第1卷,112頁)

按:此條釋義似是而非。"一獻",即"一獻之禮"的簡稱。一獻之禮,首先見於《儀禮·士冠禮》,鄭玄注云:"一獻者,主人獻賓而已,無亞獻。獻、酢、酬,賓、主人各兩爵而禮成。"賈公彦疏云:"云'獻、酢、酬,賓、主人各兩爵而禮成'者,主人獻賓,賓酢主人,主人將酬賓,先自飲訖乃酬,賓奠而不舉,是賓、主人各兩爵而禮成也。"獻、酢、酬各是什麽意思呢?淩廷堪《禮經釋例》卷三云:"凡主人進賓之酒謂之獻。凡賓報主人之酒謂之酢。凡主人先飲以勸賓之酒謂之酬。"何謂"奠而不舉",即接過酒杯(爵),放下不飲。由此可知,一獻之禮,是由主人一獻,客人一酢,主人一酬,客人奠而不舉四個連續動作組成的飲酒之禮。詳細點說,就是主人先敬賓一杯酒(獻),然後賓回敬主人一杯酒(酢),主人爲了勸酒而先自飲一杯,然後酌酒再敬賓(酬),賓接過酒杯,放下不飲(奠而不舉)。一獻之禮至此完成。《漢語大詞典》此條書證中的主人不是一個,而是兩個,即舅與姑。其一獻之禮是由舅獻、婦酢、姑酬、新婦奠而不舉組成的,所以賈公彦說:"舅獻姑酬,共成一獻。"明白了什麽是一獻,對於三獻、五獻、七獻、九獻是什麽意思也就思過其半了。拿九獻來說,賈公彦疏《周禮·秋官·大行人》云:"九獻者,王酌獻賓,賓酢主人,主人酬賓,酬後更八獻,是爲九獻。"

[輇軸] 古代載棺的工具。《儀禮·既夕禮》:"遷於祖用軸。"漢鄭玄注:"軸,輇軸也。軸狀如轉轔,刻兩頭爲軹。輇狀如長床,穿桯前後著金而關軹焉。"(第9卷,1246頁)

按:釋義太泛,不嚴密,應該加上兩個限制語,即釋作"古代大夫以下死,升棺於堂及遷柩朝祖廟時所用的工具"。爲什麽要加上"大夫以下

死"這個限制語？因爲天子和諸侯死，在升棺於堂及遷柩朝祖廟時，不用
輴軸，用的是輴。這層意思，本來鄭玄注已經説明白了，只是由於上引書
證没有全引鄭注而漏掉了，即："大夫（此二字胡培翬校爲衍字，極是）諸
侯以上有四周，謂之輴，天子畫之以龍。"看來，輴軸，由於四周没有擋板，
頗像今天的平板車；而輴，因爲四周有擋板，則頗像今天的拖車。天子所
用的輴，上面還要畫上龍的圖案。爲什麽要加上"升棺於堂及遷柩朝祖廟
時"這個限制語？因爲《儀禮·士喪禮》説："升棺用軸。"意思是説，在大
殮之前，把棺材從堂下升到堂上，要用輴軸。這是一。其次，《儀禮·既夕
禮》説："遷於祖用軸。"據鄭玄注，意思是説，死者的靈柩將要下葬，在下
葬之前，要把靈柩遷到祖廟，對祖廟進行朝拜，這就像活着時出遠門要辭
別尊者一樣。這是二。除了這兩種場合外，再没有其他場合使用輴軸了。
所以胡培翬《儀禮正義》説："輴軸爲升棺、遷祖之用，若葬日載柩入壙，則
用蜃車，不用輴軸矣。"

　　[吉祭] ① 古喪禮，既虞之後，卒哭而祭，謂之"吉祭"。虞，葬後拜祭。
《禮記·檀弓下》："是月也，以虞易奠，卒哭曰成事。是日也，以吉祭易喪
祭。"（第 3 卷，95 頁）

　　按：釋義誤。《檀弓下》所謂"是日也，以吉祭易喪祭"，是説從卒哭之
祭這天起，開始以吉祭易喪祭。並不是説只有卒哭之祭是吉祭。《禮記·
雜記上》云："祭稱'孝子''孝孫'，喪稱'哀子''哀孫'。"孔穎達疏云：
"祭，吉祭也。謂自卒哭以後之祭也。吉則申孝子心，故祝辭云孝也。喪
稱哀子、哀孫者，凶祭，謂自虞以前祭也。喪則痛慕未申，故稱哀也。"可知
吉祭是指自卒哭以後所有之祭。那麽，卒哭之後還有哪些祭呢？據《儀
禮·士虞禮記》的記載，卒哭之後，還有祔祭（這是將死者按昭穆輩分附於
祖廟之祭，在卒哭的次日舉行），還有小祥之祭（又叫練祭，在死後一年舉
行，今俗謂之"一周年"），還有大祥之祭（在死後兩年舉行，今俗謂之"兩
周年"），還有禫祭（這是除服之祭，在大祥祭後隔一個月舉行）。三年之
喪，至此結束。這就是説，卒哭、祔祭、小祥之祭、大祥之祭、禫祭，都是吉
祭。但事情都是相對的。我們説卒哭以後之祭是吉祭，那是對比虞祭之

前的喪祭而言,僅僅限於三年之喪以內。如果突破三年之喪的界線,則卒哭至禫之祭,仍是喪祭,不是吉祭。賈公彦就説:"但卒哭爲吉祭者,喪中自相對,若據二十八月後(按:三年之喪,實際上是二十八月而畢)吉祭而言,禫祭以前,總爲喪祭也。"(見《士虞禮》"三虞、卒哭"句疏)。清代學者萬斯大也説:"卒哭有祭,乃謂之吉祭。然考《喪大記》有云:'禫而從御,吉祭而復寢。'吉祭,指四時常祭。則卒哭、祔、練、祥、禫,雖稱吉祭,而猶未即同於吉,蓋視喪祭則已爲吉,視四時常祭則猶在喪中也。"總而言之,吉祭有廣狹二義。狹義的吉祭,指三年之喪中的卒哭以後之祭,包括卒哭、祔、小祥之祭、大祥之祭和禫祭。廣義的吉祭,則指正常時期的四時常祭。

[**喪祭**] 古喪禮。葬後之祭稱喪祭。《禮記・檀弓下》:"是日也,以吉祭易喪祭。"(第 3 卷,410 頁)

按:釋義誤。先從書證來講。《禮記・檀弓下》:"是日也,以虞易奠。卒哭曰成事。是日也,以吉祭易喪祭。"鄭玄注云:"虞,喪祭也。既虞之後,卒哭而祭。……卒哭,吉祭。"可知書證中的"喪祭",實指虞祭。所以孫希旦《禮記集解》説:"《士虞禮》主人即位于西階,烹於門西,牲升左胖,進柢,……皆喪祭之禮也。至卒哭而改用吉祭之禮,故曰'以吉祭易喪祭'。"萬斯大《儀禮商》也説:"葬之日,以虞易奠,謂之喪祭。"所以,就書證來講,這個"喪祭"僅僅是指虞祭。再從釋義來講,説"葬後之祭稱喪祭",誤。因爲,葬後之祭,除了虞祭以外,其餘都是吉祭,而不是喪祭。詳上"吉祭"條,此不贅。實際上,喪祭的含義也有廣狹之分。一是指虞祭,見上。二是指三年之喪中的所有祭祀,見"吉祭"條所引賈公彦與萬斯大語,此不贅。三是指葬前之奠。劉熙《釋名・釋喪制》云:"喪祭曰奠。"這個話顛倒過來説就是"奠曰喪祭"。而所有的奠都在葬前。《禮記・檀弓下》:"奠以素器。"孔穎達疏云:"奠,謂始死至葬之時祭名。以其時無尸,奠置於地,故謂之奠也。"李如圭《儀禮集釋》云:"自始死至葬之祭曰奠。不立尸,奠置之而已。"朱熹《儀禮經傳集解》云:"自葬以前,皆謂之奠。"

[**淳制**] 古代丈量標準。《周禮・天官・内宰》:"出其度量淳制,祭之以陰禮。"鄭玄注:"故書淳爲敦,杜子春讀敦爲純,純謂幅廣也,制謂匹長。

玄謂純制,《天子巡守禮》所云制幣丈八尺,純四咫。"又《地官·質人》:
"同其度量,壹其淳制。"參閱清惠棟《九經古義·周禮上》。(第5卷,
1408頁)

按:釋義誤。何謂淳制,杜子春與鄭玄並不得其解。到了清代學者
手裏,這個問題才得到解決。所謂淳制,是指布帛長寬不同的兩種標準。
淳是長寬符合標準尺寸的正常標準,制是長寬未達到標準尺寸的特殊標
準。在古代,布帛的長度標準,正常情況下都是一端二丈,其寬度標準,布
是二尺二寸,帛是二尺四寸。符合這個標準的就叫做淳。淳,又寫作
"純",皆讀作"準",實際上就是"準"的假借字,意思就是符合標準。如果
長度或寬度未達到上述正常標準,例如喪禮中使用的"制幣",其長度只是
一丈八尺,較正常標準短二尺,那就叫做制。《説文》:"制,裁也。"之所以
叫做"制",正是因爲其長度或寬度都被裁減。嘉禮、賓禮所用布帛講究實
用,以完整爲好,所以采用淳的標準;凶禮、祭禮所用布帛,用過之後,或者
要燒掉,或者要埋掉,因爲是用於鬼神,只求能把事情應付過去就行,所以
采用制的標準。指出"淳"與"純"都是"準"的通假字的,是徐養原,見其
《周官故書考》;指出"古之幣帛,有純有制。全曰純,量曰制。吉凶禮用
制,賓嘉禮用純"的是惠士奇(惠棟之父),見其《禮説》;在徐、惠之説基礎
上,對"淳制"給以系統、完滿解釋的是孫詒讓,見其《周禮正義·內宰》。
我的上述解釋,就是取之于孫詒讓《周禮正義》。惠棟《九經古義·周禮
上》對"淳制"的解釋可以説毫無發明,用不着參閱它。要參閱的話,最好
參閱孫詒讓《周禮正義·內宰》。

[制幣] 古代祭祀所供之繪帛。帛的長寬皆有定制,因稱制幣。《儀禮·
既夕禮》:"贈用制幣,玄纁束。"鄭玄注:"丈八尺曰制。"(第2卷,667頁)

按:釋義不確。竊以爲釋義當云:"制幣,古代用於吉禮、凶禮之布
帛。制是裁減之義。因爲這種布帛的長度或寬度,比起正常標準有所裁
減,故稱。"下面説一下這樣釋義的理由。《既夕禮》的"贈用制幣",是在
下葬時,這是凶禮。《聘禮》使者在出訪前,在禰廟行釋幣禮,也要使用制
幣,這是吉禮。"制"字的含義,不是"有定制",而是裁減。孫詒讓《周禮

正義·内宰》云:"竊謂《説文·刀部》云:'制,裁也。'是制者,裁布帛之名,因以爲端幅(按:即布帛之長與寬)尺度減少之稱。蓋古者布帛廣度不同,而一端之長,則咸以二丈爲正。或減其長不及二丈,或減其廣布不及二尺二寸,帛不及二尺四寸者,則皆謂之制,制亦不必專屬長度也。《聘禮》、《既夕禮》所云'制幣',皆丈八尺,蓋於長二丈之常度減去二尺,是謂之制。"參看上條"淳制"。

[幣獻] 貢獻禮物。《周禮·天官·内府》:"凡四方之幣獻之金玉齒革兵器,凡良貨賄,入焉。"鄭玄注:"諸侯朝聘所獻國珍。"(第3卷,758頁)

按:釋義不確。首先,"幣獻"是聯合詞組,並不是動賓詞組。其次,鄭玄此注乃解釋全句,並非解釋"幣獻"二字。"幣獻"是什麼意思?孫詒讓《周禮正義·内府》曰:"《大宰》大朝覲會同,有玉幣、玉獻之等,是朝會之幣獻也。"可知此所謂"幣",即《大宰》之"玉幣";此所謂"獻",即《大宰》之"玉獻"。那麼,什麼是"玉幣"呢?鄭注云:"玉幣,諸侯享幣也。"即諸侯朝見天子時所獻的見面禮。此禮以瑞玉爲主,輔之以皮帛等物。這就是玉幣,省稱"幣"。什麼是"玉獻"呢?鄭注云:"玉獻,獻國珍異,亦執玉以致之。"即諸侯在獻過玉幣之後又向天子進獻本國珍異之物。因爲是用玉致獻,故稱玉獻。省稱"獻"。可參閱孫詒讓《周禮正義·大宰》。

[饔餼] 古代諸侯行聘禮時接待賓客的大禮,饋贈較多。《周禮·秋官·司儀》"致飧如致積之禮"漢鄭玄注:"小禮曰飧,大禮曰饔餼。"(第12卷,587頁)

按:釋義没有抓住根本問題,可以説是揀了芝麻,丢了西瓜。讀者首先想要知道的是:什麼是饔?什麼是餼?然後才是其他。今按:鄭玄注《儀禮·聘禮》云:"牲殺曰饔,生曰餼。"胡培翬進一步解釋説:"饔,兼飪與腥言,皆是已殺。餼是生物。"意思是説,凡是已殺的牲畜,都叫做饔。而饔又包括飪與腥。飪是殺後煮熟的肉,腥是殺後的生肉。餼則是未殺的活牲畜。實際上,饔餼的内容還不止這些,據《聘禮》和《周禮·秋官·掌客》所載,還有很多其他美味食品以及牲畜的草料等。古代諸侯朝聘時,賓客初到,主人爲之舉行的帶有接風性質的便宴謂之飧。既是便宴,所以鄭玄説是"小禮曰飧"。等到客人行過正式的朝聘禮以後，主人要派人把饔餼送到客人下榻的賓館，這叫饋饔餼。這是對客人朝聘期間最豐盛的款待，所以鄭玄説"大禮曰饔餼"。鄭注《周禮・天官・外饔》又云："飧，客始至之禮。饔，既享幣之禮。致禮于客，莫盛於饔。"就是這個道理。還有，饋贈饔餼的數量，因客人的身份高低而異。拿諸侯來説，有公、侯、伯、子、男五等；拿群臣來説，有卿、大夫、士三級。級別越高，接待的規格也越高。鄭玄注《周禮・天官・大宰》説："此禮陳數，存可見者，惟有《行人》、《掌客》及《聘禮》、《公食大夫》。"意思是説，要想考查此禮的具體規格數量，也只有去翻看《周禮》和《儀禮》中的上述四篇了。最後，竊不自揣，試擬釋義如下：古代諸侯朝聘，在正式會見之後，主人把已經殺死的牲畜（這叫做饔）和尚未殺死的活牲畜（這叫做餼）和其他食品以及牲畜的草料等等送到客人下榻的賓館，這就叫饋饔餼。亦稱饔餼。這是客人朝聘期間受到的最豐盛的一次款待。

[**戒具**] 古代祭祀、朝覲、會同、應接賓客等事應備的陳設器具。《周禮・天官・小宰》："以法掌祭祀、朝覲、會同、賓客之戒具，軍旅、田役、喪荒亦如之。"鄭玄注："戒具，戒官有事者所當共。"（第 5 卷，208 頁）

按：釋義誤。殆編者没有真正看懂鄭玄注。孫詒讓《周禮正義・小宰》云："'戒具，戒官有事者所當共（按：即供。下同）'者，即《大宰》之'誓戒''具脩'是也。彼注云：'具，所當共。'謂以所當共之事，戒所掌之官，警其廢闕。"由此可知，戒，是指對參與祭祀、朝覲等事的官員的誓戒；具者，所當共也。共，通"供"。此謂參與其事的官員應當提供的物品。戒具，在這裏是動賓詞組，意爲誓戒有關官員，提醒他們恪盡職守，保證自己應當提供的物品一樣不缺。因爲祭祀、朝覲、會同等都是大事，爲了避免與事官員失職，故有戒具之事。

[**抗衾**] 喪禮儀節之一。將衾被蓋上尸體。《禮記・喪大記》："御者入浴，小臣四人抗衾。"鄭玄注："抗衾者，重形也。"陳澔《集説》："抗衾，舉以蔽尸也。"（第 6 卷，413 頁）

按：釋義誤。不是"將衾被蓋上尸體"，而是由四個人各持衾被一角，將衾被高舉起來,以遮蔽赤條條的尸體。這樣才能既不失雅觀,又不妨礙給尸體擦浴。如果是"將衾被蓋上尸體",就無法給尸體擦浴。《儀禮·既夕禮記》也載有此事:"御者四人,抗衾而浴。"鄭玄注:"抗衾,爲其裸裎,蔽之也。"胡培翬《儀禮正義》云:"抗,舉也。衾,斂衾也。謂舉斂衾於上,蔽其體,而浴於下也。"附帶説一下,書證《喪大記》鄭玄注"重形也"之上,脱"蔽上"二字。

[**禮酒**] 天子所賜之酒。《周禮·天官·酒正》:"共賓客之禮酒,共后之致飲於賓客之禮醫酏糟,皆使其士奉之。"鄭玄注:"禮酒,王所致酒也。"(第7卷,962頁)

按:釋義不當,蓋未得鄭注之旨。鄭注所謂"王所致酒",致是送達之義,其意蓋謂天子派人送去的酒。至於爲什麼送?送給誰?怎樣送?送到何處?鄭玄此注並沒有交代,但在《酒人》注中卻有所交代,所以孫詒讓《周禮正義·酒正》解釋鄭玄此注云:"注云'禮酒,王所致酒也'者,《酒人》注云:'禮酒,饗、燕之酒。王不親饗、燕,不親食,而使人各以其爵以酬幣、侑幣致之,則從而以酒往'是也。"這段話是什麼意思呢?據《周禮·秋官·掌客》,如果客人是上公,天子就要爲他先後舉行三次饗禮,三次燕禮,三次食禮(這是三種規格不同的宴請之禮,其中饗禮規格最高,食禮次之,燕禮規格較低。這三種宴禮,牲酒皆有,只是食禮以吃飯爲主,雖然有酒,但設而不飲)。如果天子因爲生病或其他原因,不能親自爲客人設宴,那就要派人(派的人,其身份要與客人相等。客人是卿,派的人也要是卿;客人是大夫,派的人也要是大夫)帶着酬幣(即勸酒之幣)或侑幣(勸食之幣)代表自己前往賓館致辭,並將舉行饗禮、燕禮所須的酒也一併帶去,以示不廢其禮。綜上所述,竊不自揣,更爲試擬釋義如下:禮酒,對於前來朝聘的客人,天子按照禮數都要設宴招待(包括饗禮、燕禮、食禮三種規格)。如果天子由於特殊原因不能親自設宴招待客人,就要派遣與客人級別相等的人作使者,攜帶酒和勸酒的禮品,送往客人下榻的賓館,以示不廢其禮。這種酒叫做禮酒。

[**五齊**] ① 古代按酒的清濁,分爲五等,合稱"五齊"。《周禮·天官·

酒正》：“辨五齊之名：一曰泛齊，二曰醴齊，三曰盎齊，四曰緹齊，五曰沈齊。”鄭玄注：“自醴以上，尤濁縮酌者，盎以下差清。”（第1卷，386頁）

按：釋義誤。首先，五齊是祭祀所用之酒，不是人們日常飲用之酒，這一點應該點明，以免產生誤會。所以鄭玄注云：“每有祭祀，以度量節作之。”孫詒讓《周禮正義》說：“三酒味厚，人所飲者也；五齊味薄，所以祭者也。”其次，五齊（音jì）都是濁酒，只是渾濁的程度不同而已。並非五齊之中，有的是濁酒，有的是清酒。此處的鄭玄注怎麼理解呢？首先，標點錯了，應改作：“自醴以上尤濁，縮酌者。盎以下差清。”說的是什麼意思呢？是說五齊之中，泛齊、醴齊最混濁（即所謂“自醴以上尤濁”），使用的時候，要先用事酒將它們沖淡，然後加以過濾（即“縮”），使之可酌。而盎齊以下（包括緹齊、沈齊）相對較清。孫詒讓《周禮正義》引呂飛鵬云：“五齊皆酒之濁者。後鄭謂盎以下差清，但較泛齊、醴齊爲稍清耳，其實皆濁酒也。”並加按語說：“呂說是也。”按《禮記·郊特牲》：“明水涗齊。”鄭玄注：“涗，猶清也。五齊濁，沛之使清。”是鄭謂五齊皆濁之直接證據。綜上所述，試擬釋義如下：五齊，古代用於祭祀的五種濁酒。其渾濁程度輕重不一。

[膳羞] 美味的食品。《周禮·天官·膳夫》：“膳夫掌王食飲膳羞。”鄭玄注：“膳，牲肉也。羞，有滋味者。”（第6卷，1382頁）

按：釋義太籠統。膳與羞應當分釋。這裏的“食、飲、膳、羞”，是指構成天子伙食的四個方面，所以鄭玄分別注釋爲：“食，飯也。飲，酒漿也。膳，牲肉也。羞，有滋味者。”可知“食飲膳羞”四字，各有所指。“膳，牲肉也”是什麼意思呢？孫詒讓《周禮正義》云：“謂正饌皆六牲之肉。”哪六牲呢？據下文鄭注：“六牲，謂馬、牛、羊、豕、犬、雞也。”而王引之《經義述聞》認爲鄭注不確，論證“此六牲，則牛、羊、豕、犬、雁（謂鵝）、魚也”。孫詒讓認爲“王說是也”。“羞，有滋味者”是什麼意思呢？孫詒讓解釋說：“庶羞百有二十品，皆肉及菜果之有滋味者。”孫詒讓這樣解釋，是因爲他看到下文有“羞用百有二十品”一句，而且鄭玄還加了注：“羞，出於牲及禽獸，以備滋味，謂之庶（按：庶，眾也）羞。”綜上所述，可知，膳謂六牲

（牛、羊、豕、犬、雁、魚）之肉；羞謂庶羞，即用肉及菜果加工製成的衆多美味。

[契] ② 刻龜甲的鑿子。《周禮·春官·菙氏》："菙氏掌共燋契，以待卜事。"鄭玄注引杜子春云："契謂契龜之鑿也。"孫詒讓《正義》："契龜之鑿，亦所以鑽刻，故直謂之契也。"（第 2 卷，1532 頁）

按：釋義誤。鄭玄注所引杜子春說，實際上是鄭玄否定之說，也是孫詒讓《正義》進一步否定之說，而編者讀書不通觀首尾，斷章取義，遂至誤釋。今按：鄭玄注有云："玄謂《士喪禮》曰：'楚焞置於燋，在龜東。'楚焞（按：謂用荆木棍點燃的明火），即契，所用灼龜也。"這就是說，鄭玄認爲，契，就是《士喪禮》中的"楚焞"，用來灼龜，而不是用來刻龜。孫詒讓看到了杜、鄭二人解釋的不同，所以在其《周禮正義》中說："鄭則不取鑿龜之義，與杜異也。鄭以下文云'遂吹其燋契'，若非灼龜之木，則不得云吹，故知契與楚焞是一。依杜義，灼龜用燋（按：燋是引火的火炬），鑿龜用契，灼鑿不同物。鄭則謂鑽即用灼木。二義不同。竊意龜卜所用，有金契，有木契。金契用以鑽鑿，木契即楚焞，用以爇灼。以二者皆刻削其端使尖鋭，故同謂之契，實則異物也。此經之契，則是木，非金，杜義固不若後鄭之允也。"也就是說，孫詒讓認爲杜子春的說法不如鄭玄的說法正確。又按：胡培翬《儀禮正義·士喪禮》的結論與孫詒讓同。據胡氏說，在進行龜卜時，首先用陽燧（即凸透鏡）在日光下取火，然後點燃燋，以保存火種。然後再吹燋之火以點燃契，然後再以契灼龜。然則釋義當如何措辭呢？可否這樣表述：契是一端尖鋭的荆木棍，用以燒灼龜甲。《儀禮·士喪禮》中叫做"楚焞"。

[嬪貢] 供王接待賓客用的貢物，指皮帛絲麻之屬。《周禮·天官·大宰》："以九貢致邦國之用，一曰祀貢，二曰嬪貢。"鄭玄注："嬪，故書作賓……謂嬪貢，絲枲。"王引之《經義述聞·周官上》："祀與賓相對爲文，其爲賓客之事明甚。賓，本字也。嬪，借字也。讀當如其本字，不當依借字爲解。"（第 4 卷，421 頁）

按：釋義中不當有"絲麻"二字。究其原因，殆與鄭注的節取前後自相矛盾有關。據完整的鄭注可知,對於"嬪貢"的解釋,鄭司農(即先鄭)與鄭玄(即後鄭)不同。鄭司農是按照故書作"賓"來解釋,所以認爲:"賓貢,皮帛之屬。"而鄭玄則是按照"嬪貢"來解釋,所以認爲:"嬪貢,絲枲。"而王引之《經義述聞》是肯定先鄭,否定後鄭的,他認爲:"賓,本字也。嬪,借字也。讀當如其本字,不當依借字爲解。"也就是説,此處的"嬪"字,不能當作"婦女"講,而要當作"賓客"來講。看來,編者也是肯定王説的,但不知怎麽搞的,在節取鄭注時,卻把先鄭的解釋給漏掉了(釋義中未漏掉),而在釋義中,卻又把被否定的鄭玄的解釋也采用了。

[稍食] 古代指官府按月發給的官俸。《周禮·天官·官正》:"幾其出入,均其稍食。"鄭玄注:"稍食,禄稟。"賈公彦疏:"云稍食禄稟者,稍則稍與之,則月俸是也。"又《天官·內宰》:"均其稍食。"鄭玄注:"稍食,吏禄稟也。"(第8卷,83頁)

按:釋義可商。蓋鄭注、賈疏把"稍食"等同於"禄稟"的解釋,已被清代學者所否定,詳見孫詒讓《周禮正義·天官·官正》和《天官·小宰》所説。在《官正》一節,孫氏首先引易祓云:"當是一命以上(按:即下士以上。下士的爵命最低,僅一命)謂之禄,庶人在官者(按:指在官府服務的平民,如《周禮》中的府、史、胥、徒),稍食而已。"接着又引金榜云:"《校人》'等馭夫之禄,宫中之稍食',明稍食與禄殊也。"接着又引沈彤云:"稍食,食之小者。而疏以稍食爲命士以上禄之通稱,誤矣。"接着,孫詒讓總結説:"易、金、沈三説是也。以經考之,賦禄或以田,或以米粟;稍食則一以米粟,無以田者(按:這是支付方式的不同)。自卿以下至命士,皆有爵者也,故皆給禄不給食。不命之士及庶子、庶人在官者,皆無爵而有事者也,故皆給食不給禄。禄之多寡有定,視命數(猶言爵位高低)以爲差。食之多寡無定,視其事之繁簡,功之上下,以歲時稽而均之(按:即按照工作的數量和品質付酬)。"在《小宰》節孫氏又説:"此經凡言'食'者,皆與'禄'別。周制,命士以上,以爵制禄;不命之士,則以事制食。"綜上所述,稍食的釋義或當如此表述:古代官府發給在官府服務的平民的養家口糧。

[**散齊**] 亦作"散齋"。① 古禮于祭祀父母前七日不御不樂不吊,謂之散齊。《禮記·祭義》:"致齊於内,散齊於外。"鄭玄注:"散齊,七日不御不樂不吊耳。"(第 5 卷,483 頁)

按：釋義的主體狹隘。建議將釋義改爲:"古人在舉行重大祭祀的前十天到前四天,不御,不樂,不吊,謂之散齊。相對于致齊,散齊是齋戒的第一階段。"爲什麼這樣改呢？首先,因爲古人在祭天(見《禮記·郊特牲》)、祭地、祭五帝(見《周禮·大宰》)、祭祖禰(見《儀禮·少牢饋食禮》)時都要舉行散齊,所以不如將"祭祀父母"改爲概括性的文字。其次,舉行散齊的時間,並不是在祭祀的前七日,而是在祭祀前的第十天到第四天。鄭玄注所説的"七日",是指散齊所須的時間,不是指祭祀前的七日。古人的十日齋期,包括先後連接的兩次齋戒。第一次是散齊,這是初步的齋戒,所用時間,如上所述。第二次是致齊,這是進一步的齋戒,具體時間是散齊後的三天,也就是祭前的三天。所以《禮記·祭統》云:"散齊七日,致齊三日。"《周禮·大宰》云:"前期十日,遂戒。"鄭玄注云:"十日,容散齊七日,致齊三日。"胡培翬《儀禮正義·少牢饋食禮》云:"筮必旬有一日者,容祭前十日爲散齊、致齊之期。"第三,由散齊而致齊,由致齊而祭祀,這是一個逐漸收斂、整齊身心的過程,而散齊就是這個過程的第一階段。須要注意的是,散齊的時間,後世有所變化。據《通典》卷一〇八《齋戒》記載,唐代的散齊,大祀是四日,中祀三日,小祀二日。而宋代以後,官方的祭祀還遵循古禮,散齊七日,致齊三日。而士大夫之家的家祭,據司馬光《書儀》和朱熹《家禮》的記載,就只有致齊,而取消了散齊。可能是病於古禮煩瑣,作了精簡。

[**九原**] ② 九泉,黄泉。《舊唐書·李嗣業傳》:"忠誠未遂,空恨於九原。"蘇軾《亡妻王氏墓誌銘》:"君得從先大人於九原,余不能,嗚呼哀哉!"(第 1 卷,744 頁)

按：以"九泉"釋"九原",蓋亦望文生義。編者不知此處是用典。據《禮記·檀弓下》記載,晉國趙文子(名武)的新居落成,晉國的大夫都前去祝賀,其中一位讚美新居的美輪美奂,趙文子謙虛地回答説:"武也得歌於斯,哭於斯,聚國族於斯,是全要領以從先大夫于九原也。"鄭玄注:"全要領者,免於刑誅也。晉卿大夫之墓地在九原。"然則九原是地名,是晉國卿大夫墓地之所在地。據考,其地在今山西新絳縣西北。後人用典,把"九原"作爲祖墳的代稱。這一點,從蘇軾寫的《墓誌銘》中看得尤其清楚。另外,本條所用書證也太晚,追本溯源,當用《禮記·檀弓下》爲原始書證。

[廬] ③ 古代沿途迎候賓客的房舍。《周禮·地官·遺人》:"凡國野之道,十里有廬,廬有飲食。"鄭玄注:"廬,若今野候,徒有庌也。"(第3卷,1287頁)

按:釋義不確,容易讓人産生誤解。筆者建議將釋義改作"廬,古代沿途迎候賓客的棚屋,僅供歇腳、打尖之用,不可住宿"。我想,釋義不確的原因,主要是忽略了鄭注"徒有庌也"四字。所謂"徒有庌也",就是只有頂棚的意思。這樣說的根據何在呢? 案:《説文》:"庌,廡也。"而"廡"又是什麽呢?《釋名·釋宮室》云:"大屋曰廡。廡,幠也。幠,覆也。并、冀人謂之庌。庌,正也,屋之正大者也。"可知"廡"就是大屋。而"屋"又是什麽呢? 段玉裁《説文解字注》云:"屋者,室之覆也。引申之,凡覆於上者皆曰屋。"可知凡是覆蓋在上邊的東西都可叫做屋。具體到這裏,屋就是頂棚。有沒有其他文獻證據呢? 有。例如,《穀梁傳》文十三年;"大室屋壞"。范寧注云:"屋者,主於覆蓋。"又如,《漢書·陸賈傳》:"去黃屋稱制。"師古注云:"黃屋,謂車上之蓋也。"又如,《禮記·喪大記》:"畢塗屋。"鄭玄注云:"屋,殯上覆如屋者也。"孔穎達疏云:"屋是殯上之覆,形似於屋,故云如屋。"孫詒讓正是看到了廬的特點是"徒有庌也",所以在其《周禮正義·地官·遺人》中説:"廬制最疏略,惟爲長廣之周屋,以便晝息。徒有庌者,明其無房室,不可野宿也。"所謂"惟爲長廣之周屋",就是只有既長又寬的四面透風的頂棚。實際上,這樣的"廬",在我們今天的公路兩旁也並沒有完全絶迹:搭起一個布制的棚子,下面支個攤子,出售一些香煙、飲料、方便食品之類,與古代的"廬"幾乎沒有什麽兩樣。

(原載《河南師範大學學報》1998年第1期,此次發表時有修訂)

# 《漢語大詞典》"衝繁疲難"
# 條釋義補正

　　【衝繁疲難】清雍正間,由廣西布政使奏准,分定全國州縣爲衝、繁、疲、難四類,以便選用官吏。衝謂地方衝要;繁謂事務繁重;疲謂民情疲頑;難謂民風强悍難治。太平天國洪仁玕《誅妖檄文》:"凡有美缺要任,皆係滿妖補受,而衝繁疲難者則以華人當之。"參閱清凌揚藻《蠹酌編》。(《漢語大詞典》第3卷,1089頁)

　　呂按: 先討論釋義問題。本條的釋義,既有瑕疵,又有錯誤。先説瑕疵。《漢語大詞典》釋義説"分定全國州縣爲衝、繁、疲、難四類",不確。因爲實際情況並不是簡單地將全國州縣分别定爲四類,即一類是衝,一類是繁,一類是疲,一類是難,而是複雜得多。釋義的這句話應改作"用衝、繁、疲、難這四個字作爲全國州縣劃分等類的標準。有的州縣可能這四個字全占,有的州縣可能只占這四個字中的三個、兩個或一個"。試看《清史稿·地理志一九》對廣東省廣州府及其十四屬縣的標注:

　　　　廣東: 廣州府:(衝,繁,疲,難)。……領縣十四。南海(衝,繁,疲,難);番禺(衝,繁,難);順德(繁,疲,難);東莞(衝,繁,疲,難);從化(簡);龍門(簡);新寧(疲,難);增城(簡);香山(疲,繁,難);新會(繁,疲,難);三水(衝,難);清遠(衝,難);新安(疲,難);花(簡)。①

其中的南海縣是四字全占,番禺縣和順德縣雖然都是只占三字,而三字不盡相同;新寧縣和三水縣雖然都是只占二字,而二字不盡相同;還有一字不占者,例如花縣標注一個"簡"字,表示此縣簡僻易治。這就是《皇朝文獻通考》卷五十五所說的:"各省府州縣,定爲衝、繁、疲、難等缺,有四字相兼者,有三字者,有二字、一字者。"

再説釋義的錯誤。釋義説"疲謂民情疲頑,難謂民風强悍難治",誤。清代官方的定義是:"賦多逋欠者爲疲,民刁俗悍、命盜案多者爲難。"出處詳下。

再討論參考書問題。《漢語大辭典》説"參閱清淩揚藻《蠡酌編》"。這個"參閱",首先,書名錯了。書名應作《蠡勺編》,《續修四庫全書》的1155 册即有此書,凡四十卷,可覆按也。其次,我翻閲了《蠡勺編》卷二五《衝繁疲難》條,上面寫道:"州縣向例有繁簡兩調。雍正間,金鉷任廣西布政使,請分衝繁疲難四條,許督撫量才奏請,從之。今直省所行,自兹始。"②這個參考資料太晚,不是原始資料(該書同治二年開雕),給讀者提供的信息太少,連衝、繁、疲、難四字的定義也没有。據筆者孤陋之見,參考書不如寫作"參閱《世宗憲皇帝硃批諭旨》卷二百二上"。因爲這是原始資料,事情的來龍去脈,金鉷的奏摺,雍正的硃批,衝繁疲難四字的定義,都交代得清清楚楚。爲求徵信,兹摘録如下:

> 雍正六年三月十九日廣西布政使臣金鉷謹奏,爲敬陳管見事:

> 竊惟州縣地方,本有大小之異,而居官才具,實有短長之分。以長才而處小邑,固爲未盡其能;以要地而畀短才,必致有虧厥職。總緣州縣官員,大半係初登仕籍,其平日未嘗經練,故人與地相當之處,未能懸定。一旦憑籤掣缺,縱有才能出衆者,無由區别。或以庸員而得要地,竟將皇上之人民財賦,令其嘗試。及至地方,廢墜不修,始行罷斥,則其貽誤已多。臣愚以爲,未能懸定之中,而預爲地方安全之

---

① 《清史稿》,中華書局校點本,1977 年,2270~2273 頁。
② 金鉷《蠡勺編》卷二五,《續修四庫全書》本,1155 册,450 頁。

計,無如斟酌人地,一用調繁之法。在國家調繁調簡,原有成例。然各省督撫,不過間有題請,而未嘗廣爲推行,徧察通省之中,條分縷析,盡求人缺之相宜也。伏查州縣要缺之必需賢員者,共有四等:一地當孔道者爲衝,一政務紛紜者爲繁,一賦多逋欠者爲疲,一民習俗悍、命盜案多者爲難。就此四等之中,有專者,有兼者,有四等俱全者。臣愚請除雲南、廣西題定煙瘴調補者,仍照舊例外,凡直隸各省,俱請敕令各督撫,先將各屬州縣,一一查核的確,委係衝繁疲難四等之地,或專或兼,或四者俱全,分別注明,造冊題達。其簡僻易治者,一概著爲常缺。則凡天下之州縣,固已較若列眉矣。再請飭令吏部,凡初任銓選州縣,悉于常缺籤掣。所有四等要缺,令該督撫於現任州縣內酌量人員與四等中何地相宜,題明調補試用。俟試看一二年內,如克勝任,再行題准實授。如試看後,人地仍有不相宜處,不妨許該督撫再請改調。則督撫不至有瞻顧畏葸、苟且包容之弊,而常缺、要缺,均各得人,于吏治民生,似有裨益。臣識見庸鄙,冒昧陳獻,伏乞聖裁。謹奏。

　　此奏可嘉之至!向來調繁調簡,流弊相沿,竟爲督撫射利之藪。若槩不令更調,又恐貽誤地方。所以每遇督撫奏請,偶一行之,不過以爲暫時權宜之道。常時因斯繫念,究未得有定法。今覽所奏,深愜朕懷。從未經人議論及此,如是方稱中其肯綮。已交該部議覆矣。(此段爲雍正皇帝硃批)①

---

①　《世宗憲皇帝硃批諭旨》卷二百二上,影印文淵閣四庫全書本,424冊,328～329頁。

# 《漢語大詞典》"淩遲"條釋義補正

【淩遲】3. 封建時代一種殘酷的死刑。又稱"剮刑"。始於五代,元、明、清俱列入正條,清末始廢。《宋史·刑法志一》:"淩遲者,先斷其支體,乃抉其吭,當時之極法也。"《京本通俗小說·錯斬崔寧》:"陳氏不合通同姦夫殺死親夫,大逆不道,淩遲示衆。"元關漢卿《竇娥冤》第四折:"張驢兒毒殺親爺,姦佔寡婦,合擬淩遲。押付市曹中,釘上木驢,剮一百二十刀處死。"明沈采《千金記·延訪》:"告元帥,拿這李左車,不知是要粗淩遲碎淩遲他。"《老殘遊記》第十六回:"六千金買得淩遲罪,一封書驅走喪門星。"魯迅《且介亭雜文·隔膜》:"運命大概很悲慘,不是淩遲、滅族,便是立刻殺頭,或者'斬監候',也仍然活不出。"(《漢語大詞典》第 2 卷,419 頁)

按:《漢語大詞典》"淩遲"的釋義,大體上與修訂版《辭源》"淩遲"的釋義相同(修訂版第一冊 330 頁左欄)。《辭源》釋義的一大優點是給出參考資料。例如"淩遲"條,《辭源》給出的參考資料是"參閱錢大昕《潛研堂文集》三一《跋渭南文集》、《十駕齋養新錄》七《淩遲》"。我推測,《漢語大詞典》的釋義,很可能也是根據錢大昕的上述兩種著作作出的。而問題恰恰就出在參考資料上。證據之一,"始于五代"之說,即錢大昕說,茲引其《跋渭南文集》云:

今法有淩遲之刑，蓋始於元、明而不知其名之所自。考《宋史·刑法志》載真宗時内官楊守珍使陝西督捕盗賊，請擒獲強盗至死者，付臣淩遲，用戒凶惡。詔："捕賊送所屬，依法論決，毋用淩遲。"然則宋初已有淩遲之名，而當時未嘗用也。後讀放翁奏狀，有云："伏覩律文，罪雖甚重，不過處斬。五季多故，以常法爲不足，於是始於法外特置淩遲一條。"①

今按：錢大昕"始於五代"之説不確，徵諸歷史事實，應是"始於唐末"。知者，《資治通鑑》卷二五一唐懿宗咸通九年九月丁巳："龐勛與許佶等乃言於衆曰：'吾輩擅歸，思見妻子耳。今聞已有密敕下本軍，至則支分滅族矣。'"胡三省注："支分，謂被支解而支體異處也，即凸刑。"②而凸刑即淩遲。同書卷二五三唐僖宗乾符五年正月癸酉："盡忠械文楚等五人，送鬪雞臺下，克用令軍士凸而食之。"③同書同卷六年四月庚申："崔安潛立命給捕者錢，使盗視之，然後凸盗於市，并滅其家。"④

不獨此也，由於錢大昕説"宋初已有淩遲之名，而當時未嘗用也"，《漢語大詞典》的釋義遂一字不提"宋代"，似乎宋代没有淩遲之刑。實際上也不符合歷史事實。在宋代，無論是中央還是地方，皆嘗用淩遲之刑。知者，《宋文鑑》卷四二載錢易《請除非法之刑》云：

> 死刑者有二焉，大斬小絞。絞者，以首領猶全，故分二等。百代奉之，以爲常法。有司承式，罔敢增變。竊見近代以來，非法之刑，異不可測，不知建於何朝，本於何法，律文不載，無以証之。或時有非常之罪者，不從法司所斷，皆支解臠割，斷截手足，身具白骨而口眼之具獨動，四體分落而呻痛之聲未息。置之闤闠，以圖示衆。四方之外，長吏殘暴，更加增造。取心活剥，所不忍言。十五年前，杭州妖僧爲變，數歲前蜀部兩回作亂，事敗之後，多用此刑。⑤

---

① 錢大昕《潛研堂集》，上海古籍出版社，1989年，555頁。
② 《資治通鑑》，中華書局，1956年，8123頁。
③ 《資治通鑑》，8196頁。
④ 同上書，8213頁。
⑤ 《宋文鑑》，影印文淵閣四庫全書本，1350册，425頁。

按：錢易所説"支解臠割，斷截手足，身具白骨而口眼之具獨動，四體分落而呻痛之聲未息"，實即淩遲。據《宋史·錢易傳》，易上此疏，時在真宗咸平年間。又，李燾《長編》卷八四真宗大中祥符八年五月辛巳："刑部員外郎兼侍御史知雜事王隨言：准詔劾榮王元儼宮遺火事，本元儼侍婢韓盗賣金器，恐事發，遂縱火。其知情干連人，悉具以聞。詔：韓氏斷手足，令衆三日，淩遲處死。"①這是真宗親詔使用淩遲之刑。又，《宋史》卷四七〇《侯莫陳利用傳》："京西轉運副使宋沆籍利用家，得書數紙，言皆指斥切害，悉以進上。太宗怒，令中使臠殺之。"②所謂"臠殺"，即淩遲也。這是太宗親詔使用淩遲之刑。

根據以上歷史事實，可知在宋初，無論是中央或地方，都有使用淩遲之刑之例；宋太宗、宋真宗都曾親自下詔使用淩遲之刑，怎麽能夠把宋代漏掉呢？

---

① 李燾《續資治通鑑長編》，中華書局，1995 年，1928 頁。
② 《宋史》，中華書局校點本，1977 年，13679 頁。

# 説"稱兄道弟"

　　"稱兄道弟"一詞,我查了以下我案頭的辭書,發現《現代漢語詞典》(修訂版)未收,《辭海》(修訂版)未收,《辭源》(修訂版)未收,《漢語大詞典》也未收,倒是劉潔修的《漢語成語考釋詞典》收了。我認爲,在收不收這一點上,應該説劉潔修《漢語成語考釋詞典》做得較好。我曾經用"稱兄道弟"作爲檢索詞,用 Google 搜索引擎在互聯網上檢索,得到了 16 400 項查詢結果。儘管這 16 400 項查詢結果中有重複,但仍然可以表明,"稱兄道弟"一詞的使用頻率是相當高的,所以,"稱兄道弟"一詞,應該收。

　　再説"稱兄道弟"的釋義。劉潔修的釋義是:"朋友之間以兄弟相稱,表示關係密切。"這個釋義,我覺得還難稱妥帖。譬如説,稱兄道弟,僅限於"朋友之間"嗎? 恐怕未必。詳後。爲了搜集更多的有關"稱兄道弟"的資料,我又試着翻檢案頭的其他書籍。首先翻檢了幾部《現代漢語》,無所獲。不死心,又接着翻檢了幾部《古代漢語》,不料卻在一部發行量不小的一部《古代漢語》中找到了有關的資料。該《古代漢語》中有一個單元是專門講應用文的,在一封"賀人成婚"的書信中,開頭的稱呼是"某某我兄閣下",末尾的落款是"弟某某謹啓"。這不是一個典型的"稱兄道弟"的例子麼,真讓我喜出望外。但看了編者的注釋,卻又讓人嗒然若失。編

者注云:"兄:本指哥哥,這裏用於同輩間的尊稱。"又注云:"弟:同輩間
男子年紀小的。這裏是同輩間的謙稱。"我認爲,《古代漢語》編者的注
釋,雖然也不是一無可取,譬如說,認爲"稱兄"是"尊稱","稱弟"是"謙
稱",這是對的。但從大的方面來說,比劉潔修的釋義又倒退了一步。爲
什麼?劉的釋義不管怎樣,究竟還點明了使用的範圍是"朋友之間",不是
親屬之間;而《古代漢語》的注釋卻限定爲"同輩間"。這個"同輩間"的定
語,比較模糊,難免讓人疑竇叢生。譬如說,同胞兄弟是不是"同輩間"?
本家兄弟是不是"同輩間"?姑表兄弟、姨表兄弟是不是"同輩間"?答案
都是肯定的。而我們知道,凡是"稱兄道弟"者,都不是同胞兄弟、同宗兄
弟、姑表兄弟、姨表兄弟的關係。一句話,凡是"稱兄道弟"的人,他們之間
肯定沒有任何親屬關係。

　　在哪些人之間可以"稱兄道弟",當年的北京女子師範大學學生許廣
平女士也曾經表示不解。我們知道,在《兩地書》中,許廣平常常在信的開
頭稱魯迅爲"魯迅先生吾師左右",而在信的末尾自稱"學生許廣平";而
魯迅則常常在信的開頭稱許廣平爲"廣平兄"。對於"廣平兄"這個稱呼,
許廣平一開始也不理解。這表現在 1925 年 3 月 15 日許廣平寫給魯迅的
信中,兹摘録其第一段如下:

　　魯迅先生吾師左右:

　　　　十三日早晨得到先生的一封信,當我拆開信封,看見箋面第一行
　　上,賤名之下竟緊接着一個"兄"字,先生,請原諒我太愚小了,我值得
　　而且敢當爲"兄"麼?不,不,絶無此勇氣和斗膽的。先生之意何居?
　　弟子真是無從知道。不曰"同學",不曰"弟"而曰"兄",莫非也就是
　　遊戲麼?

　　魯迅在同年 3 月 18 日的回信中解釋說:

　　廣平兄:

　　　　這回要先講"兄"字的講義了。這是我自己制定,沿用下來的例
　　子。就是:舊日或近來所識的朋友,舊同學而至今還在來往的,直接
　　聽講的學生,寫信的時候,我都稱"兄"。此外,如原是前輩,或較爲生

疏,較需客氣的,就稱先生、老爺、太太、少爺、小姐、大人……之類。總之,我這"兄"字的意思,不過比直呼其名略勝一籌,並不如許叔重先生所說,真含有"老哥"的意義。但這些理由,只有我自己知道,則你一見而大驚力争,蓋無足怪也。然而現已説明,則亦毫不爲奇焉矣。

從魯迅的回信中不難看出,與之可以"稱兄道弟"的人有三種:一是朋友,二是同學,三是學生。而被稱爲"兄"者,未必就真是"老哥",年齡就大;而自稱爲"弟"者,也未必就真是"老弟",年齡就小。我們知道,朋友之間是不論輩分的,同學之間也是不論輩分的,而師生之間卻是論輩分的。古書上説:"弟子事師,敬同于父。一日爲師,終身爲父。"(見《鳴沙石室佚書·太公家教》)。舊時代,很多人家的堂屋供奉着"天地君親師"的牌位,"師"雖排在最後,但卻與"天地君親"並列。這説明,師生之間確實是論輩分的。説到這裏,我認爲,"稱兄道弟"的準確釋義也就出來了,即:朋友之間,同學之間,師生之間,不計年齡大小,不論輩分高低,尊稱對方則稱"兄",謙稱自己則稱"弟"。

這個釋義能否成立,是不是放之四海而皆準,讓我們來做一下檢驗。

語言文字學家楊樹達,1885 年生;章炳麟,1869 年生。章比楊大 16 歲,而章在寫給楊的信的開頭,稱楊爲"遇夫(楊樹達字)兄鑒",而自稱"弟章炳麟頓首",見湖南教育出版社 1985 年版《楊樹達誕辰百周年紀念集》。

現代文學家曹靖華,1897 年生,小於魯迅 16 歲,而魯迅《書信集·致曹靖華》:"至於書,兄盡可編起來,將來我到良友這些地方問問看。"以上兩例,可以説是朋友之間的"稱兄道弟"。

史學家陳垣是 1880 年生,他有個學生叫方豪,字傑人,1911 年生。論年齡,陳比方大 31 歲;論輩分,陳是先生,方是弟子。但陳垣在 1926 年 4 月 19 日的信中卻這樣寫道:"傑人仁兄惠鑒:(信的内容從略)弟陳垣謹複。"見上海古籍出版社 1990 年版《陳垣來往書信集》286 頁。史學家陳述,1912 年生,小於陳垣 32 歲,也是陳垣的學生。陳垣在 1936 年給陳述的信,開頭的稱呼是“述兄足下”,末尾自稱“垣上”。這和魯迅當年稱呼許廣平爲“兄”一樣,都是師生之間的“稱兄道弟”。

業師程應鏐先生,筆名流金,解放後一直在上海師範大學歷史系、古籍整理研究所任職。1978 年,我有幸考取“文革”後第一屆研究生,師從程師。讀書期間,一直受到流金師的關心。畢業分配,流金師希望我留校,幫助做點事。考慮到父母年老,子女年幼,我就回河南了。流金師掛念我的工作,1982 年 5 月 2 日惠函:

> 友仁兄:
>
> 一直掛記你的工作。住院之後,得魯陽來信,知道你已去新鄉。這也好,老人要照顧,家也不得不管。
>
> 我患的是鼻咽癌,發現得早,治癒率醫生説是百分之百。已照光四次,估計要照三十五次,七個星期。住院的條件是上海最好的,我精神狀態亦佳,不必挂念。
>
> 多年來總是忙忙碌碌,這回卻完全休息下來,醫生允許看看小説,除了治療,就是散步和睡眠。
>
> 匆匆問好。
>
> 程應鏐,五月二日

這個例子説明,即使到了改革開放的年代,老一代知識分子仍然是按照傳統禮數辦事,不錯規矩。

近日在互聯網上讀到作家韓石山《起個表字多儒雅》一文,其中寫道:“記得看過一本書,記中原大戰時,蔣介石爲了瓦解馮玉祥的西北軍,給韓復榘贈以重金,並委以重任,似乎都沒有動了韓的心,韓仍猶豫不決,及至在洛陽接見時,蔣拍拍韓的肩膀叫了聲‘向方兄’,頓時感動得韓如同見了再生父母一般,過後給人説:我跟馮玉祥幾十年,馮從來都是叫我的小名,沒有叫過一次我的表字。”在這裏,韓石山要強調的是稱人以“表字”是表示尊重,我引用韓文,卻是想強調稱人以“兄”同樣是表示尊重。蔣介石,1887 年生;韓復榘,1890 年生。論年齡,蔣比韓大;論關係,蔣是韓的上司。這樣説來,上文的釋義豈不要增加一個“上下級之間”的定語? 我認爲不必。因爲蔣介石在稱韓復榘爲"向方兄"時,已經不是以韓的上峰自居,而是以韓的朋友自居。

（原載《四川文理學院學報》第 16 卷第 6 期,2006 年 11 月,此次發表時有補充修改）

# 《詩經》"小康"與《禮記》
# "小康"不可相提並論

2003 年 6 月 4 日《中華讀書報》"學術雙週刊"欄目發表了徐宗文先生《小康·大康·大同》一文,文章最後括注説:"本文根據南京師範大學徐復教授的授意寫成。"徐宗文先生,恕我孤陋,不知其人。而徐復教授,作爲我國訓詁學界享有盛譽的耆宿,不僅久聞其名,而且心儀已久,只恨無緣拜識。因爲對這篇文章的題目很感興趣,加上是"徐復教授的授意",所以就認真地看。孰知不看猶可,看了以後,令人大失所望。徐復教授的訓詁文章,我過去讀過一些,給我的印象是,嚴謹平實,即令置之乾嘉大師段玉裁、王念孫之間,亦毫無遜色。此文則不然,恕小子直言,竟然出現一個又一個嚴重常識錯誤,大失水準。難道經"徐復教授的授意"的文章竟是這樣的嗎? 謂予不信,且請看徐文的開頭三段。

徐文第一段説:"現在海内外的人們普遍關注我國建小康、奔小康的問題,小康成了人們熱烈議論的話題。那麽什麽是'小康'呢,關鍵在對'康'的理解。"這一段是提出問題,没有毛病。

徐文第二段説:"康,《説文解字》'因广(吕按: 音 yán,下同)爲屋,象對刺高屋之形,凡广之屬皆從广';又,康爲糠之省,穀皮也,從禾從米。可見,康的本義有兩重:一是從广部,广的本義是房屋,故凡從广與從宀的字義一樣,都和房屋有關;一是從禾從米,和稻米飯食有關。……具體地說,是講要有房住,有飯吃。"據我所知,學者對"康"字字形的説解尚有分歧,但這不要緊,它不妨礙我們這裏的討論。因爲我們這裏討論的是爲訓詁學界普遍接受的訓詁基本常識問題。"康"的本字是"穅",是禾部字,説它是"有飯吃",還勉强説得過去。而"康"字並不是"广"部字,也就是説,"康"字和"广"部風馬牛不相及,怎麼能夠生發出"有房住"的意思來呢? 這豈不是無中生有嗎? 再説,從訓詁常識來講,一個字的本義只能有一個,不可能有兩個,這就像真理只有一個一樣。所以,一個"康"字,它不可能同時有"兩重本義": 既表示"有飯吃",又表示"有房住"。

徐文第三段説:"'小康'一詞最早出於《詩經・大雅・民勞》:'民亦勞止,汔可小康。'汔,毛亨注曰:危也;鄭玄注曰:幾也。危、幾,義同,即庶幾,接近,差不多。全詩意謂人民也太辛勞了啊,該讓他們稍稍休養了。這裏的'小康',小,可作語助詞理解;康,按其下文'小休'、'小息'、'小愒'、'小安',應作'安養'、'休息'講,故鄭玄注曰:康,安也。"這一段話,從訓詁上來説,没有問題。問題出在溯源上。説"'小康'一詞最早出於《詩經・大雅・民勞》'民亦勞止,汔可小康'",竊以爲大錯而特錯。我們今天所説"奔小康"的"小康",與《詩經・大雅・民勞》中的"小康",是兩個完全不同的概念,二者毫無相通之處,絶對不可相提並論。硬把二者聯繫起來,勢必得出一個讓人感到非常尷尬而又絶對不願接受的結論,即我們追根追出來的"小康"竟然是一個民不聊生民不堪命的社會。這絶非危言聳聽,讓我們從四個方面來分析一下。

第一,讓我們看看《民勞》這首詩的創作宗旨何在。這首詩的小序説:"《民勞》,召穆公刺厲王也。"召穆公是周厲王時的大臣,他爲什麼要作詩諷刺厲王呢? 漢代的鄭玄解釋説:"厲王時,賦斂重數,徭役繁多,人民勞苦,輕爲奸宄,强陵弱,衆暴寡,故穆公以刺之。"朱熹《詩集傳》雖然對小序提出修正意見,認爲:"以今考之,乃同列相戒之辭耳,未必專爲厲王而發。然其憂時感事之意,亦可見矣。"這就是説,朱熹只是對諷刺的對象有不同看法,但並不否認當時社會"賦斂重數,徭役繁多,人民勞苦,輕爲奸宄,强陵弱,衆暴寡"的現實。試想,這樣的社會,老百姓生活在水深火熱之中,怎麼好與我們今天所説的"小康"相提並論呢?

第二,讓我們看看"民亦勞止,汔可小康"這兩句詩是什麼意思。漢代鄭玄解釋説:"今周民罷(疲)勞矣,王幾可以小安之乎!"宋人李樗在《毛詩集解》中説:"言告于王曰:當時之民亦勞苦矣,庶幾屬王可以少安之乎!"清人説《詩》者基本上是采取鄭玄之説。現代學者高亨《詩經今注》解釋説:"此二句言:人民已經很疲勞了,應盡可能讓他們稍稍喘一口氣。"徐文説是"人民也太辛勞了啊,該讓他們稍稍休養了",也對,只是味道不夠。人們常説"詩無達詁",但對於"民亦勞止,汔可小康"這兩句話,從漢代到今天,學者們的理解卻是那樣出奇地一致,從來沒有別解。試想,一個"人民已經很疲勞了,應盡可能讓他們稍稍喘一口氣"的社會,怎麼能夠拿來與我們要"全面建設小康社會"的"小康"相提並論呢?

第三,再讓我們來看看古人是在什麼情況下引用《詩經》這兩句詩的。例如,《漢書·元帝紀》:"詔曰:頃者有司緣臣子之義,奏徙郡國民以奉園陵,令百姓遠棄先祖墳墓,破產失業。是以東垂被虛耗之害,關中有無聊之民,非久長之策也。《詩》不云乎?'民亦勞止,汔可小康'。今所爲初陵者,勿置縣邑,使天下咸安土樂業,亡有動搖之心。"又如,《三國志·辛毗傳》:"(魏明)帝方修殿舍,百姓勞役,毗上疏曰:'今者宮室大興,加連年穀麥不收。《詩》云:"民亦勞止,汔可小康"。唯陛下爲社稷計。'"又如,《周書·黎景熙傳》:"保定三年,盛營宮室。季明(黎景熙字)上書曰:'今若息民省役,以答天譴,庶靈澤時降,嘉穀有成,則年登可覬,子來非晚。《詩》云:民亦勞止,汔可小康。"從以上三例來看,凡是徵引"《詩》云:民亦勞止,汔可小康"的時候,都是民不堪命,急需讓百姓喘口氣之時。

第四,再讓我們看一下這兩句詩在現代學者筆下是什麼意思。"五四"運動爆發後,北大校長蔡元培迫于北洋軍閥政府的壓力,遞交了辭職書,並在校内發表《辭職聲明》。《聲明》中有這樣的話:"我倦矣!'民亦勞止,汔可小休'。我欲小休矣。"(引自陳軍《北大之父》)魯迅先生在《祝〈濤聲〉》一文中説:"十一月二十五日的《濤聲》上果然發出《休刊辭》來,開首道:'十一月二十日下午,本刊奉令繳還登記證,"民亦勞止,汔可小康",我們準備休息一些時了。'"(見《南腔北調集》,人民文學出版社,1980年7月第1版,第152頁)一位是北大校長,一位是文學泰斗,在他們的筆下,"小康"、"小休",都是稍稍休息之義,也就是喘口氣之意,這和我們所説的"小康"也毫無關係。

從以上四個方面的分析來看,可知《詩經》中的"小康",與我們今天"建設小康社會"的"小康",不但没有絲毫相同之處,而且有天壤之別。硬要把二者聯繫起來,相提並論,其結論是荒謬的,其後果是有害的。其實,"小康"作爲一種令人神往的政治理想,最早出現在《禮記·禮運》篇中。《禮記·禮運》篇中提到了兩種古代社會,一種是"大同",一種是"小康"。比較而言,"小康"遜於"大同"。我們今天是把"小康"看作"大同"的初級階段。"小康"之"康",漢代鄭玄説是"安也",我看没錯。這個"安",可以理解爲社會安定,人民安居樂業,生活比較富裕。如果溯源的話,溯到《禮記·禮運》就恰到好處。如果還要再往前溯,硬要溯到《詩經·大雅·民勞》,那就事與願違,走向荒謬了。

在徐文之前,把我們今天"建設小康社會"的"小康",追根追到《詩經·大雅·民勞》的文章,據我所知,已經不止一篇。例如,王東《中華復興的偉大綱領——十六大報告的理論創新》一文説:"'小康'一詞,語出中華文化元典《詩經·大雅·民勞》'民亦勞止,汔可小康'。"見2002年11月20日《中國教育報》第3版。又如,由記者董寬等人合寫的《小康社會——合力打造公平分享》一文説:"'民亦勞止,汔可小康',作爲一種千百年來流傳不息的社會理想,小康社會和小康生活始終鼓舞着每一個中國人。"見2002年11月12日《工人日報》第一版。在徐文之後,把"建設小康社會"的"小康"與《詩經·大雅·民勞》挂鈎的文章仍然時時見諸報端。看來把"建設小康社會"的"小康"與《詩經·大雅·民勞》挂鈎已經成了一個具有普遍性的問題。我認爲，以上諸文，揆其本意，是要爲我們奔小康鼓勁，但由於溯源錯誤，造成事與願違，不是鼓勁，而是洩氣。如果不予糾正，只怕習非成是，鑄成更大錯誤。爲此目的，特略述管見。不當之處，歡迎批評。

**圖書在版編目(CIP)數據**

訓詁識小録／吕友仁著. —上海：上海古籍出版
社，2017.9(2023.4重印)
　ISBN 978-7-5325-7008-9

　Ⅰ.①訓…　Ⅱ.①吕…　Ⅲ.①訓詁-文集　Ⅳ.
①H13-53

中國版本圖書館 CIP 數據核字(2017)第 189974 號

**訓詁識小録**

吕友仁　著
上海古籍出版社出版發行
(上海市閔行區號景路 159 弄 1-5 號 A 座 5F　郵政編碼 201101)
(1) 網址：www.guji.com.cn
(2) E-mail：guji1@guji.com.cn
(3) 易文網網址：www.ewen.co
上海新藝印刷有限公司印刷
開本 635×965　1/16　印張 17　插頁 2　字數 236,000
2017 年 9 月第 1 版　2023 年 4 月第 2 次印刷
ISBN 978-7-5325-7008-9
K·2363　定價：89.00 元
如有質量問題,請與承印公司聯繫